División autonómica de España

Contigo

Schülerband 2
Ausgabe B in 3 Bänden

C.C. BUCHNERS VERLAG · BAMBERG

Contigo

Schülerband 2
Ausgabe B in 3 Bänden

Herausgegeben von Mónica Duncker und Eva-Maria Hammer
Bearbeitet von Ángela Cuevas Alcañiz, Mónica Duncker, Martha Freudenstein, Britta Halstenbach, Eva-Maria Hammer, Cora Heinrich, Christine Petersen-Silberg, Anke Schöttler, Britta Steinhauer, Miriam Trepper und María Villarrasa

Bitte beachten: An keiner Stelle im Schülerbuch dürfen Eintragungen vorgenommen werden! Das gilt besonders für Lösungswörter und für die Leerstellen in Aufgaben und Tabellen.

1. Auflage 1 5 4 3 2 1 2015 14 13 12 11
Die letzte Zahl bedeutet das Jahr dieses Druckes.
Alle Drucke dieser Auflage sind, weil untereinander unverändert, nebeneinander benutzbar.

Dieses Werk folgt der reformierten Rechtschreibung und Zeichensetzung. Ausnahmen bilden Texte, bei denen künstlerische, philologische oder lizenzrechtliche Gründe einer Änderung entgegenstehen.

www.ccbuchner.de

Redaktion: Michaela Silvia Hoffmann
Illustrationen: Heinrich Drescher, Münster
Gestaltung: Jutta Eckel, ideen.manufaktur | dortmund
Druck: Creo Druck & Medienservice, Bamberg
Bindung: Stürtz, Würzburg

ISBN 978-3-7661-**6962**-4

Liebe Schülerinnen und Schüler!

In diesem Lernjahr werdet ihr mit ***Contigo*** die spanischsprachige Welt in ihrer geografischen, kulturellen und historischen Vielfalt genauer kennen lernen. Wie der erste Band ist auch dieser in acht *Etapas* eingeteilt, die jeweils einen thematischen Schwerpunkt haben. So erforscht ihr die Region Galicien und erkundet die zweitgrößte Stadt Spaniens, Barcelona. Auf dem amerikanischen Kontinent werden Argentinien, Kuba und Miami vorgestellt. Mit der Familiengeschichte der jungen Leute aus Albacete erfahrt ihr Interessantes aus der Vergangenheit und seht, wie die heutige Gesellschaft sich entwickelt hat. Anschließend werden Fragen behandelt, die euch ganz konkret bewegen: Freizeitgestaltung und Zukunftspläne, aber auch aktuelle Probleme.

Wieder werdet ihr viele Anregungen zum Diskutieren und zur eigenen Recherche finden; die letzte *Etapa* ist ein Projekt, in dem ihr selbständig arbeitet. Grammatikalisch vervollständigt ihr die Kenntnisse der Vergangenheitsformen; dazu kommen das Futur und der *Subjuntivo*. Mit diesem Band erreicht ihr die Ebene A2 plus des europäischen Sprachreferenzrahmens. Dabei werden euch wieder eigene Strategieseiten, genannt *Manual de instrucciones*, helfen.

Im Buch begegnen euch außerdem folgende Zeichen:

- Das ist ein Lesetext (= texto).
- **E** Das ist eine Aufgabe (= ejercicio).
- Hierbei handelt es sich um eine Hörverstehensübung. Zusätzlich liegen auch alle Lesetexte als Hörtexte auf CD vor.
- Das ist eine Partnerübung.
- Hier arbeitet ihr in einer Gruppe.
- Hier sollt ihr selbst einen Text schreiben.
- Hierbei handelt es sich um eine Mediationsaufgabe.
- Zur Lösung dieser Aufgabe recherchiert ihr im Internet.
- Dieses Symbol kennzeichnet Globalverstehenstexte, bei denen ihr nicht jedes Wort zu kennen braucht.
- Bei der Lösung dieser Aufgabe hilft euch eine Strategieseite.
- **→ G** Hier findet sich ein Verweis auf ein Kapitel des Grammatischen Beihefts.
- Hier erfahrt ihr Wissenswertes über Land und Leute.
- **¡Ojo!** Hier geben wir euch Tipps für die Bearbeitung der Aufgaben und weisen auf häufige Fehler hin.
- **facultativo** Dieses Symbol kennzeichnet fakultative Texte und Aufgaben.

Wir wünschen euch viel Spaß und Erfolg beim Spanischlernen mit ***Contigo***!

Índice

Índice

Etapa 1

Recordando las últimas vacaciones

E1 ¿En qué están pensando?

Imagina en qué está pensando cada una de las personas de la clase. Pregunta a tu compañero/-a como en el modelo y utiliza por ejemplo las siguientes palabras:

> comer una paella – beber un café – nadar – montar a caballo – salir con los amigos – hacer windsurf – jugar al voleibol – hacer picnic – estar en la playa

Modelo:

A: *¿En qué está pensando la profesora?*

B: *Está pensado en que durante las vacaciones muchas veces tomó un café y leyó el periódico en la Plaza Mayor de Madrid. ¿En qué está pensando el chico con la camiseta verde?*

E2 Tengo algo que contaros ...

1. Cada uno apunta en la pizarra tres palabras sobre sus vacaciones. Después cada estudiante lee en voz alta una palabra que le gusta –no sus palabras– y el/la que la escribió tiene que contar algo sobre ese tema.

2. ¿Recuerdas qué hicieron María Jesús y sus amigos durante las vacaciones? Háblalo con tus compañeros.

Paso 1 *Las mejores vacaciones de María Jesús*

¡Qué hermosas vacaciones pasé con mi tía en La Coruña!

¿Recuerdas las vacaciones de María Jesús en La Coruña? Ahora vamos a hacer un viaje al pasado: María Jesús está en casa de su tía en La Coruña y habla con su madre por teléfono.

María Jesús: ¡Hola mamá, soy yo!

Madre: Hola Chus, ¿qué tal?

María Jesús: Bien, gracias. Mamá, ¡qué suerte que estás en casa! Te tengo que pedir algo. Necesito unas zapatillas nuevas.

Madre: ¿Por qué necesitas zapatillas nuevas ahora? ¿No puedes esperar y comprarlas en casa?

María Jesús: No, no puedo esperar. Ana y yo queremos hacer una parte del Camino de Santiago y no puedo ir con mis zapatillas viejas.

Madre: Claro, pero tampoco puedes ir con zapatillas nuevas. ¿Por qué no te pones las zapatillas de deporte? ¿Y quién es Ana?

María Jesús: Ana es la hija de los vecinos, y ya ha hecho parte del camino muchas veces. La conocí en la playa, una semana después de llegar a La Coruña, es muy simpática.

Madre: Qué bien. Pero, hacer el Camino de Santiago ... no sé, eso lo vamos a hablar otro día. ¿Qué tal la tía?

María Jesús: Bien, la tía está muy bien.

Madre: ¿Sí? Pues, cuéntame un poco. ¿Cómo has pasado las vacaciones hasta ahora?

María Jesús: He pasado unas vacaciones maravillosas. La tía es buenísima. Y Ana y sus amigos me han enseñado un poco de gallego. El sábado pasado fue genial.

Madre: ¿Adónde fuisteis?

María Jesús: Encontramos un lugar hermoso en la playa y por eso llamamos a sus amigos y decidimos hacer una fiesta allí. Pasamos todo el día juntos. Los chicos llevaron las bebidas y las chicas llevamos unos bocadillos. Nos divertimos mucho. Escuchamos música, nadamos y ... pasamos la noche allí.

Madre: ¿Pasasteis la noche en la playa?, ¿no es peligroso?

María Jesús: No, no, no es peligroso. Sólo hizo un poco de frío por la noche.

Madre: Pues... no sé, pero si Carmen lo permitió...

María Jesús: Sí, claro. La tía Carmen nos preparó unas tortillas.

Madre: Qué simpática. ¿Y qué bebisteis?

María Jesús: Bebimos mucho zumo de naranja.

Madre: Zumo de naranja, ¿eh? Unos jovencitos en la playa y sólo bebieron zumo de naranja...

Muchos españoles tienen nombres compuestos como María Jesús, María Teresa, María Soledad o José María. Son muy largos, por eso en familia o entre amigos utilizan formas diminutivas como Chus, Maite, Sole o Chema.

E1 Sobre el texto ...

¿Correcto o falso? Corrige la información falsa.

	c	f
a) María Jesús se siente sola en casa de su tía.	●	●
b) Su madre le va a dar dinero para comprar zapatillas nuevas.	●	●
c) María Jesús se lleva muy bien con su tía.	●	●
d) La tía Carmen no permitió la excursión a la playa.	●	●
e) Ana leyó algo sobre la playa en una guía turística.	●	●
f) En la playa los chicos compraron algo para comer.	●	●
g) La madre cree que ninguno de los chicos bebió zumo de naranja.	●	●

E2 Ayer y hoy

1. María Jesús escribe un e-mail a su madre y le cuenta qué ha hecho estos días. Completa en tu cuaderno e imagina la información que falta.

Modelo: *Hoy he conocido a los padres de Ana. Ayer conocí a los de Maite.*

a) Hoy ●●● *(salir, yo)* con Violeta y su hermana. Ayer ●●●.
b) Hoy ●●● *(venir)* unas amigas de la tía Carmen. Ayer ●●●.
c) Hoy ●●● *(quedarse, yo)* toda la mañana en casa. Ayer ●●●.
d) Hoy ●●● *(tener, nosotras)* un día muy tranquilo. Ayer ●●●.

2. Su madre le contesta y en su e-mail le cuenta cómo son sus días. Completa en tu cuaderno e imagina la información que falta.

a) Ayer ●●● *(hacer)* un tiempo muy bonito, hoy ●●●.
b) Ayer ●●● *(ir, yo)* al trabajo en bicicleta, hoy ●●●.
c) Ayer ●●● *(volver, yo)* a casa a las cinco de la tarde, hoy ●●●.
d) Ayer ●●● *(ver, yo)* a la madre de Juan Manuel, hoy ●●●.
e) Ayer le ●●● *(escribir, yo)* un e-mail a la tía Carmen, hoy ●●●.

E3 ¡Hay tanto que contar!

La madre de María Jesús llama a su hija por teléfono y le pregunta muchas cosas. ¿Qué le contesta María Jesús? Escribe los verbos que faltan. Mira los marcadores temporales.

Madre: ¿Qué ●●● *(hacer)* la tía Carmen y tú esta mañana?
María Jesús: ●●● *(dormir)* hasta las diez.
Madre: ¿Qué ●●● *(hacer)* anoche?
María Jesús: ●●● *(ir)* al cine.
Madre: ¿Y después?
María Jesús: ●●● *(encontrarse)* con algunas amigas de la tía Carmen.
Madre: Entonces ayer ●●● *(acostarse)* temprano.
María Jesús: La tía sí, pero yo ●●● *(escribir)* unos e-mails a mis amigos y ●●● *(ver)* un rato la tele.
Madre: ¡Ah! Por eso ●●● *(levantarse)* tan tarde hoy. ¿Todavía no ●●● *(salir)*?
María Jesús: Yo no, la tía ●●● *(ir)* a comprar algunas cosas, pero yo ●●● *(quedarse)* en casa y ●●● *(ordenar)* mi habitación.
Madre: ¡Qué bien! A ver si en casa haces lo mismo ...

E4 No todo es color de rosa

Escucha lo que María Jesús habla con Maite, una de sus nuevas amigas en La Coruña. Después de escuchar el CD, contesta estas preguntas:

a) ¿Quién es Darío?
b) ¿Qué piensa María Jesús de él?
c) ¿Pensó lo mismo cuando lo conoció?
d) ¿Quiénes son Violeta y Manolo?
e) ¿Por qué la tía de María Jesús le permitió pasar la noche en la playa?
f) ¿Cómo reaccionó[1] Darío cuando María Jesús no quiso bailar[2] con él?
g) ¿Qué hizo María Jesús durante el resto de la noche?

E5 Querida Sofía

1. Ahora María Jesús escribe un e-mail a su prima Sofía y le cuenta todo sobre sus vacaciones en Galicia. Claro, le cuenta una historia un poco diferente de la que contó a su madre ... Escribe el e-mail. Antes mira cómo hacerlo. → p. 29

2. En parejas. Cambiad vuestros textos y corregid los errores que encontráis. Escribid debajo del texto la forma correcta. → p. 99

Modelo: *Voy todos los días a la playa.*
Estoy en casa de la tía Carmen.

E6 Todo tiene una explicación

1. Ahora la mamá de María Jesús sabe toda la verdad. ¿Cómo? Adivínalo. Después compara tu explicación con la de tu compañero/-a.
Aquí tienes unas ideas:
Violeta → mamá de Violeta → tía Carmen → mamá de María Jesús

2. Lee este diálogo entre la madre de María Jesús y la tía Carmen. ¿Cómo termina la historia? Habla con tu compañero/-a.

Tía: Acabo de hablar con la madre de Violeta en la panadería.
Madre: Ah, ¿sí?
Tía: Sabes que el sábado pasado María Jesús pasó la noche en la playa, ¿verdad?
Madre: Sí, me lo ha contado hoy.
Tía: Y ¿piensas que todos los chicos y chicas se quedaron a dormir en la playa?
Madre: Sí, ¿por qué? ¿Pasó algo?
Tía: Pues se quedaron sólo Violeta, su novio, dos o tres chicas más y María Jesús. Me lo acaba de contar la madre de Violeta ...
Madre: Pero ...
Tía: Los otros se fueron más o menos a las dos de la mañana y se quedaron sólo ellos.
Madre: Pero, ¡esta chica!, voy a ir allí ahora mismo y traerla de vuelta a casa. ¡Ya me va a escuchar!
Tía: Espera, tranquila, se quedaron tocando la guitarra y cantando.
Madre: Pero ...
Tía: Pues, parece que María Jesús se enfadó muchísimo con uno de los chicos que se llama Darío, porque él ...

1 reaccionar reagieren, 2 bailar tanzen

facultativo

E7 Hola, Sofía, otra vez yo ...

1. Imagina el diálogo que María Jesús y su madre tienen por teléfono. En parejas, preparad un juego de rol y presentadlo en clase.

2. Ahora María Jesús escribe un e-mail a Sofía y le cuenta la discusión que acaba de tener con su madre. ¿Qué le dice? Puedes empezar como en el modelo:

   Modelo: *Hola, Sofía, otra vez yo. Sabes, acabo de hablar con mi madre por teléfono. ¡Lo sabe todo! Parece que Violeta habló con su madre, y su madre ...*

3. ¿Viviste alguna vez algo así? Escribe un pequeño texto en un papel, luego todos mezclan sus papeles y cada estudiante lee uno. ¿Podéis adivinar quién escribió cada historia?

E8 Repaso: ¿Qué tal la ortografía[1]?

1. En el texto de la página 10 también hay una forma irregular del pretérito indefinido. ¿Cuál es? Este verbo es el pasado de dos verbos diferentes en presente, ¿cuáles son?

2. ¿Cuáles son los infinitivos de las formas siguientes? ¿Por qué cambia la ortografía?

   llegué – busqué – empecé – leyó / leyeron – oyó / oyeron

3. Dictado[2] en parejas. **A** escribe el pretérito indefinido, primera persona singular de los siguientes verbos y se los dice a **B**.

   A: tocar – jugar – esquiar – arrancar

   B hace lo mismo con estos verbos y se los dice a **A**.

   B: seguir – hacer – pagar – tropezar

E9 El camino de Santiago

1. En tu cuaderno, completa el texto con las formas del indefinido. Habla María Jesús.

   Hace tres semanas, Ana, mi amiga gallega, y su hermana ●●● *(hacer)* parte del Camino de Santiago. ●●● *(ir)* en autobús a Lestedo y ●●● *(caminar)* tres días hasta que ●●● *(llegar)* a Santiago de Compostela. Y después ●●● *(necesitar)* otro día hasta llegar a Finisterre, al mar. ●●● *(caminar)* entre 20 y 30 kilómetros cada día. El primer día los pies les ●●● *(doler)* muchísimo, el segundo día ●●● *(llover)*. El tercer día Ana ●●● *(perder)* su jersey. Pero siempre ●●● *(disfrutar, ellas)* del camino y ●●● *(encontrar, ellas)* a gente muy simpática que las ●●● *(ayudar)*. ●●● *(ser)* una experiencia inolvidable y yo también tengo muchas ganas de hacer el Camino de Santiago algún día.

1 **la ortografía** die Rechtschreibung, 2 **el dictado** das Diktat

2. Después de escuchar lo que Ana contó sobre su viaje, María Jesús leyó un poco sobre la historia del camino en una guía turística. En tu cuaderno, completa el texto con las formas del indefinido:

el camino a Santiago de Compostela

El Camino de Santiago ●●● *(ser)* la ruta de peregrinación más importante de Europa entre los siglos IX y XIII. Gracias a la peregrinación los habitantes de la zona ●●● *(poder)* construir iglesias, puentes y hospitales. ●●● *(nacer)* nuevas ciudades, y ●●● *(empezar)* un intercambio cultural enorme. En 1993 la Comunidad de Galicia ●●● *(decidir)* hacer más famoso el Camino de Santiago. ●●● *(hacer)* una gran campaña de publicidad[1]: *Xacobeo 93*. En el mismo año la UNESCO lo ●●● *(declarar[2])* Patrimonio de la Humanidad[3] y muchísima gente ●●● *(volver)* a hacer el Camino de Santiago, a pie, en bicicleta o a caballo. Hoy, hacer el Camino de Santiago es una actividad muy famosa: algunos lo hacen porque les gusta hacer deporte, otros, porque les interesa la parte cultural, y otros, por motivos religiosos.

"El Camino de Santiago". *Arteguias.com* (adaptado)

E 10 Voy a volver a practicarlo

Relaciona las partes y escribe frases completas.

a) Mi madre ha vuelto a → C)
b) Mi tía ha vuelto a
c) Los chicos han vuelto a
d) Sofía ha vuelto a
e) Quiero volver a
f) Hoy no voy a volver a

A) invitarnos a ir a la playa.
B) escribirme un e-mail.
C) llamarme por teléfono.
D) pasar mis vacaciones aquí.
E) escribirle a mi prima.
F) preguntarme quién es Darío.

¡Ojo!

volver a + infinitivo
→ etwas wieder / noch einmal tun → G 1.1

¿Cómo lo dices en alemán? Muchísima gente **volvió a hacer** el Camino de Santiago.

E 11 Si quieres, vuelvo a explicártelo

Cuando María Jesús estudió gallego con Ana y Maite, Ana le dijo: "Si quieres, vuelvo a explicártelo." ¿Qué cosas (no) puede / quiere volver a hacer María Jesús durante sus vacaciones en Galicia? Escribe frases con *volver a* y el infinitivo de los siguientes verbos: *hacer – preguntar – llamar – visitar – contar – hablar – ver – quedarse*.

E 12 ¿Y tú?

Escribe cinco cosas que (no) quieres volver a hacer.

E 13 ¿Qué dice?

Tus padres ven la foto del Camino de Santiago y quieren saber qué dice el texto de al lado. Ayúdales.

1 la campaña de publicidad die Werbekampagne, 2 declarar *hier:* erklären zu, 3 el Patrimonio de la Humanidad das Weltkulturerbe

Paso 2 *Una postal de Javier*

T1 ¡Qué postal tan extraña!

María Jesús ya está de vuelta y llama por teléfono a Nur.

María Jesús: Hola, Nur, soy María Jesús. Oye, ¿sabes que recibí una postal muy extraña? No tiene el nombre de la persona que la escribió y la verdad es que no la entiendo.

Nur: Pues yo también recibí una postal extraña. A ver, ¿qué dice tu postal?

María Jesús: Te la leo, ¿vale? Dice: Hola chicas: Miami es una ciudad maravillosa, sobre con sus famosos edificios antiguos, disco-Habana me encanta …

Nur: Ja ja, ¿y eso? … Espera … creo que sé cómo es … ¡Qué idea tan graciosa! El que escribe no puede ser otro que …

Nur y María Jesús: ¡Javier!

¡Ojo!

En presente saber significa wissen.

En pretérito indefinido saber significa erfahren.
→ G 1.2

T2 Miami, maravillosa

Hola chicas:
Miami es una ciudad maravillosa, sobre
con sus famosos edificios antiguos, disco-
Habana" me encanta. Muchos cubanos
en 1959 y trajeron su idioma y sus cos-
la gente vive bien empezaron a llegar más
una ciudad latina que estadounidense y la
ñol. El fin de semana pasado fuimos a
Es posible visitarlos en coche porque hay
Everglades. Me dio un susto cuando supe
vimos sólo uno y además, bastante lejos
el clima. Hace calor, pero también llueve
empezado las tormentas …
Hasta la semana próxima, un abrazo de
P.D. Ja ja, a ver si podéis adivinar quién

María Jesús
López Gómez
Calle Nueva 25, 1°B
02002 Albacete
España

todo las playas y la zona de South Beach
tecas, y tiendas. También "Pequeña
vinieron a Miami después de la revolución
tumbres. Cuando supieron que en Miami
y más cubanos. Hoy Miami parece más
mayor parte de los habitantes habla espa-
los Florida Keys, unas islas muy bonitas.
puentes entre las islas. Ayer visitamos los
que hay muchos cocodrilos[1]. Por suerte
de nosotros. Lo que no me gusta tanto es
mucho. Por suerte hasta ahora no han

un amigo muy simpático …
soy …

Nur Ben Yussuf
Calle Tejares 68, 2°D
02002 Albacete
España

1 el cocodrilo das Krokodil

E1 Hablando de las postales

Habla con tu compañero/-a. Pregunta:

a) ¿Escribes postales cuando estás de vacaciones?
b) ¿Quiénes te escriben postales?
c) ¿Qué postales te gustan?
d) ¿Recibiste algún día una postal un poco extraña? ¿Por qué?
e) ¿Por qué es extraña la postal de María Jesús?

E2 Repaso: Hay que practicar

En las postales hay muchos verbos en pretérito indefinido. ¿Cuáles son sus infinitivos? Apúntalos en tu cuaderno.

vinieron – trajeron – supieron – empezaron – fuimos – visitamos – dio – supe – vimos

E3 ¿Qué hizo Javier?

Habla con tu compañero/-a sobre las vacaciones de Javier. Preguntaos por ejemplo: ¿Qué hizo Javier en Miami? ¿Qué visitó y adónde fue? ¿Qué es lo que más le gustó?

E4 ¡Qué fotos tan bonitas!

1. Javier está de vuelta en casa y les enseña a sus amigos las fotos de su viaje. Escucha el CD y relaciona lo que dice Javier con cada una de las fotos. En tu cuaderno, escribe una frase para cada una de las fotos.
2. Escucha otra vez el CD. ¿Qué dicen los chicos sobre lo que ven en las fotos? Por ejemplo: *genial*. Haz una lista. ¿Cuáles de estas palabras o frases describen algo positivo y cuáles algo negativo?

E5 ¡Qué guay!

¿En cuáles de estas situaciones usas las expresiones de la derecha? Relaciona. Hay más de una solución correcta.

a) Ves un cocodrilo enorme.
b) Un amigo te cuenta que estuvo en Miami de vacaciones.
c) Una amiga tiene una idea muy buena para el próximo fin de semana.
d) Tu primo te cuenta que se compró un libro sobre los Everglades.

A) ¡Qué guay!
B) ¡Qué impresionante!
C) ¡Qué interesante!
D) ¡Genial!

E6 Una cubana muy famosa, que no vive en Cuba

1. Lee el texto sobre Gloria Estefan y complétalo en tu cuaderno con las formas del pretérito indefinido.

Gloria María Milagrosa Fajardo García ●●● *(nacer)* en La Habana, Cuba, el 1 de septiembre de 1957, pero ●●● *(pasar)* la mayor parte de su vida en los Estados Unidos. En 1959 su familia ●●● *(tener que)* irse de la isla por sus ideas políticas. ●●● *(irse, ellos)* a Miami.
Gloria ●●● *(empezar)* a cantar muy joven. Muchas veces la música la ●●● *(ayudar)* a no sentirse sola. En 1975 ●●● *(conocer)* a Emilio Estefan y ●●● *(empezar, ellos)* a tocar juntos en un grupo llamado "Miami Sound Machine". En 1977, con su primer CD, el grupo ●●● *(tener)* un gran éxito.
Gloria y Emilio ●●● *(casarse)* en 1978. Dos años después ●●● *(nacer)* su primer hijo, Nayib, y en 1994 ●●● *(tener, ellos)* una hija, Emily Mari. ●●● *(hacer, ellos)* otros CD con Miami Sound Machine, pero en 1989 Gloria ●●● *(empezar)* a cantar como solista[1].
En 1990, en Pensilvania, ●●● *(tener)* un accidente que casi le ●●● *(costar)* la vida y ●●● *(tener)* graves lesiones en la espalda de las que ●●● *(recuperarse[2])* lentamente.
Poco después, Gloria ●●● *(volver)* a su trabajo como solista. En 2007 ●●● *(salir)* al mercado su CD "90 Millas[3]". El título es por la distancia que hay entre Miami y Cuba: 90 millas.

2. Contesta las siguientes preguntas sobre el texto:

a) ¿Por qué Gloria tuvo que irse de Cuba?
b) ¿Por qué la música fue tan importante en su vida?
c) ¿Qué pasó en 1977?
d) ¿Hasta cuándo tocó con su grupo?
e) ¿Qué le pasó en 1990?
f) ¿Por qué uno de sus CD se llama "90 Millas"?

3. Cuéntale a un/-a amigo/-a alemán-/ana que no habla nada de español lo que dice este artículo.

4. Imagina que eres un/-a periodista y que haces una entrevista a Gloria Estefan. Escribe las preguntas; las respuestas tienen que estar en el texto. Practica después el diálogo con tu compañero/-a.

5. ¿Conoces otros cantantes latinos? Presenta uno/-a a la clase. Puedes buscar información en Internet.

1 **el / la solista** der/die Solist/-in, 2 **recuperarse** genesen, gesund werden, 3 **la milla** die Meile

E7 Mi tierra

1. Ésta es una canción muy conocida de Gloria Estefan. Después de escuchar la canción, decide: ¿Cuál es "mi tierra" para Gloria Estefan?

2. Escribe algunas de las palabras que escuchas y que te dicen cómo se siente la cantante. Compara con tu compañero/-a.

Gloria Estefan: "Mi tierra". En: *Mi tierra.* Sony Music, 1993

E8 Una familia cubana en Miami

Más de 45 millones de latinos viven hoy en los Estados Unidos. Es una comunidad[1] muy joven, con una edad promedio[2] de 26 años. La comunidad latina crece rápidamente; en 50 años, uno de cada cuatro estadounidenses va a ser latino. Vamos a escuchar la historia de la familia Díaz que emigró desde Cuba en los años 60.

Iscar Blanco, "Tres generaciones". *BBCmundo.com*

1. ¿Correcto o falso? Corrige la información falsa.

	c	f
a) Los hijos de Eduardo y Carmen se llaman Roberto y María.	●	●
b) Cuando llegó a los EE. UU. Eduardo se fue a Nueva York para trabajar en un restaurante.	●	●
c) En el restaurante tuvo que trabajar mucho, pero pudo visitar a su familia todos los fines de semana.	●	●
d) Carmen nunca trabajó.	●	●
e) Sus hijas aprendieron a vivir como los americanos, pero también conocieron las costumbres cubanas.	●	●
f) Siempre hablaron inglés en casa, para aprenderlo mejor.	●	●
g) Eduardo y Carmen no hablan inglés.	●	●
h) María estudió Medicina y Rosa, Matemáticas.	●	●

2. Escuchad otra vez y contestad las preguntas en grupos de tres o cuatro.
   a) Eddie y Roberto son "americanitos". ¿Qué significa?
   b) ¿Por qué Eduardo ahora es ciudadano estadounidense?
   c) ¿Os parece típica la historia de la familia Díaz? ¿Por qué?

3. Completa en tu cuaderno las siguientes frases del texto con los verbos en pretérito indefinido que faltan. Después controla escuchando otra vez el CD.
   a) Los Díaz ●●● a los Estados Unidos hace más de 40 años.
   b) Al llegar a los EE. UU. Eduardo ●●● a trabajar en un restaurante en Chicago.
   c) Carmen ●●● en Miami y ●●● de sus hijas.
   d) Después de un tiempo en Chicago, Eduardo ●●● a Miami.
   e) María y Rosa ●●● estudiar en la universidad.

1 **la comunidad** hier: die Gemeinschaft, 2 **promedio** durchschnittlich

Paso 3 *Anahí: una visita de sus primos cubanos*

Soy argentina, vivo en España y tengo familia en Cuba

Anahí ya está de vuelta de sus vacaciones en Argentina. Como casi todos los días queda con sus amigos en el parque.

Farouk: Hola Anahí, hace muchos días que no te veo…

Anahí: Es verdad, lo que pasa es que tuvimos visitas… Vinieron mis primos cubanos. Fue la primera vez que nos vimos y me encantaron. Fue algo muy especial porque para ellos no es fácil venir a España. Pidieron la visa hace mucho tiempo.

Farouk: ¿Tienes familia en Cuba? Pero tu familia es de Argentina…

Anahí: Sí, es verdad, pero tengo unos tíos que se fueron a vivir a Cuba hace mucho tiempo y mis padres y ellos siempre se siguieron escribiendo. Los que vinieron son sus nietos.

Farouk: Uf, qué lío.

Anahí: Un poco, sí. Nos contaron mucho sobre sus padres y sobre la vida en Cuba. Parece un país interesantísimo.

Farouk: ¿Los cubanos van ahora de vacaciones? ¿No van durante el verano?

Anahí: Sí, pero es verano ahora, bueno, final del verano. ¡Cuba está en el hemisferio norte[1] también!

Farouk: Uy, si me escucha el profe de Geografía…. ¿Y cuánto tiempo se quedaron en tu casa?

Anahí: Unos 15 días. Fue un poco difícil para mi madre porque nuestro piso no es muy grande. Ellos durmieron en mi habitación y yo dormí en el sofá. Tuvimos un poco de lío pero nos divertimos mucho.

Farouk: ¿Vais a veros otra vez?

Anahí: Cuando se fueron se sintieron muy tristes y me invitaron a visitarlos en Cuba. Tengo ganas de viajar allí un día… Vamos a ver.

E1 Sobre el texto…

En parejas, contestad las siguientes preguntas.

a) ¿En qué meses tienen vacaciones de verano los chicos en Argentina?
b) ¿Cómo es en Cuba?
c) ¿Por qué Anahí no vio a sus amigos durante algunos días?
d) ¿Por qué Anahí tiene primos cubanos?
e) ¿Por qué Farouk dice: "Uy, si me escucha el profe de Geografía…."?
f) ¿Por qué no fue tan fácil para la madre de Anahí tener visitas durante 15 días?
g) ¿Va a volver a ver Anahí a sus primos?

Los alemanes dicen siempre "14 días" para hablar de dos semanas, pero la gente que habla español dice "15 días".

1 el hemisferio norte/sur die Nord-/Südhalbkugel

E2 Repaso: ¿Cómo es?

Venir, pedir, seguir, dormir, sentir: ¿cómo se forma el pretérito indefinido de estos verbos? Búscalos en el texto y explica.

> **¡Ojo!**
> seguir + gerundio
> → etwas weiterhin / immer noch tun
>
> ¿Cómo lo dices en alemán? ¿Y en otros idiomas que conoces? Ellos siempre **se siguieron escribiendo.**
> → G 1.4

E3 ¿Sigues haciendo los ejercicios?

1. Pregunta a tu compañero/-a si sigue haciendo las siguientes cosas. Él / Ella te va a contestar y va a preguntarte a ti.

   Modelo: escribir e-mails antes de irse a dormir
   → A: *¿Sigues escribiendo e-mails antes de irte a dormir?* B: *Sí, sigo escribiéndolos antes de irme a dormir. / No, ahora los escribo ...*

A	B
dormir hasta tarde los fines de semana →	●●●●●●●
●●●●●●●	← hablar por teléfono con los amigos cada día
escuchar la música de ... →	●●●●●●●
●●●●●●●	← pensar en ...
ver ... en la tele →	●●●●●●●
●●●●●●●	← estudiar español

2. Pensad en dos preguntas más cada uno.

E4 Sigo haciendo lo mismo

1. Escribe cinco frases con actividades que sigues haciendo.
2. Vuelve a escribirlas sin usar *seguir* + gerundio. ¿Cómo puedes decir lo mismo con otras palabras?

E5 Ésa es la pregunta

Anahí conoció a sus primos cubanos hace muy poco tiempo. ¿Qué le pregunta a su prima? Aquí ves las repuestas; escribe las preguntas de Anahí.

un riquimbili cubano

a) Vivimos en La Habana.
b) Tiene 14 provincias y la Isla de la Juventud.
c) Ya somos casi 12.000.000.
d) Sí, claro, es La Habana.
e) El 37 % de la población es negra, pero muchas personas son mulatas.
f) Mulato es el hijo de un negro y un blanco.
g) No, en casa no tenemos Internet. Sólo podemos leer el periódico y escribir cartas.
h) ¿Nos escuchaste hablar del riquimbili? Pues, es una bicicleta de origen chino, pero con un pequeño motor ruso.

E6 El español de los cubanos

1. Escucha el diálogo entre Anahí y su prima en el CD. ¿Hay diferencias en la pronunciación[1]? ¿Puedes anotar algunas?

2. ¿Por qué hablan español en Cuba? ¿Y por qué hay tanta población negra? Investiga en Internet y coméntalo en clase.

E7 A leer: Un blog desde Cuba

Los primos de Anahí le proponen leer el blog *Generación Y* para aprender más sobre la vida en la isla. Lee lo que Yoani Sánchez escribió un día en agosto de 2009 y haz el ejercicio. Si no conoces cada palabra no importa, seguramente puedes entender bastante por el contexto[2] o pensando en palabras de otros idiomas.

GENERACIÓN Y

Padecimientos[3]

Mi número telefónico coincide[4] en cinco dígitos con el de la farmacia[5] más cercana. De manera que cada día atiendo varias llamadas equivocadas, en las que me preguntan si ha llegado algún medicamento. Normalmente, les doy a las personas los datos correctos, pero otras –a las siete de la mañana de un domingo– sólo digo: "No señora, en esta casa no tenemos ese fármaco".

Si me dejo guiar por lo que busca la gente para aliviar sus padecimientos, tendría que concluir que las depresiones están en aumento. El noventa por ciento de los que llaman quiere algún calmante[6], algo que ayude a desconectar de la cargante realidad. Las dificultades para transportarse, la doble moneda, las colas y el stress que provoca buscar determinados productos en el mercado negro, pueden llegar a desequilibrar[7] a cualquiera. Especialmente si se ha vivido desde hace décadas bajo esa sensación de inestabilidad nacional y de provisionalidad.

Por eso, trato de comprender –y no insultar– a quienes me llaman a las horas más increíbles, pensando que se están comunicando con la farmacia. Noto en su voz ese tono de desespero que sólo se alivia cuando se toman alguna píldora que ayude a relajar y a dormir. Son las mismas personas que al otro día volverán al trabajo con los párpados[8] a la mitad, aún bajo el efecto del calmante. Las pastillas los ayudarán a aceptar que el aire acondicionado esté apagado debido a las nuevas medidas de ahorro, que el ómnibus llegue una hora después de lo previsto o que el carnicero les dé un kilogramo de pollo al que le faltan diez gramos. Las ansiadas tabletas no pueden lograr que las cosas funcionen, pero al menos sirven para que deje de importarles.

Yoani Sánchez

Yoani Sánchez: Padecimientos. En: *www.desdecuba.com/generaciony*, 18.08.2009

1 la pronunciación die Aussprache, 2 el contexto der Kontext, 3 el padecimiento das Leiden, 4 coincidir übereinstimmen, 5 la farmacia die Apotheke, 6 el calmante das Beruhigungsmittel, 7 desequilibrar aus dem Gleichgewicht bringen, 8 el párpado das Augenlid

1. ¿Correcto o falso? Corrige la información falsa.

	c	f
a) Yoani Sánchez vive al lado de una farmacia.	●	●
b) A veces se enfada por las llamadas equivocadas.	●	●
c) Muchos de los que llaman quieren comprar calmantes.	●	●
d) La autora siempre quiere ayudar a los que llaman.	●	●
e) No sabe por qué tanta gente tiene problemas psíquicos.	●	●

2. Tu amigo/-a alemán/-ana no entiende bien el problema de las llamadas equivocadas. Explícaselo en alemán.

3. En parejas, buscad seis palabras que no conocéis y que os parecen importantes para entender el texto. Utilizad el diccionario y apuntad lo que significan esas palabras en alemán. ¿Qué significan en el contexto?

4. Comparad vuestra lista con la que tiene otra pareja y decidid qué ocho palabras nuevas queréis aprender.

E8 Los problemas de la vida diaria

1. Lee otra vez el blog de Yoani Sánchez. En parejas, haced una lista de los problemas de la vida diaria en Cuba. ¿Qué problema os parece más grande?

2. Escribe cuatro frases sobre los problemas que tienes en tu vida diaria. Compara con tu compañero/-a: ¿tenéis los mismos problemas?

3. Que pensáis, ¿por qué escribe Yoani Sánchez un blog? Apuntad vuestras ideas, después presentadlas en clase.

E9 Un blog desde Alemania

En grupos de tres. Escribid un blog como el de Yoani Sánchez sobre un problema de vuestra vida diaria, después dad vuestro texto a otro grupo. Una persona va a mirar si los adjetivos son correctos, otra va a mirar los verbos y sus tiempos, otra va a controlar si el vocabulario es correcto. Vosotros también vais a recibir el blog de un grupo y tenéis que hacer el mismo trabajo. ¿Podéis mejorar el texto? → p. 99

E10 ¿Cómo es La Habana?

Describe las fotos y despues haz una lista: ¿cómo es La Habana? Piensa también en lo que has aprendido en el blog de Yoani Sánchez.

→ p. 144, cómo describir una foto.

E 11 Problemas en casa de Anahí

Completa los espacios vacíos con los verbos en pretérito perfecto, pretérito indefinido y presente. Habla Anahí.

Cuando mis primos ●●● *(estar)* en casa ●●● *(dormir, yo)* en el sofá. Mi madre ●●● *(enfadarse)* conmigo porque muchas veces ●●● *(dejar, yo)* un lío de cosas en el salón.
Anoche ●●● *(despertarse, yo)* porque ●●● *(escuchar, yo)* un ruido. ¿Qué ●●● *(pasar)*? Mi padre ●●● *(tropezar)* con mis zapatillas y ●●● *(caerse)*.
Ahora ●●● *(entender, yo)* por qué mis padres siempre me ●●● *(decir)* que no puedo dejar todo en el salón. Pero hasta ahora no ●●● *(tener, yo)* tiempo para ordenar mis cosas.
El fin de semana pasado ●●● *(ir)* a Valencia con mis primos. El último miércoles ●●● *(haber)* una fiesta en casa de Carlos y ayer ●●● *(pasar, nosotros)* todo el día en el centro. Pero hoy, por lo menos, ya ●●● *(llevar, yo)* todos los CD a mi habitación.

facultativo

E 12 De viaje

1. En grupos, mirad el mapa de Cuba y buscad información sobre este país. Vais a estar una semana allí. Tenéis que pensar en una actividad para cada día. Desde las 10:00 hasta las 18:00 horas vais a visitar ciudades y lugares típicos. Después vais a tener tiempo libre.

2. Escribid un texto en pasado sobre vuestro viaje y presentadlo a vuestros compañeros de clase. En cada texto tenéis que poner alguna "mentira", algo que no es verdad, que los demás compañeros tienen que adivinar.

Modelo: *Desde La Habana fuimos a esquiar a la Sierra Nevada.*

E 13 ¡Qué vida tan interesante!

Imagínate que estamos en el año 2035 y que tienes que escribir tu biografía. Escríbela pensando en tu pasado, pero también en todos los proyectos que tienes y en las cosas que quieres hacer en los próximos 25 años.

Modelo:
Nací en Múnich en 1995. Empecé mis estudios de Arte Dramático[1] en Londres en 2014, pero nunca me gustó vivir en Londres. Tres años después me fui a Hollywood para trabajar allí y pronto llegó el éxito ...

1 el Arte Dramático Schauspielerei

Paso 4 *Juan Manuel no sólo visitó a su familia*

Una ponencia sobre Gibraltar

Las clases ya han empezado. Juan Manuel tiene que hacer una ponencia y quiere hablar sobre Gibraltar, donde pasó unos días con sus primos durante las vacaciones. Lee lo que dice.

Juan Manuel: Hola. Mi ponencia es sobre Gibraltar. Durante las vacaciones estuve una semana con mi familia en Jorquera y después, desde allí, mis primos y yo fuimos a Gibraltar. Allí pasamos unos días y me parece uno de los lugares más interesantes en España. Lo pasamos genial. Fuimos en autobús hasta La Línea y cruzamos el aeropuerto para llegar a Gibraltar. Dormimos en el hostal más barato que pudimos encontrar y fue genial. Allí una cama en los dormitorios menos caros cuesta menos de 15 euros, pero es todo muy guay. En el hostal vimos pocos españoles y más americanos y australianos de lo que os podéis imaginar, así que pudimos practicar el inglés. Ya sabéis que yo soy más tímido que Juan y Mario y al principio me pareció difícil, pero después de un rato ya fue mucho menos difícil. Uno de los australianos me dijo: "Your English is great" y eso ayudó muchísimo. Ahora creo que hablar inglés es la cosa más facil del mundo.

Profesor: Oye, Juan Manuel, no puedes seguir contándonos todo sobre tus vacaciones. Ésta es una clase de Geografía.

Juan Manuel: Perdón. Es que me parece más interesante empezar con algo personal.

Profesor: Está bien, pero te quedan sólo cinco minutos ...

Juan Manuel: Pues, bueno, Gibraltar está en el sur de España, pero no es parte de España ...

¡Ojo!

¿Cómo lo dices en alemán?
Vimos más americanos **de lo que** os podéis imaginar. → G 1.5

E1 Repaso: La cosa más fácil del mundo

Ordena las formas que están en azul y explica cómo se forman el comparativo, el superlativo relativo y el superlativo absoluto de los adjetivos. ¿Cuál es la diferencia entre "facilísimo" y "la cosa más fácil del mundo"?

E2 Ahora vosotros

1. Mira estas imágenes de Gibraltar y relaciona cada una con las palabras clave correspondientes. Después, con la ayuda de esas palabras clave escribe en tu cuaderno una frase para cada una.

   a) limitar con España – 29.000 habitantes – la superficie – menos de 7 km²
   b) la inmigración ilegal desde África – las pateras – un viaje peligroso
   c) la colonia británica[1] – desde 1704
   d) los monos – famosos – libres
   e) la Península Ibérica – África
   f) el Peñón de Gibraltar – especial – las vistas impresionantes

2. En grupos, buscad en Internet más información sobre Gibraltar y continuad la ponencia de Juan Manuel. Escribid sobre:

   - la geografía
   - la situación política
   - el turismo
   - los problemas actuales

1 la colonia británica die britische Kolonie

E3 ¿Cómo es Gibraltar?

Forma frases sobre Gibraltar utilizando el comparativo y el superlativo.

Modelo: Gibraltar / + calor / Londres
En Gibraltar hace más calor que en Londres.

a) Gibraltar / – grande / + conocido / La Línea
b) Madrid / + cerca / Londres / Gibraltar
c) Gibraltar / precios[1] / + bajo / España
d) Gibraltar / impuestos[2] / – alto / España
e) lugar / + interesante / el Peñón
f) monos / animales / + simpático
g) jardines botánicos[3] / lugar / + bueno / hacer picnic
h) estrecho[4] de Gibraltar / distancia / + corta / África / Europa

E4 Éste es Moritz

Moritz es un chico alemán que está en Albacete haciendo un intercambio y va a la clase de Juan Manuel y Farouk. Escucha lo que cuenta Moritz y escribe las preguntas que le han hecho sus nuevos compañeros de clase.

E5 Moritz, Juan Manuel y Farouk: tres chicos muy diferentes

En el recreo, un grupo de chicas de la clase de Juan Manuel mira a sus tres compañeros y los compara. ¿Qué dicen? Haz frases.

Modelo: *Moritz parece más tímido que Juan Manuel.*

E6 ¿Cómo es una buena ponencia?

Vuelve a leer el texto de la página 24 y mira también la imagen. ¿Cuáles son los errores que hace Juan Manuel en su ponencia? ¿Qué es lo que hace bien? Discutid en clase. Mira después el manual y compara. → p. 80

E7 ¿Qué cuenta Moritz de la ponencia de Juan Manuel?

Hace sólo una semana que Moritz está en España y pasa bastante tiempo hablando por teléfono o escribiendo e-mails a sus amigos de Erlangen, su ciudad en Alemania. Después de escuchar la ponencia de Juan Manuel, por la tarde, Moritz llama por teléfono a su amigo Oliver. En parejas, interpretad el diálogo entre Moritz y Oliver.

1 el precio der Preis, 2 el impuesto die Steuer, 3 el jardín botánico der botanische Garten, 4 el estrecho die Meerenge

T2 Si queréis, vamos al cine

En la puerta del instituto Juan Manuel, Farouk y Moritz se encuentran con Anahí, Nur y María Jesús.

Juan Manuel: Hola, chicas. Éste es Moritz, nuestro nuevo compañero, es de Alemania.
María Jesús, Nur y Anahí: ¡Hola, Moritz!
Moritz: ¡Hola!
Farouk: ¿Qué vais a hacer hoy por la tarde?
Anahí: Si terminamos temprano los deberes, vamos al parque. ¿Y vosotros?
Juan Manuel: Si no llueve, vamos a jugar al fútbol.
Nur: Pues, creo que va a llover.
Farouk: Sí, yo también lo creo. Si llueve, podemos ir al cine, ¿qué pensáis?
María Jesús: Buena idea. ¿Y Javi?
Anahí: Si queréis, lo voy a llamar después de comer.
Juan Manuel: Si puedes, llámalo antes de comer, así no hace otros planes.
Anahí: Vale.

E8 Si lo sabes, escríbelo

1. Completa la regla en tu cuaderno, y después comprueba en la gramática. → G 1.6
   Las frases condicionales son así:

   Si + verbo en presente + { verbo en ●●● / verbo en ●●● / verbo en ●●●.

2. Elige la frase correcta: Las frases del texto hablan de:
   a) algo que puede pasar (son *frases condicionales reales*).
   b) algo que puede pasar, pero muy difícilmente (son *frases condicionales improbables*).
   c) algo que ya no puede pasar (son *frases condicionales imposibles*).

E9 Si puedes, hazlo

1. ¿Qué dicen las chicas a Moritz? Relaciona las frases.

a) Si estudias bastante,	A) llámanos.
b) Si necesitas ayuda[1], →	B) pregunta a la profesora.
c) Si quieres comer una buena tortilla,	C) vas a hablar muy bien el español.
d) Si no entiendes algo,	D) tienes que probar[2] la de mi madre.
e) Si tienes tiempo mañana,	E) ven al parque con nosotras.

2. ¿Qué otras cosas crees que le dicen? Escribe más frases y compara con tu compañero/-a.

3. ¿Cómo son las frases condicionales en alemán? ¿Y en inglés? Compáralas con las españolas.

1 la ayuda die Hilfe, **2** probar probieren

Después del cine

Después del cine todos van a una cafetería para tomar algo y charlar de la película. De repente, Moritz encuentra una llave debajo de la mesa.

Moritz: Oye, Anahí, ¿esta llave es tuya?
Anahí: A ver, no, no es mía. Juan Manuel tiene una llave como ésta, creo que es suya. Oye, Juan Manuel, ¿es tuya esta llave?
Juan Manuel: No, no es mía.
Farouk y Nur: Uy, ¡es nuestra!

E 10 ¿Mío o tuyo?

Completa en tu cuaderno con las formas que faltan. → G 1.7 ¿Cómo son en ingles?

singular		plural	
mío	●●●	●●●	mías
●●●	tuya	tuyos	●●●
suyo	●●●	●●●	●●●
●●●	●●●	nuestros	●●●
vuestro	●●●	●●●	vuestras
●●●	suya	suyos	●●●

¡Ojo!

La llave **es mía**. = gehört mir
→ ser + mío/-a/-os/-as

La llave pequeña es **la mía**. = meine/-r
→ artículo + mío/-a/-os/-as

Anahí es **una amiga mía**. = eine Freundin von mir
→ un/-a + sustantivo + mío/-a

E 11 ¡Es mío, mío, mío!

Escribe frases como la del modelo.

Modelo: Aquellos bolígrafos son de María Jesús. → *Son suyos, son los suyos, son unos bolígrafos suyos.*

a) Aquellas fotos son de Juan Manuel.
b) Estos libros son de Moritz.
c) La llave es de Nur y de Farouk.
d) Este coche es de los padres de Javier.

E 12 Los tuyos, los suyos, los nuestros

Cada estudiante pone algo suyo en una bolsa[1] grande. Después, sin mirar, cada uno tiene que tomar algo, buscar a un/-a compañero/-a y preguntarle si es suyo/-a. Cada uno puede preguntar tres veces.

Modelo: A: *¿Estas llaves son tuyas?*
B: *Sí, son mías. / No, no son mías.*

E 13 Las vacaciones

En esta etapa has aprendido mucho sobre las vacaciones de los chicos. Haz un mapa mental con el tema "las vacaciones".

1 la bolsa die Tüte

Manual de instrucciones Escribir cartas e e-mails

Bedienungsanleitung Verfassen von Briefen und E-Mails

Briefe und E-Mails schreiben in drei Schritten

Nicht nur die mündliche, sondern auch die schriftliche Kommunikation muss in der Fremdsprache beherrscht werden. Deshalb wird immer wieder das Verfassen von Briefen oder E-Mails geübt und in Prüfungen gefordert. Die folgenden Schritte helfen dir, damit dir dies problemlos gelingt:

Erster Schritt: Das Erstellen eines inhaltlichen Konzeptes

- Bevor du beginnst zu schreiben, ist es wichtig, dass du dir notierst, welche Inhalte in den Brief sollen. Beachte hier, ob die Aufgabenstellung Vorgaben diesbezüglich gibt, denke aber auch daran, deine Freiräume zu nutzen. Wo kannst du zeigen, dass du mit der Sprache umgehen kannst?
- Wenn du die Inhalte vermerkt hast, bringe sie in eine sinnvolle und logische Reihenfolge, so dass der Brief eine klare Struktur bekommt.

Bei diesem Schritt genügen Stichpunkte!

Zweiter Schritt: Das Ausformulieren des Inhalts

Formuliere nun deine Stichpunkte auf einem Notizzettel aus. Konzentriere dich dabei auf folgende Punkte:

- Der Empfängerbezug: Briefe sind an eine oder mehrere Personen gerichtet. Überlege dir, welche Ziele du bezüglich des Empfängers verfolgst: Willst du ihn informieren, ihn unterhalten, ihn überzeugen? Hast du Wünsche oder Bitten, die der Empfänger dir erfüllen soll? Entsprechend musst du ihn als „Kommunikationspartner" in deinen Brief einbeziehen.
- Die logischen Satzverbindungen: Auch in einem Brief ist es von Bedeutung, dass die einzelnen Sätze in einen klaren Zusammenhang gebracht werden.

Dritter Schritt: Die formelle Gestaltung des Briefes / der E-Mail

Bringe nun deinen Brief in die angemessene Form. Wie im Deutschen gibt es auch im Spanischen formelle Regeln und feste Floskeln, die beim Verfassen eines Briefes angewendet werden müssen:

beim persönlichen Brief:

- Hola ...: / Querido/-a ...:
- Me ha alegrado mucho tener noticias de ti / recibir tu carta.
- Espero volver a verte pronto.
- Un beso / Abrazos / Saludos, ...

beim unpersönlichen Brief:

- Estimados Sras. y Sres: / Estimado/-a señor/-a ...:
- Respecto a su carta / su noticia / su mensaje ...
- Nos dirigimos a usted para ...
- En espera de sus noticias, les saluda cordialmente / atentamente

Geschafft!

Etapa 2
Excursiones al pasado

la alhambra de Granada

la mezquita de Córdoba

el teatro romano de Mérida

el acueducto de Segovia

una de las sinagogas[1] de Toledo

E1 Veo, veo, ¿qué ves?
En España hay muchos edificios y lugares que recuerdan que los romanos, árabes y judíos estuvieron en este país. Describe en alemán los edificios que ves en las fotos y compara los diferentes estilos[2].

E2 Un poco de historia
Infórmate sobre el uso[3] y la historia de uno de estos edificios. Busca a otros compañeros que se han informado sobre el mismo edificio y en grupos explicad lo que sabéis a la clase.

1 la sinagoga die Synagoge, 2 el estilo der Stil, 3 el uso der Gebrauch

E3 Números romanos

I	II	III	IV	V	VI	VII	VIII	IX	X	L	C	D	M
1	2	3	4	5	6	7	8	9	10	50	100	500	1000

1. Mira estos números romanos. ¿Cuáles son las siete letras que usas para formarlos? ¿Cuántas veces puedes repetir una letra en un mismo número?
2. Elige la información correcta.
   a) Para tener un número más pequeño, pones una letra *delante de / detrás de* la letra romana.
   b) Para tener un número más grande, pones una letra *delante de / detrás de* la letra romana.
3. Escribe en tu cuaderno los siguientes números: XXI – XL – CCI – XXXIV – XIX – CM – XXVI.
4. Escribe en números romanos: 15 – 28 – 400 – 90 – 67 – 34 – 49.
5. Escribe cinco números y díctaselos a tu compañero/-a. Él / Ella va a escribirlos en números romanos.

E4 Relaciona

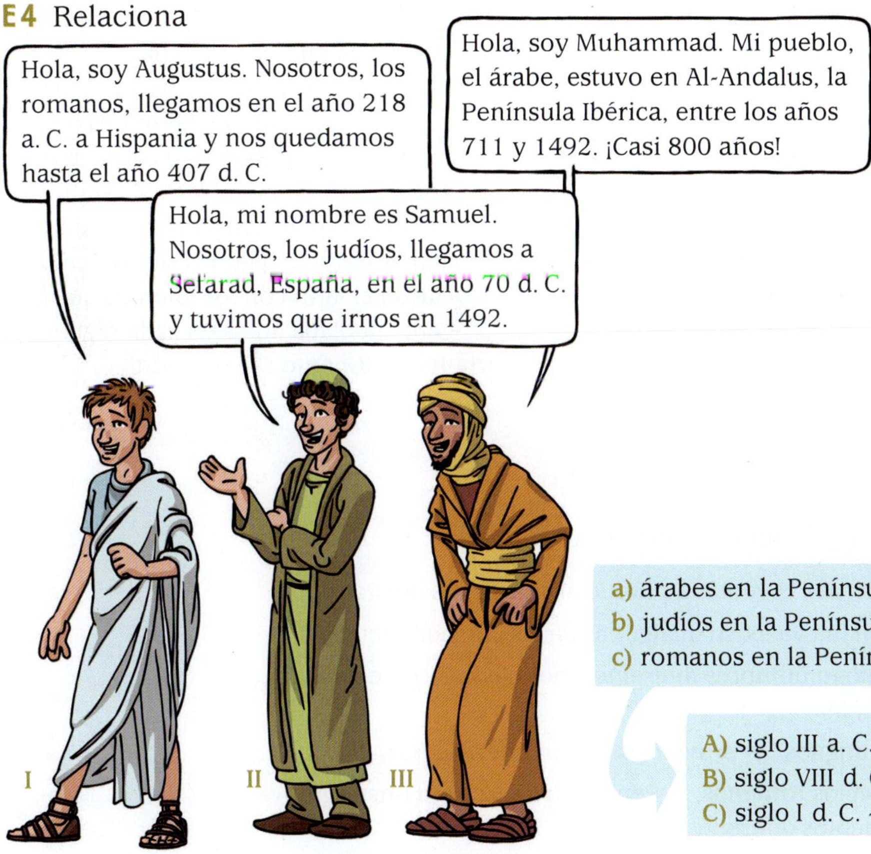

a) árabes en la Península Ibérica
b) judíos en la Península Ibérica
c) romanos en la Península Ibérica

A) siglo III a. C. - siglo V d. C.
B) siglo VIII d. C. - siglo XV d. C.
C) siglo I d. C. - siglo XV d. C.

1. Lee lo que dicen y relaciónalo con la información de al lado. Haz frases.
2. ¿Qué nombre tiene España en cada una de estas culturas?

Etapa 2

Paso 1 *Hablaban latín*

T1 Preparando un examen de Historia

El lunes hay examen de Historia. María Jesús y Anahí están estudiando en casa de Nur. Nur es la que más sabe de esta asignatura y les está explicando algunas cosas a sus amigas.

Anahí: Oye, María Jesús, estás mirando por la ventana. Escucha un poco, ¿quieres?

María Jesús: Perdón, es que allí hay algunos chicos que conozco y ...

Nur: Ya, ya, bueno, ven aquí. Chicas, mirad este mapa y decid lo que veis. El señor Rodríguez dice que en el examen vamos a tener un ejercicio como éste.

Anahí: Es un mapa de la Península Ibérica pero los nombres de las ciudades son muy extraños. Por ejemplo, Barcelona es *Barcino* y Toledo es *Toletum*. Además, el mapa es de diferentes colores, ¿por qué?

María Jesús: Es un mapa antiguo y las líneas negras eran las fronteras de las provincias. A ver, se llamaban *Tarraconensis, Carthaginensis, Baetica, Lusitania* y *Gallaecia*.

Anahí: ¡Qué nombres! ¿Y los colores?

Nur: Eran las diferentes zonas donde estaban los romanos. Leed lo que pone debajo del mapa.

María Jesús: Sí, escuchad, aquí dice que antes de los romanos, había muchos pueblos que vivían en la Península Ibérica. Todos hablaban idiomas diferentes y casi no se conocían entre ellos, por eso, tampoco estaban unidos. En el año 218 a. C. los romanos llegaron a la Península Ibérica. Ellos hablaban latín, y así, con el tiempo, los otros pueblos empezaron a hablarlo también.

Anahí: Vale, bien. Los romanos hablaban latín, pero ¿por qué hoy la gente habla diferentes idiomas en España?

Nur: Es así porque los romanos que llegaron a Hispania venían de diferentes regiones y hablaban diferentes dialectos. Muchos no sabían ni leer ni escribir. Además, conquistaron la Península en etapas durante algunos siglos y mezclaron el latín con los idiomas que la gente hablaba antes en cada región.

María Jesús: ¡Cuánto sabes, chica!

E1 Sobre el texto ...

¿Correcto o falso? Corrige la información falsa.

	c	f
a) María Jesús mira por la ventana porque allí están sus amigas.	●	●
b) En la época romana ya existían algunas de las ciudades actuales.	●	●
c) Las ciudades tenían nombres diferentes, por ejemplo Barcelona se llamaba *Barcelino*.	●	●
d) En los mapas antiguos las provincias no tenían fronteras.	●	●
e) Cuando llegaron los romanos, la Península Ibérica era una región con muchos pueblos diferentes.	●	●
f) Los pueblos hablaban diferentes idiomas y no estaban unidos.	●	●
g) Todos los romanos eran muy inteligentes y hablaban latín.	●	●

E2 En pasado

1. En el texto puedes ver un nuevo pasado, el pretérito imperfecto. Mira los verbos que están en azul y haz una lista en tu cuaderno. También escribe el infinitivo de cada verbo.
2. ¿Cómo se forma el pretérito imperfecto de los verbos *-ar, -er, -ir*? → G 2.1

¡Ojo!
En el pretérito imperfecto ser, ver e ir son irregulares. → G 2.1

E3 Los romanos en Hispania

1. Lee las siguientes líneas del texto. Hay muchos verbos en pretérito imperfecto. Explica (también es posible en alemán) por qué las chicas utilizan aquí este tiempo. Después compara con la gramática. → G 2.2

   "Antes de los romanos, había muchos pueblos que vivían en la Península Ibérica. Todos hablaban idiomas diferentes y casi no se conocían entre ellos, por eso, tampoco estaban unidos."

2. ¿Por qué en las siguientes líneas utilizan también el pretérito indefinido?

   "En el año 218 a. C. los romanos llegaron a la Península Ibérica. Ellos hablaban latín, y así, con el tiempo, los otros pueblos empezaron a hablarlo también."

3. ¿Qué tiempos del pasado utilizas si quieres decir las frases de 1. y 2. en inglés? ¿Y en francés?

E4 Mérida, una ciudad romana

Escribe la forma correcta del verbo en pretérito imperfecto.

a) En el siglo 25 a. C., Mérida ●●● *(llamarse)* Augusta Emerita.
b) Esta ciudad ●●● *(tener)* un anfiteatro muy importante.
c) En el anfiteatro ●●● *(haber)* lugar para 15.000 personas.
d) La ciudad también ●●● *(tener)* un teatro.
e) En los teatros romanos ●●● *(trabajar)* solamente hombres.
f) La gente ●●● *(divertirse)* mucho en el teatro.
g) El foro ●●● *(estar)* en el centro.
h) Muchos romanos ●●● *(ir)* a caballo de un lugar a otro.

un puente romano en Mérida, y detrás, un puente moderno

☺☺ E5 El túnel del tiempo

Trabajad en parejas.

A

Eres **un/-a romano/-a del siglo II** y vives en Barcino. Estás en un túnel del tiempo, y de repente te encuentras en el siglo XXI con un/-a joven muy simpático/-a. Tú le vas a preguntar muchas cosas y él/ella te va a contestar. ¡Ah! Tienes que poner los verbos en el tiempo correcto. Después él/ella también va a preguntarte algunas cosas a ti y tienes que contestarlas.

a) ¿Cómo ●●● *(llamarse)* hoy Barcino?
b) ¿●●● *(existir)* todavía la provincia Tarraconensis?
c) ¿●●● *(haber)* anfiteatros romanos todavía?
d) ¿●●● *(hablar)* vosotros todavía latín?
e) ¿Qué idiomas ●●● *(hablar)* la gente actualmente en la Península Ibérica?
f) ¿Cómo ●●● *(llamarse)* la región donde hoy ●●● *(estar)* Barcino?
g) ¿●●● *(existir)* todavía el acueducto de Segovia?
h) ¿Cómo ●●● *(viajar)* actualmente las personas?
i) ¿Dónde ●●● *(divertirse)* la gente?

B

Eres **un/-a joven del siglo XXI** y vives en Barcelona. Estás en un túnel del tiempo, y de repente te encuentras con un/-a romano/-a del siglo II. Él / Ella te va a preguntar muchas cosas y tú que eres muy simpático/-a le vas a contestar. Pero después tú también quieres preguntarle a este/-a romano/-a algunas cosas. Usa los verbos en el tiempo correcto.

a) ¿Cómo ●●● *(llamarse)* España en tu época?
b) ¿Qué otras provincias ●●● *(haber)* en la Península Ibérica?
c) ¿Quiénes ●●● *(vivir)* en la Península antes de llegar vosotros?
d) ¿Qué idioma ●●● *(hablar)* la gente en la Península?
e) ¿Qué idioma ●●● *(hablar)* vosotros?
f) ¿Cómo ●●● *(traer)* el agua a las ciudades?
g) ¿Cómo ●●● *(ser)* el centro de la ciudad?
h) ¿Qué ●●● *(poder)* hacer para divertiros?
i) ¿●●● *(poder)* trabajar las mujeres en los teatros?

T2 Asterix y Obelix hablan de los romanos

Asterix: Ay, los romanos ... ¡Muchas veces querían entrar en nuestro pueblo!
Obelix: Ja ja, pero nunca podían ...
Asterix: Y todos los días buscaban ideas nuevas para conquistarnos ...
Obelix: Pero siempre éramos más fuertes y más inteligentes que ellos.
Asterix: Bueno, a veces eran peligrosos ...
Obelix: ¡Bah! ¡Estaban locos esos romanos!

¡Ojo!

¿Cuáles son los marcadores temporales que van normalmente con el pretérito imperfecto? Haz una lista con los que están en el texto. Además, anota en tu lista los siguientes marcadores del pretérito imperfecto:

Entonces ...
Normalmente ...
Antes ...

E6 ¿Qué más dicen?

¿Qué más dicen Asterix y Obelix? Escribe cinco frases y usa los marcadores temporales que van con el pretérito imperfecto. Después compara tu diálogo con el de tu compañero/-a.

E7 Cornelia, una mujer romana

Mira el dibujo. ¿Cómo era esta mujer? ¿Qué hacía todos los días? Descríbela.

tener muchos hijos – cuidar a su familia – tocar la flauta[1] – visitar a sus amigas – trabajar en la casa – ir con su marido a las carreras, al teatro y al anfiteatro – no poder decir su opinión sobre política ni religión

E8 ¿Cómo era en Alemania?

1. Moritz tiene que escribir un pequeño texto sobre la época romana en Alemania. Escribe uno tú también.
2. Ahora escucha lo que escribió Moritz y compáralo con tu texto. ¿Hay algo que puedes completar? ¿Hay algo que Moritz olvidó escribir?

E9 Y tú, ¿cómo eras?

Como ya sabes el imperfecto se usa para describir cosas, personas, lugares y situaciones en el pasado y para hablar de lo que pasaba siempre, muchas veces, etc. Habla con tu compañero/-a. Pregunta y contesta: Cuando tenías diez años …

a) ¿cómo eras?
b) ¿cómo era un día normal de tu vida?
c) ¿qué hacías los fines de semana?
d) ¿ibas de vacaciones? ¿Adónde?
e) ¿qué hacías durante las vacaciones?
f) ¿qué te gustaba comer? ¿Qué no?
g) ¿cómo se llamaba tu mejor amigo/-a?
h) ¿dónde vivías?
i) ¿a qué instituto ibas?

1 la flauta die Flöte

Paso 2 *¡Ojalá!*

Los árabes en España

En casa de Nur las chicas siguen preparando el examen de Historia. Ahora están leyendo sobre la época musulmana en la Península Ibérica y charlan un poco con Nahid, el papá de Nur, que sabe bastante de eso.

Padre: Como sabéis, soy musulmán y por eso me interesa mucho cómo vivían los musulmanes aquí en la Península. ¿Qué sabéis hasta ahora de los árabes en la Península Ibérica?

Anahí: Bueno, hemos leído que en el año 711, un árabe, Tarek, entró con sus hombres en la Península Ibérica. Aquí las regiones no estaban nada unidas y por eso, para los árabes fue bastante fácil conquistar muchas ciudades.

María Jesús: Así es, entraron por el estrecho[1] de Gibraltar y ya en el año 718 tenían el poder en casi toda la Península.

Nur: Sí, pero algunos reinos cristianos no querían a los árabes allí, y en el año 718 empezaron la Reconquista de la Península que terminó en 1492.

María Jesús: Lo que no entiendo es por qué necesitaron tanto tiempo …

Padre: Es porque los musulmanes llevaron muchas cosas nuevas a la Península. Muchos musulmanes sabían leer y escribir, conocían la literatura antigua, las ciencias naturales y sabían cómo trabajar la tierra y construir edificios hermosos. Los habitantes de la Península sabían que los árabes podían ayudarlos a mejorar sus vidas.

Nur: Claro, los árabes mejoraron el sistema de riego[2] y construyeron palacios enormes, como la Alhambra en Granada.

Anahí: ¿Y entonces, cómo hicieron los cristianos la Reconquista de la Península?

Padre: Los cristianos volvieron a tener poder porque los árabes no estaban unidos entre ellos. En 1085 los cristianos volvieron a conquistar Toledo, en 1236 Córdoba, en 1248 Sevilla y, finalmente en 1492, Granada.

E1 Un poco de historia

En parejas. Preguntaos qué pasó en los años que están en el texto.

Modelo: A: *¿Qué pasó en el año 711?* **B:** *En el año 711 …*

E2 Sobre el texto …

¿Correcto o falso? Corrige la información falsa.

	c	f
a) Nahid sabe mucho de historia porque es profesor.	●	●
b) Para los musulmanes no fue difícil conquistar la Península.	●	●
c) Diez años después de llegar ya tenían el poder en la Península.	●	●
d) Los habitantes de la Península aprendieron algo de los árabes.	●	●
e) El último reino que perdieron los árabes fue Granada.	●	●

1 el estrecho die Meerenge, **2 el sistema de riego** das Bewässerungssystem

E3 Alfonso X, el rey sabio (1221-1284)

1. En tu cuaderno, escribe los verbos en el tiempo correcto.

Cuando Alfonso X el Sabio ●●● *(tener)* el poder, ●●● *(haber)* mucha libertad entre la gente de diferentes razas. A Alfonso le ●●● *(interesar)* mucho la política pero también la literatura. En su colegio de traductores ●●● *(trabajar)* sabios de toda la Península. ●●● *(traducir)* libros de ciencias del hebreo[1] y del árabe al español y después los ●●● *(traducir)* al latín. Los judíos ●●● *(ser)* un grupo muy importante en este colegio, aunque no ●●● *(ser)* muchos. Ellos no sólo ●●● *(saber)* árabe, también ●●● *(conocer)* los libros más importantes en este idioma. Así los hombres de ciencia en toda Europa, que siempre ●●● *(leer)* sus libros en latín, ●●● *(poder)* entenderlos. Este colegio de traductores no ●●● *(ser)* un colegio como los que conocemos hoy. Era un lugar donde ●●● *(encontrarse)* todos los días sabios judíos con sabios cristianos para hacer un puente entre los diferentes idiomas y llevar la ciencia a todos los que ●●● *(interesarse)* por ella.

2. ¿Por qué usaste siempre este tiempo del pasado? Controla tu respuesta mirando el libro de gramática. → G 2.2

3. Contesta las siguientes preguntas sobre el texto del ejercicio.

   a) ¿Cómo era Alfonso X, el sabio?
   b) ¿Por qué era tan importante el Colegio de Traductores?
   c) ¿Quiénes trabajaban allí?
   d) ¿Qué hacían?

E4 Palabras de origen árabe

1. Muchas palabras de origen árabe empiezan con las sílabas "al-", "ben-", "be-" o "az-". Trabajad en parejas y con un diccionario. Cada uno de vosotros busca qué significan las siguientes palabras:
   A: almohada – azafata – zanahoria – aceite
   B: alcalde – naranja – azúcar – berenjena

2. Explica a tu compañero/-a en español qué significan las palabras que buscaste. ¿Quién adivina más palabras?

3. Aquí tenéis una lista con otras palabras de origen árabe. Buscad las que no conocéis en el diccionario y elegid cinco. Explicádselas a otra pareja.

aldea – alfombra – jarabe – alacena – zoquete – guitarra – cero – albaricoque – barrio – dado – jirafa – limón – quiosco – rincón – taza – zapato

1 el hebreo das Hebräische

E5 Tema: el idioma alemán

Los estudiantes de la clase de Moritz quieren saber algunas cosas sobre el idioma alemán. Ayúdale a Moritz y contesta las preguntas.

a) ¿Desde cuándo existe el idioma alemán?
b) ¿Qué hablaba la gente antes en la región en la que actualmente está Alemania?
c) ¿Había una sola lengua?
d) ¿Por qué la gente empezó a hablar el alemán?
e) ¿Hay palabras de otros idiomas en el alemán? ¿Por ejemplo?

E6 24 horas en Toledo

Toledo es una ciudad donde puedes ver muy bien lo que han dejado las tres culturas: cristiana, judía y árabe. Trabajad en grupos de cuatro o cinco estudiantes. Informaos en Internet y preparad una excursión de un día a Toledo. ¿Qué vais a visitar? ¿Dónde vais a comer? ¿Qué vais a comer? Escribid una guía de vuestras actividades y cuándo pensáis hacerlas. Después presentad vuestro trabajo en clase. También podéis mostrar un mapa de la ciudad, fotos, etc.

Toledo

E7 Después de la visita a Toledo

Seguramente después de visitar Toledo y hacer muchas cosas en esta maravillosa ciudad ahora sabéis muchas cosas de ella. Formad grupos de cuatro o cinco alumnos y haced un mapa mental. Después comparadlo con los de los otros grupos.

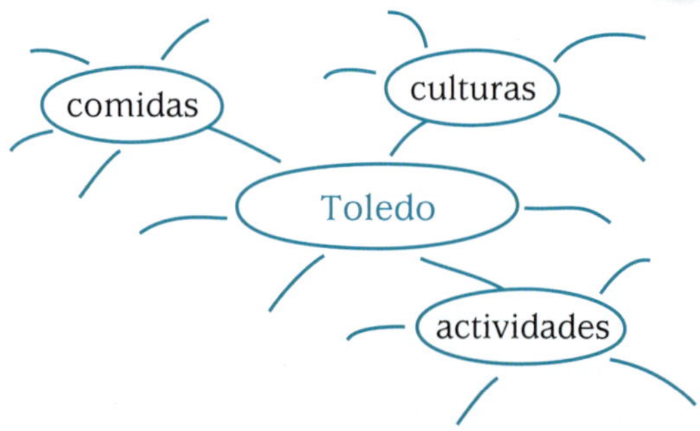

E8 Moros y cristianos

En muchas comunidades de España los habitantes celebran cada año las fiestas de "Moros y Cristianos". Moritz lee en Internet mucha información sobre estas fiestas: su origen, cómo la gente las celebra y por qué son tan importantes. Infórmate tú también y presenta lo que sabes a la clase. En grupos, apuntad las ideas más importantes y escribid juntos una carta a otro grupo que aprende español contando lo que ahora sabéis sobre estas fiestas. Antes, mira en el manual cómo escribir una carta. → p. 29

facultativo

E9 Una canción

1. Después de leer las definiciones, busca la palabra correspondiente en alemán.

a) *el alma:* no lo ves, no lo tocas. Para muchas religiones es la parte más importante de cada persona.
b) *la amargura:* es lo que siente una persona que está muy triste.
c) *el atardecer:* es el final de la tarde.
d) *la luna:* se ve de noche y el sol se ve de día.
e) *llorar:* es lo que haces cuando estás muy triste.
f) *el moro:* se llama también así a los musulmanes. → D)
g) *la oscuridad:* es cuando no puedes ver nada, cuando no está claro.
h) *pasear:* caminar y disfrutar del buen tiempo por ejemplo.

A) Abenddämmerung
B) Dunkelheit
C) Kummer
D) Maure
E) Seele
F) spazieren gehen
G) weinen
H) Mond

2. Escribe en tu cuaderno los verbos en la persona correcta.

Dicen que ••• *(ser)* verdad,
que se oye hablar
en las noches cuando ••• *(haber)* luna
en las murallas,
alguien ••• *(hablar).*

Nadie ••• *(querer)* ir
en la oscuridad,
todos ••• *(decir)* que de noche está la
Alhambra embrujada[1]
por el moro de Granada.

Dicen que es verdad,
que su alma ••• *(estar)* encantada[2]
por perder un día Granada
y que ••• *(llorar, imperfecto).*

Cuando el sol ••• *(irse),*
se le escucha hablar
paseando su amargura por la Alhambra
••• *(recordar, gerundio)* y llorando por
Granada.

Dicen que es verdad,
que nunca ••• *(irse, indefinido),*
condenado está a vivir siempre
en la Alhambra y a llorarla.

Al atardecer,
••• *(contar)* que se ve
entre sombras la figura
de aquel moro hechizada
por perder un día Granada.

Los Puntos, "Llorando por Granada".
En: *Feria.* Fods Records, 1975

3. Escucha y comprueba.

4. Un/-a amigo/-a que no sabe nada de español quiere saber de qué habla la canción. Cuéntaselo.

5. ¿De quién habla la canción? ¿Cómo se siente? ¿Por qué?

6. Escribe una noticia para el periódico sobre lo que cuenta la canción. Estas preguntas van a ayudarte: ¿Qué pasó? ¿Dónde? ¿Cuándo? ¿Quién? ¿Por qué?

1 embrujado/-a verhext, 2 encantado/-a, hechizado/-a verzaubert

Paso 3 *Quinientos años no es nada*

¿Qué dicen los Reyes Católicos?

Los Reyes Católicos, Isabel de Castilla y Fernando de Aragón, están charlando.

Fernando: Creo que tenemos que casarnos. Es mejor para los dos.

Isabel: Pero yo no te amo …

Fernando: Eso no importa: si tú y yo nos casamos podemos unir nuestros reinos.

Isabel: Y si unimos nuestros reinos vamos a tener más dinero y más poder …

Fernando: Claro, y también todos van a tener que hablar nuestro idioma, el castellano. ¿Quién quiere hablar gallego, catalán o euskera?

Isabel: ¡Psst! Mira, Fer, ¿quién es ése?

Fernando: Se llama Cristóbal Colón y dice que quiere llegar a las Indias pero no tiene dinero. ¿Qué piensas? ¿Se lo damos?

Isabel: Bueno, pero tiene que devolvernos ese dinero ¡con intereses[1]!

Fernando: ¡Por supuesto!

Isabel: Te veo nervioso, ¿es por el dinero?

Fernando: No, lo que me preocupa son todos esos árabes y judíos. No son mala gente, pero quiero una sola religión en nuestro reino: la religión católica.

Isabel: Es verdad, querido, pero, ¿qué podemos hacer?

Fernando: Podemos buscar a algunos hombres y hacer un tribunal para perseguir a todos los que no son católicos.

Isabel: Buena idea. ¿Cómo lo llamamos?

Fernando: ¿Qué te parece "Inquisición"?

Isabel: Sí, Inquisición. Eso es.

Fernando: Tienen que sacar a todos los judíos y árabes de nuestro reino. Y si es necesario, matarlos.

Isabel: Pero, ¿y su ciencia?, ¿su cultura?

Fernando: No las necesitamos.

E1 Sobre el texto …

Termina las frases en tu cuaderno. Por supuesto, hay más de una solución posible.

a) Fernando de Aragón e Isabel de Castilla se casaron …
b) Cristóbal Colón quería llegar …, pero …
c) Para el viaje necesitaba …
d) Isabel y Fernando no sólo querían más dinero y más poder, también …
e) Los Reyes Católicos se preocupaban porque …
f) Los Reyes Católicos buscaron …
g) La Inquisición podía …
h) Los últimos árabes y judíos …

1 el interés *hier:* der Zins

E2 ¡Escuchad mis órdenes!

Escribe frases completas usando el imperativo. Después compara tus frases con las de tu compañero/-a.

a) ¿Qué crees que dice Fernando de Aragón a Isabel la Católica?
casarse – dar – decir – unir

b) ¿Qué crees que dicen los Reyes Católicos a Cristóbal Colón?
ir – descubrir – devolver – traer

c) ¿Qué crees que dicen los Reyes Católicos a los hombres de la Inquisición?
buscar – sacar – perseguir – matar

E3 Hasta que llegaron los Reyes Católicos ...

Este texto siguiente tiene dos partes: una tiene que estar en imperfecto, la otra en indefinido. Lee primero todo el texto, después escribe en tu cuaderno las formas correctas de los verbos.

Antes de tener el poder los Reyes Católicos, en la Península Ibérica ●●● *(existir)* doce reinos, un condado[1], un principado[2] y las provincias vascas. La situación política ●●● *(ser)* ésta: ●●● *(haber)* cuatro pueblos que ●●● *(querer)* crecer: los gallegos, los catalanes, los moros y los castellanos. Pero no todos ●●● *(tener)* el mismo poder. La gente del pueblo ●●● *(ser)* muy pobre y ●●● *(tener)* que trabajar para los que ●●● *(tener)* el poder. Pero con los Reyes Católicos todo ●●● *(cambiar)*: ellos ●●● *(casarse)* y ●●● *(unir)* sus dos reinos muy importantes, Castilla y Aragón. Así la situación económica en la Península ●●● *(mejorar)*. Pero, por otro lado, los Reyes Católicos ●●● *(dar)* poder al Tribunal de la Inquisición y ellos ●●● *(matar)* a mucha gente.

E4 ¿Qué sabes de Cristóbal Colón?

1. Escribe la biografía de Colón con la información que te damos.

En 1451 ●●● *(nacer)* en Génova. Muy joven ●●● *(aprender)* a navegar[3] y ●●● *(viajar)* mucho. En 1484 ●●● *(viajar)* a Portugal y le ●●● *(pedir)* dinero al rey para ir a la India por el Oeste. Pero el rey no le ●●● *(dar)* el dinero. Poco después, Colón ●●● *(irse)* a España. Allí les ●●● *(pedir)* dinero a los Reyes Católicos. Después de unos años, los Reyes Católicos le ●●● *(dar)* el dinero para hacer su viaje. En agosto de 1492, Colón ●●● *(salir)* de Europa. Tres meses más tarde, uno de sus hombres, Rodrigo de Triana, ●●● *(ver)* tierra por primera vez. Después de viajar durante algunos meses por las islas del Caribe, ●●● *(volver, ellos)* a España. Colón ●●● *(estar)* cuatro veces en América. Él siempre ●●● *(creer)* estar en la India. ●●● *(recibir)* mucho dinero, pero al final de su vida ●●● *(ser)* pobre.

☺☺ 2. Escribe cinco preguntas con la información de la biografía y hazlas a tu compañero/-a.

1 **el condado** die Grafschaft, 2 **el principado** das Fürstentum, 3 **navegar** segeln, zur See fahren

E5 ¡Otra vez en el túnel del tiempo!

Trabajad en parejas.

A

Estás ¡otra vez! en el túnel del tiempo: Eres **Cristóbal Colón** y acabas de llegar de América. De repente te encuentras en el siglo XXI con un/-a joven muy simpático/-a. Tú le vas a preguntar muchas cosas y él / ella te va a responder. ¡Ah! Tienes que poner los verbos en el tiempo correcto. Después él / ella también va a preguntarte algunas cosas a ti.

a) ¿Me ●●● *(recordar)* alguien todavía?
b) ¿Cómo ●●● *(llamarse)* hoy el nuevo continente?
c) ¿Cómo ●●● *(viajar)* actualmente las personas de Europa a América?
d) ¿Cuánto tiempo ●●● *(necesitar)* para llegar?
e) ¿●●● *(existir)* todavía el Tribunal de la Inquisición?
f) ¿Qué lengua ●●● *(hablar)* la gente en España?
g) No tengo dinero, ¿●●● *(conocer)* a algunos reyes para pedirles un poco?

B

Eres **un/-a joven del siglo XXI** y estás de vacaciones en España. Estás ¡otra vez! en el túnel del tiempo. De repente te encuentras con Cristóbal Colón que acaba de llegar de América. Él te va a preguntar muchas cosas y tú que eres muy simpático/-a le vas a responder. Pero después tú también quieres preguntarle algunas cosas a él. ¡Usa los verbos en el tiempo correcto!

a) ¿Para qué ●●● *(necesitar)* usted el dinero de los reyes?
b) ¿Cómo ●●● *(llamarse)* el lugar que usted ●●● *(pensar)* descubrir?
c) ¿En qué año ●●● *(llegar)* a América?
d) ¿Quiénes ●●● *(vivir)* en el nuevo continente?
e) ¿Cómo ●●● *(ser, ellos)*?
f) ¿Qué cosas ●●● *(haber)* en América que no ●●● *(existir)* aquí?
g) ¿Cuántos viajes ●●● *(hacer)* a América?

E6 ¡Qué teatro!

En parejas o grupos de tres. Imaginaos uno de estos diálogos: Colón y el Rey de Portugal o Colón y los Reyes Católicos. Interpretad el diálogo en clase.

E7 Personajes históricos

1. Investiga sobre alguno de los personajes históricos de esta etapa – Tarek, Alfonso X, Fernando de Aragón, Isabel de Castilla – y escribe su biografía.
2. Formad grupos de trabajo de tres o cuatro personas para controlar la gramática y el vocabulario de las biografías de otros compañeros. Antes, mira cómo corregir un texto. → p. 99
3. Después, los estudiantes que eligieron a la misma persona presentan su biografía en clase y contestan las preguntas de los otros compañeros.

E8 Juana la loca

1. La hija de los Reyes Católicos se llamaba Juana I. Pero fue más conocida como "Juana la loca". Busca información y explica por qué le dieron este nombre y qué papel[1] tuvo en la historia de España.
2. Hay una película sobre Juana la loca, del 2001. En el periódico, lees la siguiente información sobre la película. Habla con tu compañero/-a: ¿por qué (no) queréis verla?

> Laredo, 22 de agosto de 1496. Una flota sale a Flandes. Tiene que llevar a la infanta Juana a la corte de Bruselas, donde se va a casar con el que más tarde va a ser conocido como Felipe el Hermoso. El encuentro es maravilloso. En el momento de mirarse, nace entre ellos una gran atracción y un fuerte deseo. Se olvidan de sus obligaciones políticas y se abandonan a los sentimientos. Pero, el destino tiene otros planes para ellos. Los hermanos mayores de Juana mueren y también su madre, Isabel la Católica, por eso, de un momento al otro, la infanta Juana es reina de Castilla y heredera del reino de Aragón. Estos acontecimientos van a terminar con dos batallas: una política, entre la nobleza flamenca y la castellana, y otra, mucho peor, en su matrimonio.
>
> http://cine.publispain.com/c/Peliculas/Drama/Juana_la_loca/

3. Imagina que has decidido ver la película esta noche en DVD. Moritz acaba de escribirte un e-mail desde Albacete: está aburrido y no tiene planes para esta noche. Contéstale su e-mail (en alemán) y cuéntale qué pasa en la película. Proponle mirarla.

Paso 4 *Una guerra entre hermanos*

La guerra civil española

Las tres chicas ya han estudiado casi todos los temas. Sólo falta el de la guerra civil española. Nur sabe bastante de eso.

Anahí: Oye, Nur, ¿cómo fue eso de la guerra civil en España?

Nur: Eso pasó en 1936. En febrero de ese año los republicanos ganaron las elecciones. Ellos y otros partidos de izquierda propusieron cambiar diferentes cosas.

María Jesús: ¿Y qué pasó?

Nur: Algunos no querían cambiar nada, por ejemplo la iglesia y los militares.

Anahí: ¿Y Franco? ¿Quería cambiar algo?

Nur: No, Franco no: él era uno de los militares. En julio, Franco organizó un levantamiento militar y así empezó la guerra.

María Jesús: ¡Claro, el partido que ganó las elecciones tenía que hacer algo! ⟶

1 el papel *hier:* die Rolle, die Funktion

Nur: Sí, y además la Unión Soviética, México y las Brigadas Internacionales[1] los ayudaban.

Anahí: ¿Y a los otros, al grupo de Franco? ¿Quién los ayudaba?

Nur: Italia y Alemania les daban armas, aviones y dinero a Franco y a los militares. Los Estados Unidos también los ayudaban, aunque oficialmente eran neutrales.

María Jesús: ¿Y los otros países?

Nur: Bueno, aunque Francia estaba con los republicanos, no hizo nada.

Anahí: ¿Y cuándo terminó todo?

Nur: El grupo republicano empezó a tener problemas porque entre ellos había diferentes ideas políticas, faltaban armas...

Anahí: ... y perdieron.

María Jesús: Sí, el libro dice que en abril de 1939 la Guerra Civil terminó y siguió la dictadura de Franco que duró hasta su muerte, el 20 de noviembre de 1975.

E1 Tándem: ¿Qué pasó?

Habla con tu compañero/-a. ¿Qué pasó desde febrero del año 1936 hasta el final de la dictadura de Franco?

Modelo: A: *¿Qué pasó en febrero de 1936?*
B: *Ganaron ... ¿Qué pasó en ... / antes de ... / después de ...?*

E2 Sobre el texto ...

Piensa en cinco preguntas sobre el texto y hazlas a tu compañero/-a.

E3 Un cartel republicano

1. Aquí ves un cartel republicano. Descríbelo. Antes, mira en el manual cómo describir un cartel. → p. 144
2. En el cartel hay un imperativo. Trabajad en grupos de tres o cuatro y preparad también un cartel del grupo republicano. Tiene que haber dos o más imperativos. ¿Tenéis una idea?
3. A tu amigo/-a le interesa este cartel, pero no lo entiende. Explícaselo en alemán.
4. En grupos, haced un mapa mental sobre la Guerra Civil española y explicadlo a la clase.

1 las Brigadas Internacionales Freiwilligenheer aus verschiedenen Ländern

E4 Testigos de un tiempo muy difícil

Cuando empezó la Guerra Civil, pero también después, cuando empezó la dictadura, muchos españoles se fueron de la España de Franco porque buscaban libertad y trabajo. La mayor parte de ellos era de izquierda y tenía mucho miedo porque durante la dictadura de Franco los perseguían y muchas veces los mataban. Muchos se fueron a México, Francia, Argentina, Rusia y Estados Unidos.

Isabel Argentina Álvarez Morán tenía 14 años cuando, el 23 de septiembre de 1937, salió del puerto de Gijón para unas "cortas vacaciones" en la Unión Soviética. No volvió a España hasta 42 años después. El texto que vas a escuchar es una parte de la entrevista que está en el libro "Memorias de una niña de la guerra".

Roger González Martell y Alicia Alted, EPS no. 1.372, Domingo 12 de enero de 2003, pp. 75-79 (abreviado)

1. Imagina cómo vivía la familia de Isabel antes de la guerra. ¿Qué hacía Isabel todos los días / muchas veces? Escribe frases y usa el tiempo de verbo correcto. Compara tus frases con las de tu compañero/-a.

2. Ahora vas a escuchar dos veces a Isabel. Cuando escuchas la primera vez, decide cuál es la información correcta.

a) Isabel vivía en Gijón con
 A) su familia.
 B) sus abuelos.
 C) su abuela.

b) La situación económica era bastante mala porque
 A) su madre estaba enferma.
 B) su padre no tenía trabajo.
 C) su madre trabajaba limpiando y lavando ropa en algunas casas.

c) Su madre murió
 A) antes de la guerra.
 B) durante la guerra.
 C) después de la guerra.

d) Los padres querían llevar lejos a sus hijos porque
 A) estaban enfermos.
 B) había poca comida.
 C) la situación era peligrosa.

e) El padre de Isabel le propuso ir a
 A) México.
 B) Francia.
 C) Rusia.

f) Isabel se fue al puerto con
 A) una mochila pequeña.
 B) su hermana pequeña.
 C) una mochila vieja.

g) En el barco soviético *Kooperatsia* su hermana durmió
 A) en una cama.
 B) al lado de sus amigas.
 C) en una silla.

h) En el viaje los rusos
 A) eran muy buenos con los niños.
 B) les daban muchas cosas.
 C) les ponían películas.

i) El viaje fue de
 A) dos semanas.
 B) tres semanas.
 C) dos meses.

j) Sólo podían viajar
 A) los niños que tenían entre 5 y 12 años.
 B) los niños que tenían entre 5 y 14 años.
 C) los niños que tenían entre 5 y 12 años y sus hermanos mayores.

3. Infórmate sobre cómo vivía la gente en Alemania en esos tiempos. Apunta diez palabras o expresiones importantes. Trabajad en parejas. Juntad[1] las palabras o expresiones que habéis apuntado y haceos preguntas. Elegid al final las preguntas más interesantes y presentad el diálogo en clase.

E5 El Guernica

Pablo Picasso: *Guernica,* 1937

1. Éste es uno de los cuadros españoles más famosos. ¿Ya lo has visto alguna vez? Míralo y describe lo que ves. Antes, mira en el manual cómo describir un cuadro. → p. 144
2. En parejas, hablad de lo que sentís cuando miráis el cuadro.
3. Moritz tiene que escribir un resumen[2] de este texto en alemán para uno de sus compañeros del instituto en Alemania. ¿Qué escribe?

Picasso hizo el cuadro *Guernica* por encargo del Gobierno de la República española (1931-1936) para la Exposición Universal de París en 1937, en plena guerra civil, como un grito contra la guerra. El cuadro estuvo temporalmente en el Museo de Arte Contemporáneo de Nueva York (MOMA) y en 1981, después de acabar la dictadura en España el *Guernica* se trasladó al Museo Nacional Centro Reina Sofía en Madrid, donde se puede ver hoy. Es un lienzo enorme, mide 777 cm × 349 cm. Hay una anécdota referida a este cuadro: Se dice que un día, en París durante la Segunda Guerra Mundial, un coronel alemán nazi entró en el taller de Picasso y le mostró una fotografía del *Guernica*. El coronel preguntó a Picasso: "¿Esto lo ha hecho usted?" y Picasso respondió: "No, lo ha hecho usted."

4. ¿Puedes explicar qué significa la anécdota[3]?

1 **juntar** sammeln, 2 **el resumen** die Zusammenfassung, 3 **la anécdota** die Anekdote

E6 Vivir con la guerra

1. Imagina que eres la niña de la foto. ¿Qué ha pasado en tu pueblo? ¿Qué sientes? ¿Cuáles son tus planes y tus miedos? Escribe una carta a un/-a amigo/-a contándole todo eso. Antes, mira en el manual cómo escribir una carta. → p. 29
2. Busca en el diccionario tres palabras de cosas que ves en la foto y que no conoces. Úsalas en tu carta.
3. Vuelve a leer la carta que has escrito y corrige tus errores. Antes, mira cómo hacerlo. → p. 99

E7 Jugar a los dados

Jugad en grupos de cuatro o cinco alumnos con dos dados. El primer dado es para el pronombre personal, el segundo, para el verbo en pretérito imperfecto y en pretérito indefinido. El que sabe decir las dos formas verbales correctas gana un punto. Empezad con el primer grupo de verbos. El primero que tiene cinco puntos, gana el juego. Seguid entonces con el segundo grupo de verbos.

a) ⚀ ayudar ⚁ organizar ⚂ terminar ⚃ durar ⚄ ganar ⚅ dar

b) ⚀ tener ⚁ descubrir ⚂ salir ⚃ traducir ⚄ seguir ⚅ perseguir

E8 El personaje misterioso[1]

Un estudiante piensa en un personaje de la etapa sin decir quién es. Sus compañeros tienen que hacerle preguntas para adivinar su nombre. Pueden hacer sólo 10 preguntas. Las respuestas sólo tienen que ser *sí* o *no*. El que adivina quién es el personaje misterioso tiene que seguir con uno nuevo.

E9 Resumen

En grupos. Recordad los personajes y los hechos de los que habla esta etapa y los lugares donde pasan. Completad este cuadro en vuestro cuaderno y haced un mapa mental. Presentadlo a la clase.

hechos	lugares	personajes
●●●	●●●	●●●

1 misterioso/-a geheimnisvoll

Etapa 3

Así eran

E1 Fotos familiares

1. Estas fotos son de las familias de los chicos y las chicas de nuestro libro. ¿De quién es cada una?

2. En parejas. Describe una foto y tu compañero/-a tiene que adivinar cuál es. Antes, mira el manual. → p. 144

E2 Una persona especial

En parejas. Cada uno elige una foto y una persona. Pensad quién puede ser esa persona (el padre, la tía, el bisabuelo, ... de ...) y presentádselo a vuestro/-a compañero/-a. Él / Ella tiene que completar la siguiente información. Pero ¡ojo! Esa persona es bastante especial, por eso todo tiene que empezar con la primera letra de su nombre.

Modelo: *El tío Carlos.*

¿Qué hace? Es camarero.
¿Cómo es? Es correcto.
¿Cómo está? Está cansado.
¿De dónde es? Es catalán.
¿Qué le gusta mucho? Comer.
¿Qué no le gusta nada? Chatear.
¿Qué le gusta comer? Cebollas.
¿Adónde fue de vacaciones? Fue a Cáceres.
¿Qué quiere comprar? Una casa.

●●●

¿Qué hace? ●●●
¿Cómo es? ●●●
¿Cómo está? ●●●
¿De dónde es? ●●●
¿Qué le gusta mucho? ●●●
¿Qué no le gusta nada? ●●●
¿Qué le gusta comer? ●●●
¿Adónde fue de vacaciones? ●●●
¿Qué quiere comprar? ●●●

Etapa 3

Paso 1 *Inmigrantes: buscando un futuro mejor*

E1 Antes de leer

Relaciona las palabras o expresiones a la derecha con la definición correspondiente:

a) documento que necesitas si quieres vivir en otro país
b) persona que compra y vende cosas
c) ganas de saber algo
d) persona que ayuda a otros cuando están enfermos
e) mujer que trabaja en casa y cuida a sus hijos → D)

A) la curiosidad
B) el médico
C) el permiso de residencia
D) el ama de casa
E) el comerciante

Los chicos no siempre hablan de fútbol

Farouk está en casa de Javier. Javier va a tener un examen de Historia la próxima semana.

Javier: Uf, qué rollo. Historia no me gusta nada, es aburridísima.

Farouk: ¿Aburridísima? ¿Por qué?

Javier: Porque no me interesa estudiar cosas del pasado y de gente que murió hace muchísimos años.

Farouk: Para nosotros, los árabes, la historia es muy importante, nos enseña quiénes somos y de dónde venimos.

Javier: ¿Ah sí? Pues dame un ejemplo, a ver qué puede ser taaaan interesante.

Farouk: Por ejemplo, la historia de mi familia.

Javier: ¿De verdad? Cuenta … Ahora tengo curiosidad.

Farouk: Pues mira, mis abuelos vivían en Fez. Mi abuelo era comerciante y tenía una tienda en la medina[1]. Mi abuela se dedicaba a las cosas de la casa y a cuidar a los hijos, que eran muchos. A veces ayudaba a mi abuelo en la tienda, porque era muy buena con las matemáticas.

Javier: ¿Y tus padres? ¿No siguió tu padre con la tienda?

Farouk: No. Cuando nací yo, mis padres decidieron venir a España, querían darnos mejores oportunidades. Nur, por ejemplo, nació en España. Fue una época muy difícil para mis padres, recibir el permiso de residencia y todo eso.

Javier: Pero aquí tu padre también trabaja en una tienda, ¿verdad?

Farouk: Sí, cuando llegó a España decidió dedicarse a lo que conocía bien.

Javier: ¿Y tus abuelos? ¿Todavía tienen la tienda?

Farouk: No, ahora la tienen mis tíos.

Javier: Pues sí que es interesante …

Farouk: ¿Y tus abuelos?

Javier: Pues mi abuelo es médico y mi abuela, ama de casa. Pero el padre de mi abuelo, mi bisabuelo, estuvo en la guerra. Él también era médico, trabajaba en un pueblo de Cuenca y tuvo que ayudar en la Guerra Civil. Es increíble cuántas cosas le pasaron.

Farouk: ¿Sí? ¿Ves que la Historia es interesante?

1 **la medina** historisches Viertel einer arabischen Stadt

E2 Sobre el texto …

¿Correcto o falso? Cuando es falso explica por qué.

	c	f
a) A Javier le encanta la asignatura de Historia.	●	●
b) Para Farouk es muy importante la historia de su familia.	●	●
c) La abuela de Farouk trabajaba en una tienda.	●	●
d) A la abuela de Farouk le gusta mucho leer y escribir.	●	●
e) El padre de Farouk tiene una tienda en España.	●	●
f) El abuelo de Javier estuvo en la Guerra Civil española.	●	●

E3 Un poco de gramática

1. Decide si las siguientes frases nos hablan del imperfecto o del indefinido y haz una tabla en tu cuaderno.

   a) Lo usamos para contar acciones empezadas y terminadas en el pasado.
   b) Lo usamos para describir cosas, personas, situaciones y estados en el pasado.
   c) Lo usamos para contar una acción o situación que estaba pasando cuando empezó otra nueva.
   d) Lo usamos para decir la hora, la edad, la profesión, el tiempo, el nombre.
   e) Lo usamos para hablar de acciones que se repetían en el pasado (sin decir la cantidad de veces).
   f) Lo usamos para describir acciones del pasado que pasaban al mismo tiempo.
   g) Lo usamos para hablar de acciones repetidas en el pasado (diciendo la cantidad de veces).

2. Ahora completa estas frases con la forma correcta del tiempo pasado y explica por qué usaste cada tiempo.

   a) El verano pasado Farouk ●●● *(ir)* a visitar a sus abuelos a Marruecos.
   b) Su abuelo ●●● *(ser)* comerciante en Fez.
   c) Su abuela ●●● *(trabajar)* en casa, ●●● *(cuidar)* a los niños y también ●●● *(ayudar)* al abuelo de Farouk en la tienda.
   d) Su abuela ●●● *(tener)* quince años cuando se casó.
   e) Los padres de Farouk ●●● *(vivir)* en España cuando ●●● *(nacer)* Nur.
   f) El bisabuelo de Javier ●●● *(ser)* alto y moreno.
   g) ●●● *(llamarse)* Miguel y ●●● *(ser)* médico en un pueblo de Cuenca.
   h) El año pasado la familia de Javier ●●● *(estar)* tres veces en el pueblo donde viven los abuelos.

E4 Desde otros continentes

No todos los inmigrantes vienen a España legalmente como los padres de Farouk. Busca información en Internet:

a) ¿Crees que es fácil inmigrar a España desde otro continente?
b) ¿Cuáles pueden ser los motivos para emigrar?
c) ¿Hay inmigrantes ilegales en Alemania? ¿De dónde son?

E5 Clandestino

Solo voy con mi pena
sola va mi condena
(1) ●●● es mi destino
para burlar la ley.
Perdido en el corazón
de la (2) ●●● Babylon
me dicen el clandestino
por no llevar (3) ●●●

Pa' una (4) ●●● del norte
yo me fui a trabajar,
mi (5) ●●● la dejé
entre Ceuta y Gibraltar.
Soy una raya en el mar,
fantasma en la (4) ●●●.
Mi (5) ●●● va prohibida
dice la autoridad.

Solo voy con mi pena
Sola va mi condena
(1) ●●● es mi destino
por no llevar (3) ●●●.
Perdido en el corazón
de la (2) ●●● Babylon
me dicen el clandestino.
Yo soy el quiebra ley.

(6) ●●● Negra clandestina,
peruano clandestino,
africano clandestino,
Marijuana ilegal.

Solo voy con mi pena
sola va mi condena
(1) ●●● es mi destino
para burlar la ley.
Perdido en el corazón
de la (2) ●●● Babylon
me dicen el clandestino
por no llevar (3) ●●●

Argelino clandestino,
Nigeriano clandestino,
Boliviano clandestino,
(6) ●●● Negra ilegal.

Manu Chao, "Clandestino". En: *Clandestino*. Virgin Records, 1998.

1. Mirando las definiciones a la derecha, escribe en tu cuaderno las palabras que faltan.
2. Escucha el CD y comprueba.
3. ¿Qué otro título puedes ponerle a esta canción? Compara con tu compañero/-a.
4. Un/-a amigo/-a que no habla español quiere saber qué dice esta canción. Explícasela.
5. Busca información en Internet sobre Manu Chao y presenta tus resultados[1] en clase.

(1) caminar muy rápidamente, lo haces cuando tienes poco tiempo
(2) antónimo de 'pequeño'
(3) en la canción esta palabra es sinónimo de 'documento', normalmente es algo en lo que puedes escribir
(4) tiene más habitantes que un pueblo, pero menos que un país
(5) antónimo de 'muerte'
(6) es una parte del cuerpo que necesitas para escribir, trabajar y muchas cosas más

1 el resultado das Ergebnis

E6 La inmigración ilegal en España

1. En parejas. Describid la foto y contestad estas preguntas:

   a) ¿Dónde están estas personas?
   b) ¿Quiénes son?
   c) ¿Qué están haciendo? ¿Por qué crees que están tan cansados los jóvenes que ves en la foto?

Inmigrantes ilegales llegando a las costas de Canarias, en 2008

2. Escribid una noticia para la foto. Después dad vuestro texto a otro grupo que va a corregirlo si es necesario. → p. 99

3. Estáis en la situación que muestra la foto. Uno es el policía, otro es un/-a canario/-a y dos de vosotros sois inmigrantes. Elegid un personaje, leed la información correspondiente y buscad ideas para vuestro diálogo: hablad sobre vuestra situación, vuestros planes, por qué estáis preocupados, ... Tenéis dos minutos para prepararos.

Inmigrante 1: Ahmed o Fátima
Tienes 22 años. No estás casado/-a, pero tienes padres y ocho hermanos.
Tus padres son muy pobres y tú quieres una vida mejor. Por eso has decidido venir a España, donde tienes un primo que llegó hace dos años y trabaja como camarero en un restaurante. Les explicas al policía y al / a la canaria por qué quieres quedarte.

Inmigrante 2: Youssef o Amina
Tienes 19 años. Estás casado/-a y tienes un hijo. No tenéis dinero para vivir. Tú no querías venir, pero un/-a amigo/-a te contó mucho sobre la vida en España. Al final, decidiste venir a España a buscar mejores oportunidades y así traer después a tu familia. Has llegado a la costa canaria en una patera con otras veinte personas.

Canario/-a: Juan José o Estefanía
Tienes 22 años y eres canario/-a. No tienes trabajo y sigues viviendo en casa de tus padres porque no tienes dinero para vivir solo/-a. Conoces a algunos inmigrantes ilegales que buscan una vida mejor. Cuando tú comparas tu situación con la de ellos, sabes que tu vida es mucho mejor.

Policía: Pablo Rodríguez Antares
Tienes 25 años y eres de Vigo, Galicia.
Eres policía desde hace un año y hace dos meses encontraste un trabajo en las Islas Canarias. Es la primera vez que tienes que detener a inmigrantes ilegales.
Estuviste un tiempo sin trabajo y sabes lo que significa no tener dinero. Pero tienes que hacer tu trabajo.

Paso 2 *Migración interna: de una comunidad a otra*

El blog de Historia

En el instituto, los estudiantes están trabajando en un proyecto sobre migración interna para Historia. Vamos a leer lo que escribieron Juan Manuel y María Jesús en el blog de esta asignatura.

Juan Manuel:

"Bueno, para empezar, quiero decir que la vida de los gitanos en España no ha sido fácil. Hace 600 años que están en este país y hay más de 200 leyes anti-gitanas. Hace 50 o 60 años, en España, por ejemplo en Castilla-La Mancha, donde vivían mis abuelos, la mayor parte de los gitanos tuvo que sufrir el hambre y la miseria que había después de la guerra, pero además los perseguían. Mi abuelo era de Granada, mi abuela de Albacete. Vivieron varios años yendo de un pueblo al otro de la región de La Manchuela (Madrigueras, Casas Ibáñez, Tarazona de La Mancha, etc.) y el sur de la provincia de Cuenca, por el trabajo de mi abuelo. Él era "tratante", es decir, compraba y vendía animales y cambiaba unos por otros.
Mi abuela cuidaba a sus nueve hijos y algunas veces por semana ayudaba a mi abuelo con los animales. Vivían en casas en malas condiciones de los pueblos donde les dejaban estar. Mi abuelo y sus hijos mayores también ayudaban en los campos de los pueblos donde vivían."

la bandera del pueblo gitano

María Jesús:

"Pues mis abuelos eran andaluces, y también sufrieron mucho durante y después de la Guerra Civil. Fue un tiempo especialmente duro en la zona donde ellos vivían. Para mí, Andalucía ha sido desde siempre una región donde ha sido muy duro vivir. Esto lo sé por lo que han contado mis abuelos.
Por los años 50 mis abuelos eran pequeños y se fueron de Andalucía con sus padres para buscar mejores condiciones de vida. Más de dos millones de andaluces dejaron esta región. Mis abuelos se quedaron en Alicante. Mi bisabuelo hacía pequeños trabajos y mi bisabuela cosía[1] para los hospitales. Pudieron alquilar una casa por poco dinero. Un tiempo después a mi bisabuelo le dieron un trabajo de guarda forestal[2] en Albacete, y aquí se vinieron con sus hijos. Desde entonces mi familia ha vivido aquí, pero cuando mi bisabuelo dejó de trabajar, él y mi bisabuela volvieron a Andalucía, porque decían que la echaban mucho de menos.

la bandera de Andalucía

1 **coser** nähen, 2 **el guarda forestal** Förster

E1 Sobre el texto ...

1. Lee el texto sobre la vida de los abuelos de María Jesús y Juan Manuel y completa las frases en tu cuaderno con la información que falta.

   a) Los gitanos viven en la Península Ibérica desde hace unos ●●● años.
   b) En la historia, en España ha habido más de ●●● leyes anti-gitanas.
   c) Los abuelos de Juan Manuel vivieron en diferentes ●●● de la región de La Manchuela.
   d) La época después de la Guerra Civil fue muy dura en la región de ●●●.
   e) Los abuelos de María Jesús emigraron en los años ●●●, y antes de ir a vivir a Albacete estuvieron viviendo en ●●●.

2. En parejas, leed otra vez el texto y responded a las siguientes preguntas.

   a) ¿Qué problemas sufrieron los españoles después de la guerra?
   b) ¿Cuál era el trabajo del abuelo de Juan Manuel?
   c) ¿Cómo eran los lugares donde vivían los abuelos de Juan Manuel con sus hijos?
   d) ¿Por qué se fueron de Andalucía los bisabuelos de María Jesús?
   e) ¿Cuál era el trabajo de los bisabuelos de María Jesús?
   f) ¿Por qué se fueron los bisabuelos de María Jesús a Albacete?

E2 Para empezar ...

Busca en el texto ejemplos de frases con *por* y *para*. Mira la gramática y explica por qué usas *por* y *para* en cada frase. Compara con tu compañero/-a. → G 3.1

Los gitanos llegaron a España en el siglo XV. Hoy viven allí unos 350.000 gitanos. Muchos de ellos se casaron con españoles y así se mezclaron las razas. Existen apellidos típicamente gitanos, por ejemplo "Cortés" y "Carmona".

En el mundo de la música y del cine hay gitanos muy famosos. Investiga quiénes son, elige uno y escribe un texto sobre su vida y su trabajo. Después preséntalo a tus compañeros.

E3 ¿Por o para?

Completa las frases con la preposición correcta.

a) Juan Manuel, María Jesús y los otros chicos preparan un proyecto ●●● Historia.
b) Los abuelos de Juan Manuel iban ●●● diferentes pueblos de La Manchuela.
c) El abuelo compraba y vendía animales ●●● tener dinero ●●● vivir.
d) La abuela de Juan Manuel ayudaba con los animales cuatro veces ●●● semana.
e) Los abuelos de María Jesús se fueron de Andalucía ●●● quedarse en Alicante.
f) Los bisabuelos de María Jesús alquilaban una casa ●●● poco dinero.
g) Fueron a Albacete ●●● el trabajo del padre.

E4 Más de lo mismo

Ahora completa tú las frases usando *por* y *para* y tu imaginación[1].

a) … ●●● poder ir a España en verano.
b) Estudio ●●● …
c) Mis amigos hablan siempre mucho en español ●●● …
d) … ●●● mí.
e) Leo libros de historia ●●● …
f) Les pregunté a mis abuelos ●●● …

E5 ¿Emigrar?

Completa esta frase con *por* o *para*. Compara tus resultados con tus compañeros, haced una lista en la pizarra y elegid las mejores frases.

"Ellos emigraron a otra región ●●● ..."

facultativo

E6 Los gitanos en Alemania

1. Busca información en Internet:
   a) ¿Hay o había gitanos en Alemania?
   b) ¿De dónde son, o de dónde eran?
   c) ¿Cómo es la situación de los gitanos en general?
2. Escribe un texto para el blog del instituto de Juan Manuel y María Jesús. Escribe sobre los gitanos en Alemania, utilizando la información que has encontrado en Internet.

E7 Migración interna

1. Mira el mapa sobre la migración interna en España entre 1960 y 1970. ¿De qué regiones se fueron muchos españoles? ¿Adónde fueron?
2. Habla con tu compañero. ¿Por qué crees que se fueron?
3. ¿Cómo fue en Alemania?

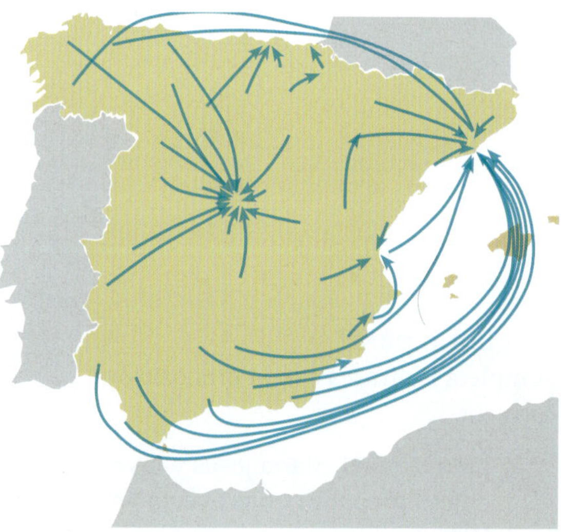

migración interna en España entra 1960 y 1970

1 la imaginación die Phantasie

Paso 3 *Emigrantes de ida y vuelta*

Durante el desayuno

Es domingo y la familia de Anahí está desayunando. Anahí le ha pedido a su padre una parte del periódico y está leyendo un artículo.

"En pocos días me voy a ir de aquí", dice Álvaro Zárate, "y voy a sentir una alegría enorme y una tristeza espantosa." Algo muy parecido sintieron hace un siglo sus bisabuelos asturianos al subirse al barco que les llevó, huyendo de la pobreza, pero soñando con El Dorado, a Argentina. Similar confusión experimentaron también los abuelos de Valeria Signori, la esposa de Álvaro, cuando partieron, poco después de la Segunda Guerra Mundial, del norte de Italia, con el padre de Valeria en brazos, rumbo a la tierra prometida del lejano sur. Hoy la historia se repite. Con la diferencia de que ahora la corriente migratoria fluye al norte, que los sueños de una vida nueva – próspera, estable, con futuro – residen en el viejo continente europeo. Valeria, Álvaro y sus dos hijas pequeñas se van a ir a España. Sólo esperan el pasaporte italiano de Valeria que por su padre le corresponde.

John Carlin, "Emigrantes de ida y vuelta". *El País Semanal,* 17.02.2002

Aquí Anahí deja de leer y mira a sus padres.

Anahí: Mamá, papá, ¿habéis leído este artículo? En nuestra familia fue muy parecido, ¿verdad?

E1 Sobre el texto …

¿Correcto o falso? Cuando es falso explica por qué.

	c	f
a) El padre de Anahí le está leyendo un artículo.	●	●
b) El artículo cuenta que Álvaro está más alegre que triste.	●	●
c) Los abuelos de Álvaro emigraron hace muchos años a Argentina.	●	●
d) Ahora Álvaro va a hacer lo mismo, pero hacia el norte.	●	●
e) El padre de Valeria era muy pequeño cuando llegó a Argentina.	●	●
f) En España, Álvaro y Valeria van a trabajar y ganar dinero.	●	●
g) Ellos no se van solos.	●	●
h) Valeria va a recibir un pasaporte italiano por sus abuelos.	●	●

E2 Los bisabuelos europeos de Anahí

Después de leer el artículo Anahí se interesa por la historia de sus abuelos argentinos y le pregunta algunas cosas a su padre. Completa los espacios vacíos con las formas de los verbos en pretérito indefinido e imperfecto.

Anahí: Papá, ¿por qué ●●● *(irse)* los bisabuelos de Italia, de su país?

Padre: Bueno, en esa época, la gente en Europa ●●● *(vivir)* en condiciones muy difíciles: ●●● *(tener)* poco dinero, ●●● *(haber)* poco trabajo y poca comida. Ellos ●●● *(soñar)* con una vida mejor y ●●● *(buscar)* un lugar para darles mejores oportunidades a sus hijos.

Anahí: ¿ ●●● *(ser)* mejor en Argentina?

Padre: En Argentina ●●● *(haber)* campos muy grandes y allí ●●● *(vivir)* poca gente. ●●● *(necesitar)* personas para trabajar. En aquella época, Argentina ●●● *(ser)* un país muy rico.

Anahí: ¿Y por eso ●●● *(irse)* allí?

Padre: Sí, ●●● *(decidir)* empezar una nueva vida en Argentina, ●●● *(decir)* adiós a su familia y a sus amigos, y ●●● *(subir)* al barco en Génova. ●●● *(llevar)* sólo una maleta cada uno.

Anahí: ¡Qué triste!

Padre: Sí, pero ●●● *(tener)* suerte. El bisabuelo ●●● *(encontrar)* trabajo, ●●● *(construir)* una casa grande, bueno, ya conoces el resto de la historia.

Anahí: Sí. ¿Es verdad que los bisabuelitos ●●● *(llamarse)* Garneri? Porque nuestro apellido es Garnero.

Padre: Ja ja, es verdad. Cuando ●●● *(llegar)* al puerto en Buenos Aires, la persona que ●●● *(escribir)* los nombres de todos ●●● *(equivocarse)* y ●●● *(poner)* "Garnero". Y ahora ése es nuestro apellido.

Anahí: Mmmm, Anahí Garnero ... Anahí Garneri ... ¿Cuál te gusta más?

los bisabuelos de Anahí y sus hijos

E3 De vuelta a Europa

Cuando los padres de Anahí vinieron a España con ella y su hermano menor hace cuatro años, Anahí era todavía muy joven. No recuerda muy bien por qué sus padres decidieron emigrar, y se lo pregunta a su madre. Escucha el CD y contesta las preguntas.

¡Ojo!
construir
→ constru**y**ó
→ **G** 3.2

a) ¿Por qué se fueron de Argentina Anahí y su familia?
b) ¿Todos los que emigraban iban a España?
c) ¿De dónde eran los abuelos de la madre de Anahí?
d) ¿Cómo se siente Anahí después de charlar con su mamá?
e) ¿Qué le propone la mamá de Anahí al final?
f) ¿Es igual la historia de Anahí y de sus padres a la de sus bisabuelos? ¿Por qué?

E4 ¿Por qué y para qué emigraron?

Completa las frases con *para* o *por*.

a) Los padres de Anahí emigraron ●●● tener un futuro mejor.
b) También lo hicieron ●●● la situación económica en Argentina.
c) Muchos de los que emigran a otro país lo hacen ●●● sus hijos.
d) Cuando llegó a Argentina, el bisabuelo de Anahí viajó ●●● todo el país.
e) En aquellos años muchos inmigrantes podían construir sus casas ●●● poco dinero.
f) Argentina era un país ideal ●●● vivir.
g) Anahí está un poco triste ●●● la historia de su familia.
h) Anahí llama ●●● teléfono a sus abuelos ●●● hablar con ellos.

E5 Una historia muy interesante

Moritz le cuenta a su amigo alemán Oliver la historia de la familia de Anahí. ¿Qué crees que le dice? Cuéntalo en no más de dos minutos.

E6 Migraciones

1. Ya conoces muchas palabras de la familia "la migración". Haz una lista. ¿Puedes formar otras palabras de la misma familia?
2. Hay muchos motivos para querer emigrar. Vuelve a leer el texto del Paso 1 (página 50) y compara los motivos de los padres de Farouk para emigrar con la historia de los bisabuelos y la de los padres de Anahí. Haz una lista.
3. En grupos de cuatro, pensad por qué algunas personas se van de su país. Haced un mapa mental con vuestras ideas. Después presentadlo a la clase.
4. Imagina que emigras a un país en el que la gente no habla alemán: primero piensa por qué vas a emigrar, después decide con quién vas a ir, cómo y adónde. Apunta tus ideas.
5. Imagina cómo va a ser tu nueva vida: ¿qué vas a hacer para ganar dinero? ¿Cómo vas a conocer nuevos amigos? ¿Qué problemas puede haber? Después de un mes en el nuevo país, escribe una carta a tu mejor amigo/-a y cuéntale cómo es tu vida nueva. Antes, mira en el manual cómo escribir una carta. → p. 29

E7 Mis abuelos

1. Lleva una foto de uno de tus abuelos. Dásela a tu compañero. Él va a describir la foto, y tú tienes que describir la foto que ha traido él.
2. Tu compañero va a hacerte muchas preguntas sobre tu abuelo/-a. Pregúntale también sobre su abuelo/-a.
3. Mientras tu compañero habla vas a escribir los errores que escuchas. Él va a hacer lo mismo contigo. Después habladlo: si hay errores que se repiten apuntad las formas correctas para aprenderlas mejor.
4. En grupos, juntad[1] fotos y textos sobre vuestros abuelos y su vida. Haced pósters y preparad una exposición[2] en clase.

1 **juntar** sammeln, 2 **la exposición** die Ausstellung

Etapa 4

Argentina: viajando por la Ruta 40

1 la Quebrada de Humahuaca

2 una iglesia en el pueblo Tolar Grande

3 un viñedo[1] cerca de Cafayate

1 **el viñedo** der Weinberg

4 el Aconcagua, la montaña más alta de América

5 el lago Nahuel Huapi, en Bariloche

6 el glaciar[2] Perito Moreno

E1 La carretera más larga e impresionante de la Argentina

1. En Argentina hay un camino de 4.667 kilómetros que va a lo largo de los Andes, de sur a norte, una distancia como la que existe entre Lisboa y los Montes Urales[3]. A lo largo de esta ruta puedes ver cómo cambian los paisajes y las culturas. Escucha la primera parte del texto en el CD y escribe la información que falta en tu cuaderno.

La impresionante Ruta 40, con sus casi ●●● kilómetros, va desde Cabo Vírgenes (en Santa Cruz) hasta La Quiaca (en Jujuy). Llega hasta casi ●●● metros sobre el nivel del mar[4], pasa por ●●● puentes, cruza ●●● importantes ríos, toca ●●● grandes lagos y llega a ●●● reservas y parques nacionales. La Ruta 40 existe desde ●●● y une de sur a norte ●●● provincias de ●●● regiones del país. En la Patagonia: Santa Cruz, Chubut, Río Negro y Neuquén. En Cuyo: Mendoza, San Juan y La Rioja. En el norte: Catamarca, Tucumán, Salta y Jujuy.

http://porlaruta40.wordpress.com (adaptado)

2. Escucha la segunda parte del texto, haz una lista con los nombres de los lugares que escuchas y búscalos en el mapa.

E2 ¿De qué foto hablas?

Elige una foto y descríbela a tu compañero/-a: ¿Qué ves? ¿Qué hay? ¿Dónde está/-n? Él / Ella tiene que adivinar de qué foto hablas.

E3 Pueblos y ciudades

Elige uno de los pueblos o ciudades que nombran en el CD y busca información para hacer una presentación en clase. Antes, mira en el manual cómo hacerlo. → p. 80

2 **el glaciar** der Gletscher, 3 **los Montes Urales** das Uralgebirge, 4 **sobre el nivel del mar** über dem Meeresspiegel

Paso 1 *La mágica Ruta 40*

¡Qué viaje!

Roberto es un primo de Anahí. Tiene 23 años y vive en Rosario, Argentina. Hace unos días volvió de un viaje muy interesante: recorrió con su amigo Ignacio toda la Ruta 40. Ahora está chateando con Anahí.

Roberto: Anahí.
Anahí: Roby, ¿cuándo volviste?
R: El fin de semana ... fue im-pre-sio-nan-te.
A: Tus padres me contaron que habíais tenido un problema con el coche, ¿no?
R: Bah, no fue nada. Habíamos conducido muchos kilómetros por La Rioja donde no había ni casas ni gente, nada. El motor se calentó y en ese momento pensamos que había terminado el viaje para nosotros. Por suerte encontramos un mecánico.
A: ¿Qué tenía el coche?
R: Ja ja. Nada. Tenía sed, el pobre. Necesitaba agua.
A: Uy, qué susto. Papá y mamá se preocuparon mucho cuando les conté. Dicen que allí es como un desierto.
R: Bueno, es verdad, pero no pasó nada. ¿Y vos?, ¿qué tal?
A: Bien, siempre igual, el cole, todo eso... ¡Uy, el cole! Quedé con María Jesús para preparar un examen. Después seguimos hablando, ¿vale?
R: Ja ja, "¿vale?" Qué española estás. Antes decías "de acuerdo".
A: ¡De acuerdo!!! Después chateamos.

En algunos países de América Latina, especialmente en Argentina y Uruguay, la gente no usa el pronombre personal "tú", sino "vos". Esto se llama voseo. Tampoco usan el pronombre personal "vosotros", sino "ustedes". Las formas de los verbos en la segunda persona singular y plural también cambian.
En Argentina dicen, por ejemplo, "vos hablás y ustedes hablan", "vos comés y ustedes comen", "vos escribís y ustedes escriben", "vos sos y ustedes son". ¿Cómo lo dices en España?

E1 Sobre el texto ...

1. Primero habla con tu compañero/-a sobre estos puntos y después escribe en tu cuaderno la información del chico con el que habla Anahí.

Nombre:	●●●,
pero Anahí le dice:	●●●
Edad:	●●●
Nacionalidad:	●●●
Ciudad en la que vive:	●●●
Relación con Anahí:	●●●
Algo interesante que hizo:	●●●
Problemas que tuvo:	●●●

2. Piensa tres preguntas sobre el texto y hazlas a tu compañero/-a.

E2 El pasado del pasado

1. En el texto hay un nuevo tiempo del pasado: el pretérito pluscuamperfecto. Búscalo y escribe los ejemplos en tu cuaderno.

☺☺ 2. Habla con tu compañero/-a: ¿Cómo formas este tiempo? ¿Cuándo lo usas? Comprueba en el libro de gramática. → G 4.1

3. ¿Existe el mismo tiempo en tu idioma? ¿Y en otros idiomas? Escribe ejemplos.

E3 El señor Pluscuam Perfecto

Escribe las formas correctas del pretérito pluscuamperfecto de los siguientes verbos. Escríbelas en primera persona del singular.

hacer – poner – salir – dar – acostarse – escribir – ir – estar – leer – ver – comer – decir

☺☺ E4 Tándem: ¿Lo habías hecho ya?

1. En parejas, haced preguntas y contestad usando el nuevo tiempo.

A	B
¿Ya ●●● *(hacer)* los deberes de Español cuando te llamé ayer por la tarde? →	●●●●●●●
●●●●●●●	← Cuando llegaste ayer al instituto, ¿ya ●●● *(empezar)* la clase?
Cuando llegaste ayer a tu casa, ¿tu familia ya ●●● *(comer)*? →	●●●●●●●
●●●●●●●	← Ayer a las siete de la tarde, ¿ya ●●● *(ver)* a tu mejor amigo/-a?
Cuando ayer te fuiste a casa, ¿ya ●●● *(irse)* todos? →	●●●●●●●
●●●●●●●	← Ayer a las once de la noche, ¿ya ●●● *(acostarse)*?

2. Pensad en dos preguntas más cada uno/-a.

E5 Antes de salir

1. Antes de hacer el viaje, Roberto y su amigo tuvieron que preparar muchas cosas. Escribe las formas del pretérito pluscuamperfecto. Cuando el 21 de septiembre Roby e Ignacio salieron de viaje ya…

   a) ●●● *(comprar)* un libro y un mapa de la Ruta 40.
   b) ●●● *(hablar)* con unos chicos que conocían bien la ruta.
   c) ●●● *(llevar)* el coche al mecánico.
   d) ●●● *(ver)* un DVD sobre el viaje.
   e) ●●● *(hacer)* un plan de viaje.
   f) ●●● *(escribir)* e-mails a diferentes hostales.
   g) ●●● *(preparar)* sus mochilas.

2. ¿Qué otras cosas crees que ya habían hecho? Completa la lista.

E6 ¿Chateamos?

Después de cenar, Anahí chatea un rato más con Roby. Escribe en tu cuaderno los verbos en el lugar correcto, en el pretérito pluscuamperfecto.

decir – hacer – recorrer – mirar – salir – ser – reparar

A: Roby, ¿ya ●●● un viaje tan largo antes?
R: No, el viaje más largo ●●● de 500 kilómetros cuando fuimos a Mar del Plata con Pato y Juanchi.
A: ¡Qué guay! Y todo bien, ¿no? Sólo el problemita con el coche …
R: Sí, lo que pasó es que yo no llevé el coche al taller porque Ignacio ya lo ●●●.
A: Ja ja, ¡qué buen mecánico!
R: Genial, creo que antes sólo ●●● bicicletas.
A: ¿Y la fiesta antes de salir? ¿Qué tal?
R: ¿Fiesta? Cuando nuestros amigos vinieron nosotros ya ●●●.
A: ¿Y eso?
R: No les ●●● a qué hora salíamos.
A: ¡Qué lío!
R: Eso es verdad, especialmente porque cuando ya ●●● 150 kilómetros nos dimos cuenta de que no traíamos el mapa.
A: ¡No me lo puedo creer! ¿Y?
R: Muy fácil, cuando llegamos a Rafaela compramos otro. Chica, mi novia me está llamando. Mañana seguimos hablando. Un abrazo.
A: Un abrazo, y un beso a Ale.

E7 Experiencias

1. Escribe en tu cuaderno una lista de las experiencias positivas y negativas que Roby cuenta de su viaje.
2. En parejas. Cambiad vuestros cuadernos y controlad lo que ha escrito vuestro compañero/-a. Después ordenad los errores en diferentes grupos: el tiempo o la forma de un verbo, el significado[1] de una palabra, el orden[2] de las palabras … → p. 99
3. Piensa en tus últimas vacaciones y escribe tus experiencias positivas y negativas.
4. Habla con tu compañero/-a. ¿Tuvisteis alguna experiencia parecida?
5. ¿Qué otros verbos pueden ir con la palabra *experiencia*? ¿Qué otros adjetivos? Completa la expresión en tu cuaderno. Usa el diccionario para encontrar muchos adjetivos.

Modelo: *tener* → ***una experiencia*** → *interesante*

1 **el significado** die Bedeutung, 2 **el orden** die Reihenfolge

E8 Carteles en la ruta

1. En su camino Roberto vio muchos carteles. Elige tres imágenes y explica a tu compañero/-a qué dice el cartel.

   Modelo: *El cartel dice que el pueblo ... está a ... kilómetros girando a la izquierda.*

2. En el año 2500 un arqueólogo[1] encuentra unos carteles del siglo XXI. ¿Qué significaban? ¿Qué decían los carteles?

   Modelo: *El cartel decía que el pueblo ... estaba a ... kilómetros girando a la izquierda.*

E9 Tres minutos al teléfono

En parejas. Oliver, el amigo alemán de Moritz, lo llama por teléfono. Él le cuenta cómo está y también cuenta sobre el viaje del primo de Anahí. Haced un diálogo de no más de tres minutos y utilizad toda la información que tenéis hasta ahora sobre el viaje de Roberto.

1 el/la arqueólogo/-a der/die Archäologe/-in

¡Ojo!

Un uso importante del pretérito pluscuamperfecto es en el estilo indirecto con el verbo de la frase principal en pasado. Mira estos ejemplos:

A: Más tarde llamo a Pedro.

B: ¿Qué dice A?
C: Dice que más tarde llama a Pedro.

B: ¿Qué dijo A ayer?
C: Dijo que más tarde llamaba a Pedro.

A: Hoy he llamado a Pedro.

B: ¿Qué dice A?
C: Dice que hoy ha llamado a Pedro.

B: ¿Qué dijo A ayer?
C: Dijo que ese día había llamado a Pedro.

A: Ayer llamé a Pedro.

B: ¿Qué dice A?
C: Dice que ayer llamó a Pedro.

B: ¿Qué dijo A ayer?
C: Dijo que el día antes había llamado a Pedro.

¡Ojo!

Otros cambios

(estilo directo → estilo indirecto):

aquí	→ allí
hoy	→ ese día
ayer	→ el día antes
mañana	→ al día siguiente
este	→ ese
ir	→ venir
llevar	→ traer

E 10 Dijo que había llamado a Pedro

1. Trabaja con tu compañero/-a. Mirad el ¡Ojo! y formulad una regla para el estilo indirecto en pasado. Después comparad vuestra regla con lo que dice la gramática. → G 4.2
2. ¿Cómo es en alemán? ¿Y en inglés? Compara.
3. En grupos de tres. Escribid cada uno en un papel cinco frases en presente o en pasado. Mirad el ejemplo en el ¡Ojo! Una persona lee una frase, la otra persona no escucha o no entiende bien, la tercera persona repite la frase usando el estilo indirecto.

E 11 ¿Qué dijo Roberto?

¿Qué dijo Roberto ayer? Escucha las frases y usa el estilo indirecto.

Modelo: La semana pasado volvimos de nuestro viaje. → *Ayer Roberto dijo que la semana pasada habían vuelto de su viaje.*

Roby habla de su viaje

E 12 ¡Juanse quiere saberlo todo!

María Jesús está en casa de Anahí. Las chicas están charlando de muchas cosas.

María Jesús: ¿Sabes? Mi tío está en Argentina.
Anahí: ¿Ah, sí? ¿Y qué hace allí?
María Jesús: Trabaja durante cuatro semanas en Córdoba, pero los fines de semana recorre un poco otras provincias.
Anahí: ¡Qué suerte! ¿Está solo?
María Jesús: No, mi tía está con él.
Anahí: ¿Viajan en autobús? Porque en Argentina casi no hay trenes ...
María Jesús: No, alquilan un coche.
Anahí: Ah, eso es mejor. Pero conducir allí es un poco diferente que aquí.
María Jesús: Sí, pero ellos viajan mucho, ya conocen Perú, Ecuador, Costa Rica.

Más tarde, cuando María Jesús ya se ha ido, llega Juanse, el hermano de Anahí.

Juanse: ¿Por qué hay dos tazas de té? ¿Quién vino?
Anahí: El rey de España.
Juanse: Ay, qué graciosa eres.
Anahí: Pues, María Jesús, chico, como casi todos los días.
Juanse: Ah, ¿y qué te dijo?
Anahí: Pues, me contó que su tío estaba en Argentina y que ...

Sigue tú usando el estilo indirecto.

E 13 ¿Jugamos?

¿Conoces el juego *Tabú*? Hay que hacer dos grupos y elegir palabras que el otro equipo tiene que describir, y además dos o tres palabras que no pueden usar en la definición. Preparad los papeles con las palabras para el otro equipo. Tenéis que usar palabras de esta etapa.

Paso 2 *Buenos Aires*

E 1 Palabras más, palabras menos ...

1. Releciona las palabras de la derecha con sus definiciones.

a) cada una de las partes de una ciudad	A) pintoresco/-a
b) algo que se puede ver o encontrar en la calle	B) rascacielos
c) que tiene cosas o costumbres de diferentes lugares del mundo	C) callejero/-a
d) caminar por un lugar, recorrer un lugar → F	D) cosmopolita
e) edificio muy alto	E) barrio
f) se dice de un pueblo o un paisaje cuando son muy bonitos	F) dar un paseo

2. Ahora tú. Busca palabras del texto de la página siguente y piensa en definiciones para ellas. Tu compañero/-a tiene que adivinar de qué palabra estás hablando.

T1 Buenos Aires, una capital cosmopolita

El viernes pasado Roberto e Ignacio fueron a Buenos Aires para encontrarse con Gonzalo, un joven español al que habían conocido por un blog de "amigos de la Ruta 40" y que quiere hacer el mismo viaje. Gonzalo había llegado a Buenos Aires un día antes. Quedaron en un bar muy típico, el Café Tortoni. Mientras Gonzalo esperaba a los chicos, leía una guía de la ciudad.

Buenos Aires es una de las ciudades más interesantes del mundo. En esta ciudad vive casi un tercio de la población del país, unos 13 millones de personas. Esta ciudad ha sido siempre la más activa, elegante y moderna de toda América del Sur. Hay impresionantes rascacielos como en otras grandes ciudades del mundo.

Entre las cosas que más les gustan a los que visitan Buenos Aires están su ambiente y la personalidad diferente de cada uno de sus barrios. Esta ciudad ofrece muchas actividades culturales, muchísimas tiendas y restaurantes.

Buenos Aires es la ciudad más cosmopolita de Sudamérica. Dar un paseo por la calle Florida, disfrutar de un rico café en el barrio San Telmo o comer la famosa carne argentina en uno de los restaurantes de Puerto Madero son experiencias inolvidables. También es maravilloso visitar los pintorescos mercados callejeros, ver bailar el tango en una calle del barrio de La Boca, cruzar la Avenida 9 de Julio, la más ancha del mundo, ver un partido de fútbol ...

http://www.gift-tours.com/buenos-aires-travel/ (adaptado)

la Avenida 9 de Julio

E2 Sobre el texto ...

Completa en tu cuaderno con la información que falta. A veces hay más de una solución posible.

Buenos Aires tiene ●●● de habitantes. Es una ciudad ●●●. Hay ●●● como ●●●. Cada uno de sus barrios tiene ●●●. Esta ciudad ofrece ●●●. En Buenos Aires puedes ●●●.

E3 ¿Bailamos un tango?

1. La clase forma cinco grupos. Cada grupo busca infomación sobre diferentes temas del tango.

su origen – un cantante famoso – cómo se baila – el idioma del tango: el lunfardo – un tango

2. Cada grupo presenta la información que encontró en clase. Antes mirad en el manual cómo hacerlo. → p. 80

E4 ¿Escuchamos un tango?

1. Escribe en tu cuaderno el contrario de las palabras en paréntesis.

Volver

Yo adivino el parpadeo
de las luces que a lo ●●● *(cerca)*
●●● *(vienen)* marcando mi retorno[1].
Son las mismas que alumbraron
●●● *(sin)* sus pálidos reflejos
hondas horas de dolor.
Y aunque ●●● *(sí)* quise el regreso,
●●● *(nunca)* se vuelve al primer amor.
La ●●● *(nueva)* calle donde el eco dijo
tuya es su ●●● *(muerte)*, tuyo es su querer,
bajo el burlón mirar de las estrellas
que con indiferencia ●●● *(ayer)* me ven
volver.
Volver, con la frente[2] marchita,
las nieves del tiempo platearon mi sien.
Sentir, que es un soplo la ●●● *(muerte)*,
que veinte años no es ●●● *(todo)*
que febril la mirada, errante en las
sombras,
te ●●● *(encuentra)* y te nombra.
Morir con el alma aferrada
a un dulce recuerdo
que lloro otra vez.
Tengo miedo del encuentro
con el ●●● *(futuro)* que vuelve
a enfrentarse con mi ●●● *(muerte)*.
Tengo miedo de las ●●● *(días)*
que pobladas de recuerdos
encadenan mi soñar ...
Pero el viajero que huye
tarde o temprano detiene su andar.
Y aunque el olvido, que ●●● *(nada)* destruye,
haya matado mi ●●● *(joven)* ilusión,
guardo escondida una esperanza humilde
que es toda la fortuna de mi corazón.
Volver ... (repite)

Carlos Gardel, Alfredo Le Pera, "Volver". 1935

2. Ahora escucha la canción y comprueba.
3. ¿Encuentras alguna diferencia en la pronunciación[3] del castellano de Argentina con el de España?
4. Un hombre cuenta la historia que describe este tango, ¿en qué situación lo hace?
5. Moritz escucha este tango, ¡y le encanta! En un e-mail a Oliver, su mejor amigo en Alemania, le cuenta cómo es la canción y de qué habla. Escribe el e-mail de Moritz. Antes, mira en el manual cómo hacerlo. → p. 29
6. Cantad todos juntos este tango.

E5 Repaso: ¿Recuerdas?

En las primeras líneas del texto 1 (página 68) están los tres tiempos del pasado que has aprendido hasta ahora. ¿Recuerdas por qué los usas en cada frase? Habla con tu compañero/-a y escribe en tu cuaderno los motivos. Después mira y compara con la gramática. → G 2.2, 4.1

1 el retorno, el regreso die Rückkehr, 2 la frente die Stirn, 3 la pronunciación die Aussprache

En el Café Tortoni

Cuando Roberto e Ignacio llegaron al Café Tortoni, los tres chicos pidieron unas bebidas. Gonzalo quiso saber muchas cosas sobre el viaje, y así charlaron y charlaron.

Roby: Bueno, ya casi al final del viaje llegamos a Bariloche. Allí encontramos a dos alemanes que habían salido desde La Quiaca como nosotros, pero dos meses antes.

Gonzalo: ¿Y eso?

Ignacio: Ja ja, viajaban a dedo[1]. ¡Dos locos muy simpáticos!

Roby: Tenían más o menos nuestra edad y eran muy graciosos, y bueno, así decidimos seguir los cuatro juntos.

Ignacio: A la mañana siguiente salimos muy temprano y recorrimos 700 kilómetros. Pasamos paisajes increíbles: lagos, montañas, bosques. Por la noche llegamos a un pueblito con las calles de tierra, casi sin gente ... por suerte encontramos un hotel chiquito[2].

Gonzalo: Bueno, era pequeño pero tenía por lo menos dos habitaciones para vosotros ...

Roby: Noooo, nos dieron una pieza[3] chiquita para los cuatro. Allí fuimos a comer algo, charlamos con algunas personas y dimos un paseo.

Ignacio: A la mañana temprano después de un café con leche con medialunas[4]...

Gonzalo: ¿Con qué?

Roby: Mi prima vive en España y me contó que ustedes le dicen cruasáns, ¿es así?

Gonzalo: Ah, sí, ja ja.

Ignacio: Bueno, fuimos 200 kilómetros por calles de tierra, dejamos el coche y empezamos a caminar, cruzamos el Río Pinturas y llegamos hasta la Cueva de las Manos, con pinturas de más de 9.000 años. Los alemanes no querían irse, no podían creer lo que veían.

Roby: Por suerte, Mathias y Christian tenían información de un lugar para pasar la noche. A la mañana siguiente, seguimos hasta el Río Belgrano. Allí encontramos guanacos[5]. ¿Vos sabés qué son los guanacos?

Gonzalo: Sí, lo sé, pero nunca he visto ninguno. Lo que he visto son muchas vacas ...

Ignacio: Ja ja. Bueno, caminamos casi todo el día y pasamos la noche en una estancia[6].

Roby: Al próximo día salimos hacia El Calafate, en el camino no había casi autos ni casas, y muy poca gente, sólo la calle y los árboles. Nadie hablaba.

Gonzalo: ¡Qué impresionante!

Ignacio: Sí, increíble.

Gonzalo: Chicos, tengo una idea. ¿Por qué no vamos a algún restaurante y comemos la famosa carne argentina? Comemos y me seguís contando. ¿Vale?

Roby e Ignacio: De acuerdo.

La Cueva de las Manos en Santa Cruz, de 7350 a. C.

1 a dedo per Anhalter, **2 chiquito/-a** *in Argentinien:* klein, **3 la pieza** *in Argentinien:* das Zimmer, **4 la medialuna** *in Argentinien:* das Croissant, **5 el guanaco** das wilde Lama, **6 la estancia** die Farm, das Landgut

E6 Etapas del viaje

1. Haz una lista con las etapas de viaje que Roberto e Ignacio cuentan a Gonzalo.
2. Escribe en tu cuaderno las palabras del texto que van en los siguientes grupos. Después, busca en el diccionario y escribe dos palabras más para cada grupo.

   a) animales c) comidas
   b) lugares d) paisajes

3. Describe la foto de la Cueva de las Manos. ¿Cómo es? Antes, mira en el manual cómo describir imágenes. → p. 144

E7 No es lo mismo pero es igual

Los chicos argentinos usan algunas palabras y formas gramaticales que el español no dice, pero se entienden igual. Busca en el texto las palabras que faltan.

En Argentina dicen ...	En España dicen ...
chiquito/-a	●●●
●●●	habitación
●●●	cruasán
●●●	¿sabes ...?
ustedes	●●●
●●●	tú
●●●	vale

E8 Volviendo al pasado ...

En el texto los chicos cuentan sobre su experiencia cuando llegaron a un pequeño pueblito y tomaron una habitación en un hotel. ¿Cómo era el pueblito? ¿Cómo era el hotel? ¿Qué hicieron los chicos allí? Escribe un pequeño texto en tu cuaderno contestando estas tres preguntas. Piensa qué tiempos de verbos usas y utiliza muchos adjetivos y adverbios. Después, corrige tu texto. → p. 99

E9 Ahora toda la clase

Primero piensa en algún lugar en el que estuviste durante las vacaciones. Escribe en un papel cómo era el lugar, dónde vivías, qué hacías cada día, qué hiciste una vez. Después mezclad todos los papeles y repartidlos[1]. Tenéis cinco minutos para corregir si encontráis algún error. Leed los trabajos en voz alta. ¿Podéis adivinar quién escribió cada uno?

1 repartir austeilen

E 10 ¿Hay algún restaurante cerca de aquí?

1. Los chicos están en el Café Tortoni, en la Avenida de Mayo. Quieren ir a comer buena carne a un restaurante. Ninguno de los tres sabe adónde ir y preguntan a una señora. Escucha el diálogo y encuentra el camino del restaurante que les propone.

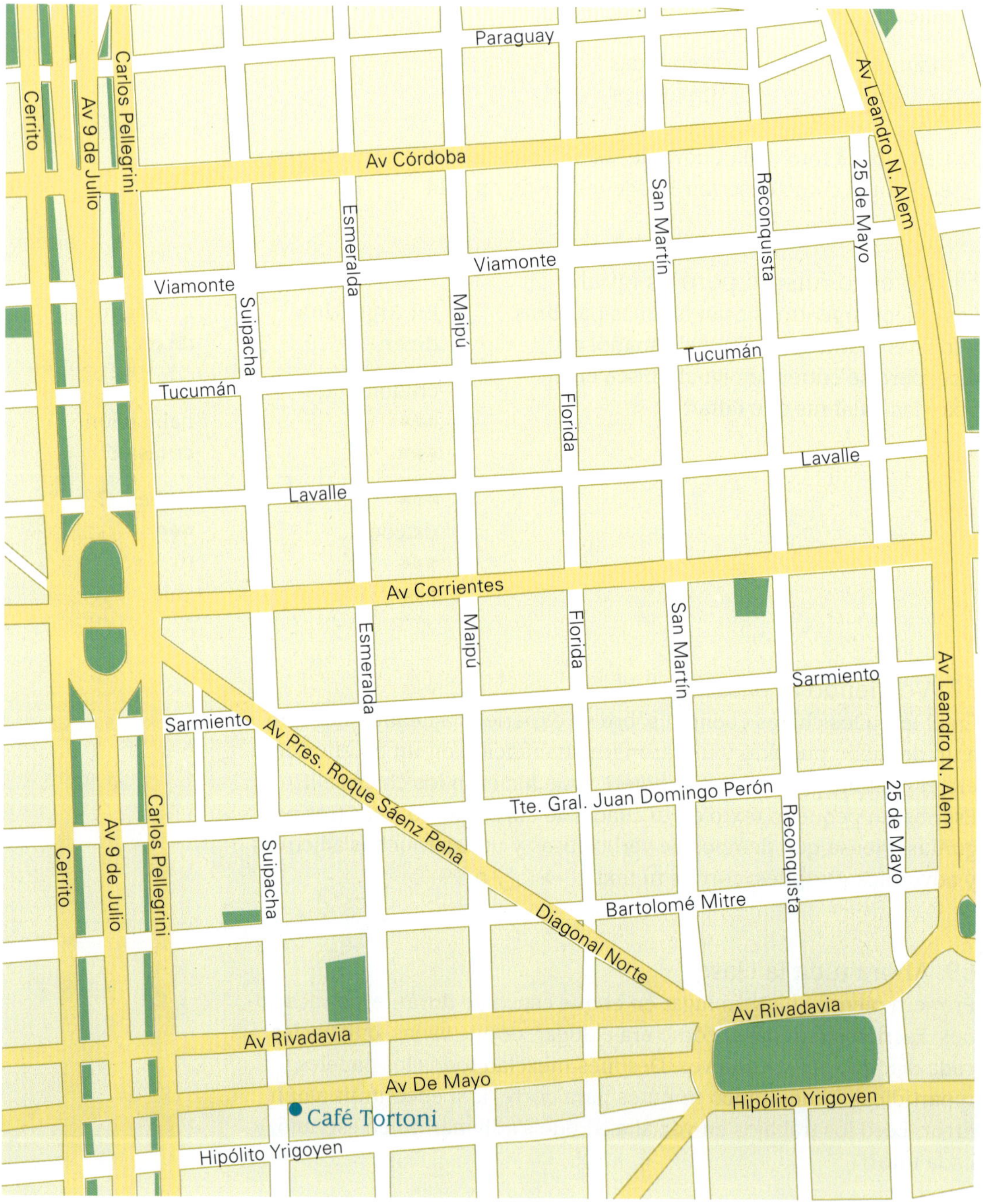

2. ¿Correcto o falso? Corrige la información falsa.

	c	f
a) La señora dice que hay mil restaurantes para comer buena carne.	●	●
b) Los chicos no quieren ir a un restaurante muy caro.	●	●
c) A Gonzalo no le importa cuánto cuesta.	●	●
d) Para la señora, La Cabaña es el mejor restaurante de carnes.	●	●
e) Una cuadra es igual a cincuenta metros.	●	●
f) Primero tienen que caminar dos cuadras hasta llegar a Carlos Pellegrini.	●	●
g) En Carlos Pellegrini tienen que girar a la izquierda.	●	●
h) Van a cruzar Avenida de Mayo.	●	●
i) El restaurante está bastante lejos.	●	●

3. Gonzalo habla con el acento[1] español mientras que Roby, Ignacio y la señora lo hacen con el acento argentino. ¿Escuchas la diferencia? ¿Cómo la describes?

4. En parejas. Cada uno de vosotros elige tres lugares en el mapa e imagina qué hay en estos puntos (una tienda, un colegio ...). La otra persona tiene que preguntar dónde están estos edificios y encontrarlos siguiendo las indicaciones[2] del / de la compañero/-a. Primero decidid dónde estáis.

E 11 En el restaurante

En el restaurante, los tres chicos vuelven a hablar del viaje. Escribe en tu cuaderno los verbos en la forma correcta.

Gonzalo: ¡Qué lugar más bonito! Mientras esperamos la carne, tenéis que contarme un poco más. ¿Dónde ●●● *(estar, nosotros)*?

Ignacio: ●●● *(llegar, nosotros)* al Parque Nacional Los Glaciares. El día ●●● *(ser)* muy claro, por eso ●●● *(poder, nosotros)* ver dos montañas muy famosas: Torre y Fitz Roy. Las montañas todavía ●●● *(tener)* nieve. ¡Qué impresionante! Cuando vives en Rosario como nosotros, ver nieve es algo muy extraño.

Roby: Por la tarde ●●● *(encontrar, nosotros)* un pueblo con mucha vida, con gente de todo el mundo, El Calafate, sobre el Lago Argentino. Ignacio y yo ●●● *(buscar)* un hostal y los alemanes ●●● *(irse)* a un camping[3]. La habitación ●●● *(ser)* muy chiquita pero ●●● *(tener)* ducha, televisión. Un lujo[4] para nosotros. Esa noche ●●● *(salir, nosotros)* a tomar algo y ●●● *(conocer, nosotros)* a otros grupos que ●●● *(estar, ellos)* haciendo el mismo viaje.

Gonzalo: ¿Lujo? Esto es un lujo, mirad, aquí viene nuestra comida ...

1 el acento der Akzent, 2 la indicación der Hinweis, 3 el camping der Campingplatz, 4 el lujo der Luxus

E 12 Un día después

Gonzalo le escribe un e-mail a su novia y le cuenta lo que le dijeron Roby e Ignacio en el texto 2 (página 70). Escribe el e-mail de Gonzalo y usa el estilo indirecto. Cuenta sólo lo más importante. Después, corrige tu texto. → p. 99

Modelo:
Roby me contó que casi al final del viaje habían llegado a Bariloche y allí habían encontrado a dos alemanes que habían salido desde La Quiaca como ellos, pero dos meses antes. Me contaron que eran dos locos muy simpáticos y que tenían su misma edad ...

E 13 Dicen que dijo ...

Lee las siguientes frases y decide si están en estilo directo o indirecto. Después escribe en tu cuaderno el estilo contrario.

a) Gonzalo preguntó al camarero cuánto costaba la mejor carne que tenían allí.
b) Gonzalo dijo: —Chicos, es la mejor carne que he comido en mi vida.
c) Los chicos le preguntaron si era verdad que él pensaba hacer el viaje solo.
d) Gonzalo contestó: —Es verdad, mi amigo no puede, tiene que trabajar.
e) Les contó que al principio había pensado hacer el viaje con su amigo Juanjo.
f) Roby dijo: —No es fácil si estás solo. Puedes tener problemas con el coche y en esas rutas hay muy poca gente.
g) Gonzalo les contó que había hablado con otros chicos, pero que ninguno tenía tanto tiempo.

Paso 3 *Comemos juntos un asado*

E 1 En la autopista Buenos Aires – Rosario

Después de pasar el día hablando sobre el viaje, Roby e Ignacio tienen que volver a Rosario. Ya es de noche pero por suerte hay una buena autopista entre las dos ciudades. Además no van a ir solos. Invitaron a Gonzalo a pasar unos días con ellos en Rosario. Mathias y Christian van a ir también a pasar el fin de semana allí antes de volver a Alemania el lunes por la noche. El sábado todos van a comer un asado.
Durante el viaje los chicos charlan de muchas cosas, pero siempre vuelven al mismo tema. Gonzalo quiere saber cómo decidieron hacer "el gran viaje". Completa los espacios vacíos con un tiempo de pasado. Habla Roberto.

Todo ••• *(empezar)* cuando un amigo me ••• *(contar)* que él y otros tres lo ••• *(hacer)* un año antes. Yo siempre ••• *(querer)* hacer algo diferente y esta idea me ••• *(parecer)* genial. ••• *(buscar, yo)* en la biblioteca de mi casa un libro que los compañeros de trabajo de mi padre le ••• *(regalar)* para su cumpleaños. Lo ••• *(leer, yo)* en una tarde y ese mismo día ••• *(decidir)* hacer el viaje.
No ••• *(hacer, yo)* nunca un viaje de aventura, sólo los típicos, a la playa o a la montaña. Quizás fue por eso que ••• *(decidir, yo)* llamar a Ignacio y le ••• *(preguntar)*: "¿Tienes ganas de viajar 5000 kilómetros conmigo?" Ignacio, que es todavía un poco más loco que yo, me ••• *(contestar)*: "Claro. ¿Cuándo salimos?" Así ••• *(empezar)* todo.

E2 Gonzalo, Mathias y Christian

Es sábado y Roby e Ignacio fueron a comprar la carne para el asado. Gonzalo quiere saber también un poco sobre el viaje de los alemanes. Sólo hay un problema: Mathias y Christian hablan muy bien alemán e inglés, y Gonzalo, sólo español. Tú estás con ellos para ayudarlos a entenderse. Escribe en tu cuaderno lo que tienes que decir para ayudarlos.

Mathias: Unsere Reise hat in La Quiaca angefangen. Dort haben wir in einer kleinen Herberge übernachtet, wo wir gleich zwei Jungs aus Buenos Aires getroffen haben, die wie wir die Reise machen wollten. Nur in die andere Richtung: Sie wollten nach Bolivien.

Tú: ●●●

Gonzalo: ¿Habéis organizado el viaje ya en Alemania? ¿Se conoce esta ruta?

Tú: ●●●

Christian: Das Übliche, Freunde von uns waren hier und haben uns erzählt, wie toll es war. Dann wollten wir es auch sehen.

Tú: ●●●

Gonzalo: A mí me pasó lo mismo. Yo quería venir con un amigo, Juanjo, pero en el último momento le ofrecieron un trabajo y decidió quedarse. Bueno, ¿y cómo seguisteis?

Tú: ●●●

Mathias: Am nächsten Tag hat uns ein Auto bis nach Yavi mitgenommen. In diesem malerischen Indianerdorf scheint die Zeit nicht zu vergehen, so eine Ruhe! Wir sind den ganzen Tag dort geblieben. Wir haben dort eine Kirche besucht, die aus dem Jahr 1640 ist.

Tú: ●●●

Gonzalo: Qué ganas tengo de ver todo eso. ¿Y la gente? ¿Cómo hablabais con la gente?

Tú: ●●●

Christian: Haha, ja, es geht immer. Einige reden Englisch, ab und zu haben wir Deutsche getroffen ...

Tú: ●●●

Gonzalo: ¡Uy, qué tarde es! Nos esperan para el asado ... después seguimos hablando. Vamos chicos.

Tú: ●●●

Roberto preparando el asado

E3 Chimichurri[1]

1. La mamá de Roby prepara chimichurri para comer con el asado. ¿Qué es chimichurri? Escucha y completa en tu cuaderno.

2. Roby quiere saber qué come la gente en Alemania. Cuéntale un poco sobre alguna comida. ¿Cómo se llama? ¿Qué lleva? Primero toma notas en tu cuaderno, después interpreta el diálogo con tu compañero/-a.

El chimichurri (o como se le dice familiarmente ●●●) es una salsa muy típica de Argentina. ●●● lo usas para comer con carnes como el ●●●. ¿Qué lleva?
- ●●● gramos de pimentón[2] picante
- ●●● orégano[3]
- bastante ●●●
- ●●● hojas de laurel[4]
- pimienta ●●● y bastante ●●●
- medio litro de ●●●
- ●●● litro de vinagre

¿Cómo lo preparas? ●●● mezclar bien ●●● con el aceite. ¡Ya está!

E4 Un e-mail para Gonzalo

Después del asado todos quieren descansar un poco, pero antes Gonzalo va al ordenador de Roby para mirar sus e-mails. Lee el e-mail que recibió Gonzalo y elige la forma correcta de los verbos:

Nuevo e-mail

Hola Gonza,
¿cómo estás? ¿cómo son los argentinos? ¿y las argentinas ☺? Ayer ●●● *(he ido/fui/había ido)* a hablar finalmente con mi jefe. ●●● *(He tenido/Tuve/Tenía)* mucha suerte, porque ●●● *(ha estado/estuvo/estaba)* muy contento. Su equipo de fútbol favorito ●●● *(ha ganado/ganaba/había ganado)* un partido o algo así, igual, la cosa es que ¡●●● *(he tenido/voy a tener/tenía)* las vacaciones desde el próximo lunes! ☺☺☺ Eso significa que el miércoles ●●● *(tomo/había tomado/voy a tomar)* mi mochila, me ●●● *(voy a ir/voy/iba)* al aeropuerto de Barajas, ●●● *(subo/subí/voy a subir)* al avión y unas horas después (demasiadas) ●●● *(llegué/llego/voy a llegar)* a Buenos Aires. ¿Qué te ●●● *(parece/va a parecer/ha parecido)*? Ayer ●●● *(había hablado/hablé/hablaba)* con un compañero que conoce a un chico que ●●● *(hacía/ha hecho/hizo)* el mismo viaje hace tres años. Mañana me ●●● *(voy a encontrar/encontré/encuentro)* con él y me ●●● *(cuenta/va a contar/contó)* sus experiencias. Todo genial. Hasta pronto,
Juanjo.

---

1 el chimichurri *eine Steaksoße*, 2 el pimentón das Paprikapulver, 3 el orégano der Oregano, 4 el laurel der Lorbeer

E5 Una respuesta

Escribe el e-mail que Gonzalo escribe a Juanjo. ¿Qué crees que le va a contar? Compara después con tu compañero/-a.

E6 Una historia argentina

1. En parejas. Mirad esta historia de Quino y pensad en lo que dicen o piensan los personajes en cada imagen. Utilizad el diccionario. Después interpretad el diálogo en clase.

2. Buscad información en Internet sobre Quino y presentadla en clase. ¿Cómo se llama el personaje más famoso de Quino?

E7 De viaje por Argentina

Imagínate que estás pasando unas semanas en este país. Vas a visitar diferentes regiones. Trabajad en pareja: Cada uno va a mirar en el mapa de la página 60 para saber adónde vais a ir. En cada lugar tenéis que hacer un pequeño ejercicio. ¡Buen viaje!

1

¡Bienvenido al Aeropuerto Internacional de Ezeiza! Du möchtest in die Stadt. Frage, ob es einen Bus gibt und wo die Haltestelle ist.

2

Para empezar quieres ir a La Boca, el barrio de los primeros inmigrantes italianos al lado del antiguo puerto de la ciudad. Ves que muchas casas son de diferentes colores. Miras en tu guía y lees que eso es porque los inmigrantes, que eran muy pobres, usaron los restos de pinturas de los barcos para pintar sus casas. Schreibe deiner Schwester, die auch Spanisch lernt, eine Postkarte – natürlich auch auf Spanisch – und berichte, was du bisher gemacht hast und was du über La Boca weißt.

3

Ahora es la una y tienes hambre. Vas a un pequeño restaurante y entras. Frage den Kellner, was es zu essen gibt. Du möchtest etwas Typisches probieren. **"Empanadas"**, sagt er. Frage, was das ist, dann bestelle zwei davon und ein Mineralwasser.

4

Haces una excursión de un día a San Antonio de Areco, a 100 kilómetros de la capital. Allí te ofrecen mate, la bebida nacional. Du freust dich über das Angebot und sagst, dass du ihn am liebsten sehr süß[1] trinkst. Frag, ob es wahr ist, dass in dieser Stadt noch echte Gauchos leben.

1 süß dulce

5

Al próximo día tomas un autobús para ir a Misiones. Después de muchas horas llegas a San Ignacio y visitas las ruinas de las misiones jesuíticas[1]. Allí te dicen que hablas muy bien el español. Du bedankst dich und erzählst, wo und wie lange du Spanisch gelernt hast.

6

De San Ignacio sigues hacia el norte para ver las Cataratas de Iguazú, en la frontera con Brasil. En el parque nacional, un turista peruano te pregunta por el camino a la ciudad. Sag ihm, dass es dir leid tut, aber dass du nicht von hier bist. Erzähle ihm, woher du kommst.

7

De vuelta en Buenos Aires, en tu última noche quieres ver bailar el tango y vas a San Telmo, un barrio muy antiguo y famoso. En el camino ves a dos parejas que bailan el tango en la calle, para los turistas. Allí conoces a un grupo de chicas y chicos argentinos. Frage sie, ob Tango schwierig zu lernen ist. Sag, dass du gern einen Tangokurs belegen möchtest, sobald du zurück in Deutschland bist.

E8 En Alemania hay mucho para ver

Roby va a visitar tu país y te pregunta adónde puede ir. Escríbele un e-mail y cuéntale qué puede visitar, cuántos días va a necesitar, cómo puede viajar. Describe un camino o una ruta que para ti es muy interesante. Utiliza muchos adverbios y ayúdalo con buenas ideas.

1 las misiones jesuíticas die Jesuitenmissionen

Manual de instrucciones Presentaciones y ponencias

Bedienungsanleitung Vorträge und Referate

Vorträge und Referate vorbereiten in vier Schritten

Die Aufgabe, ein Referat halten oder Ergebnisse präsentieren zu müssen, begegnet dir im Unterricht immer wieder. Dabei ist es wichtig, dass du gut vorbereitet in deinen Vortrag gehst, damit er auch für deine Mitschüler interessant ist. Diese vier Schritte helfen dir dabei:

Erster Schritt: Die Klärung des Themas und die Recherche

Ehe du beginnst, einen Vortrag vorzubereiten, musst du dir zuerst über die genaue Themenstellung im Klaren sein. Welche Aspekte stehen im Mittelpunkt, welche müssen am Rande erwähnt werden? Sind diese Fragen geklärt, so kannst du mit der Recherche beginnen.

- Ermittle die Schlagworte, nach denen du recherchieren willst, und zwar auf Deutsch und auf Spanisch.
- Gib diese Schlagworte im Internet, aber auch in Bibliotheks-Suchmaschinen/ Stichwortkatalogen ein.
- Überfliege die gefundenen Einträge, Aufsätze und Bücher (Inhaltsverzeichnis ansehen und wichtige Kapitel querlesen!), und prüfe, ob sie dir für dein Thema Informationen liefern.

Wichtig: Nutze alle Informationsquellen. Bleibe nicht bei den ersten Internetergebnissen stehen.

Zweiter Schritt: Die Erarbeitung des Präsentationsinhalts

- Lies dir nun die Informationsmaterialien, für die du dich entschieden hast, gründlich durch. Markiere dir wichtige Abschnitte. Benutze verschiedene Farben, so dass du inhaltlich zusammengehörige Informationen aus verschiedenen Artikeln mit der gleichen Farbe kennzeichnen kannst.
- Erstelle eine Gliederung, die deinen Vortrag strukturiert (z.B. Geschichte eines Landes, Geographie, politische und wirtschaftliche Situation ...)
- Wähle die Informationen aus, die du in deinem Vortrag unter dem jeweiligen Punkt erwähnen willst.

Hier ist es entscheidend, dass du Material in der Fremdsprache hinzuziehst. Die Lektüre hilft dir beim Formulieren!

Dritter Schritt: Die Erstellung des Handouts / der Folien

- Verwende deine Gliederung, um das Handout zu strukturieren. Ergänze die zentralen Informationen, die der Zuhörer behalten soll. Achtung! Das Handout sollte nur Stichpunkte, keinen ausformulierten Text enthalten. Es soll dem Zuhörer als Orientierung und als Erinnerungsstütze, nicht als Ersatz für den Vortrag dienen.
- Bemühe dich um aussagekräftiges Anschauungsmaterial. Das hilft dem Zuhörer beim Verständnis des Vortrags.
- Erstelle eine Vokabelliste, in der du den Zuhörern unbekannte Vokabeln erklärst.

Vierter Schritt: Der Vortrag

Orientiere dich auch beim Vortragen nur an Stichwortzetteln (Tipp: Nimm dein Handout und ergänze es stichpunktartig mit den Zusatzinformationen, die du dem Zuhörer liefern willst.). Selbst wenn es anfangs schwer fällt, in der Fremdsprache frei zu sprechen, solltest du dich nicht an einem ausformulierten Text festhalten. Die Zuhörer haben sonst Schwierigkeiten, dir zu folgen. Nutze Konnektoren und Redeeinleitungen, um Zeit zum Formulieren zu gewinnen!

Geschafft!

Hier findest du hilfreiches Vokabular zur Gliederung von Präsentationen. Die Konnektoren, die du nicht kennst, kannst du im Wörterbuch nachschlagen.

Bezüge herstellend	erklärend	Gegensätze einleitend	aufzählend	begründend	vergleichend	abschließend
en cuanto a	es decir	a pesar de	en primer / segundo lugar	a causa de	en comparación con	en conclusión
acerca de	significa que	sin embargo	por un / otro lado	por eso		
con referencia a		en cambio	primero / luego / al final / finalmente	porque		
			además			

Tipp: Diese Ausdrücke kannst du dir natürlich auch für die Gliederung deiner geschriebenen Texte merken.

Etapa 5

¿Qué será?

Horóscopo

Capricornio

Tendrás buenas notas en un examen muy difícil.

Acuario

Pronto llegarán noticias muy agradables para tu familia.

Piscis

Tus padres te permitirán hacer algo especial.

Aries

Tú y tus amigos saldréis juntos y conoceréis a una persona interesante.

Tauro

Esta semana no discutirás con tus hermanos/-as.

Géminis
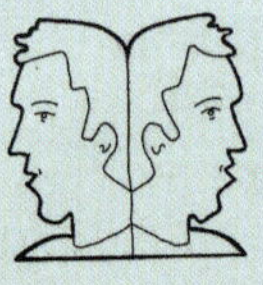
Tus amigos no creerán en lo que les dices.

Cáncer

Haz mucho deporte y te sentirás muy bien.

Leo

Encontrarás un trabajo y ganarás dinero para comprar algo bonito.

Virgo

Tendrás mala suerte, pero al final estarás muy contento/-a.

Libra

Alguien te hará un favor importante.

Escorpio
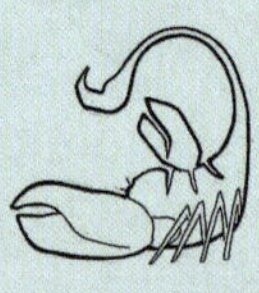
Si no cambias perderás a tu mejor amigo/-a.

Sagitario

Por un proyecto escolar tus amigos/-as no tendrán tiempo para ti.

☺☺ **E1** Javier es sagitario[1], ¿y tú?

1. ¿De qué signo eres? ¿Conoces algunas características de tu signo? Escríbelas en tu cuaderno y compara con tu compañero/-a.
2. ¿Qué dice tu horóscopo para la próxima semana? ¿Y qué dice el de Javier? Cuéntaselo a tu compañero/-a.
3. Elige a alguien de tu familia y a un/-a amigo/-a y cuéntale a tu compañero/-a qué dice el horóscopo para ellos.

1 el sagitario der Schütze (Sternzeichen)

E2 ¿Y vosotros?

1. Haz una encuesta entre tus compañeros de clase. Sólo puedes hacer una pregunta por persona. Cuando recibes un sí como respuesta, escribe en tu cuaderno el nombre de ese/-a compañero/-a.

   a) ¿Crees que los horóscopos dicen la verdad?
   b) ¿Crees que los más jóvenes creen menos en los horóscopos que los mayores?
   c) ¿Lees a veces el horóscopo?
   d) ¿Haces lo que te dice el horóscopo?
   e) ¿Crees que muchas personas de tu signo tienen las mismas características?
   f) ¿Hay un signo que prefieres?
   g) ¿Hay un signo que no te gusta?
   h) ¿Conoces a personas que leen el horóscopo cada semana?

2. Presentad los resultados en clase y haced una estadística.

3. Forma un grupo con todos tus compañeros del mismo signo. Habla con ellos y decide: ¿tenéis algunas características parecidas?

E3 Visión[1] de futuro

En el horóscopo hay un nuevo tiempo de verbo: el futuro simple. Escribe en tu cuaderno todos los verbos que están en este tiempo y los infinitivos correspondientes.

1 la visión die Vision

Etapa 5

Paso 1 *¿Qué pasará con el medio ambiente?*

Un proyecto escolar

Juan Manuel, Farouk y Moritz están en la clase de Ciencias Sociales. Están organizando con su profesor y sus compañeros los proyectos que presentarán para el día mundial del medio ambiente. Ese día será el 5 de junio, como cada año desde 1973. Todo el instituto está preparando lo que harán durante "la semana de acciones para un futuro mejor": una semana en la que tendrán actividades especiales y discutirán los problemas actuales de la sociedad. Los temas serán los problemas de nuestro mundo, el medio ambiente en peligro, el desarrollo demográfico, el paro actual y el futuro en el mundo del trabajo. Todos los chicos tienen muchas ganas de trabajar en un proyecto.

Juan Manuel, Farouk y algunos de sus compañeros se interesan mucho por diferentes temas sociales. Pondrán carteles en el edificio escolar para dar información a todos los estudiantes y así ayudarlos en sus proyectos.

E1 Sobre el texto ...

Lee el texto y contesta las siguientes preguntas.

a) ¿Qué pasa el 5 de junio de cada año?
b) ¿En qué asignatura están los chicos?
c) ¿Qué están preparando?
d) ¿De qué temas hablarán?
e) ¿Quiénes y durante cuánto tiempo trabajarán en este proyecto?
f) ¿Qué les interesa especialmente a Juan Manuel y a Farouk?
g) ¿Para qué pondrán carteles en el colegio?
h) ¿Hay algo parecido en tu colegio? ¿Cómo lo hacéis?

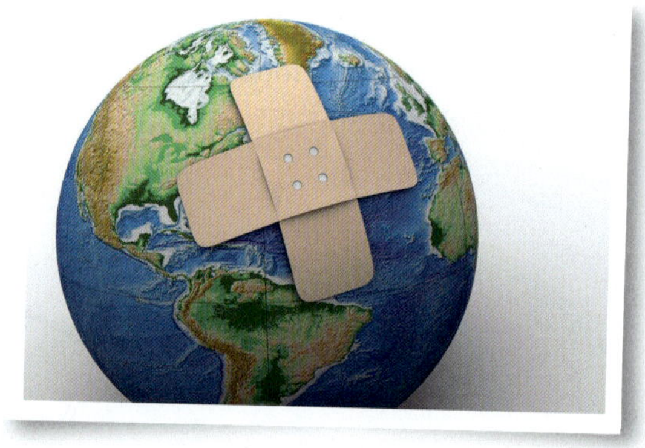

E2 ¿Estás preparado/-a para el futuro?

1. Completa la tabla en tu cuaderno, compara y formula una regla. Después, comprueba en la gramática. → G 5.1

2. ¿Cómo es el futuro en alemán? ¿Y en inglés, francés o latín? Compara.

hablar	comer	escribir
hablaré	●●●	escribiré
●●●	comerás	escribirás
hablará	comerá	●●●
hablaremos	●●●	escribiremos
●●●	comeréis	escribiréis
hablarán	comerán	●●●

E3 Ahora tú

Completa la tabla en tu cuaderno con las formas del futuro.

hablar	él ●●●	discutir	tú ●●●	ver	ellos ●●●
entenderse	nosotros ●●●	preparar	vosotros ●●●	estudiar	tú ●●●
vivir	yo ●●●	crecer	ella ●●●	leer	ustedes ●●●

E4 ¡Siempre los irregulares!

Aquí tienes una lista de los verbos irregulares más importantes. Escribe en tu cuaderno para cada uno la forma correcta de la primera persona singular del futuro simple. → G 5.1

decir – haber – hacer – poder – poner – querer – saber – salir

¡Ojo!

Los verbos de la misma familia de estos verbos también son irregulares, por ejemplo:
poner → pondré
proponer → propondré

E5 ¿Qué dirán sobre el futuro del mundo?

1. Trabajad en parejas. Juan Manuel y Farouk han encontrado una viñeta muy interesante en Internet y tienen que presentarla en clase. Hacedlo vosotros también. Mirad el manual, describid lo que veis en esta viñeta y explicad también lo que significa. → p.144
2. ¿Pensáis que será así?
3. Buscad una viñeta en alemán sobre un tema parecido para Moritz. Él tiene que explicarla a la clase. ¿Qué dice?

Forges 2008

E6 ¿Cómo será el mundo en 100 años?

Imagínate el mundo en 100 años. Piensa en los animales, las plantas, la gente, los parques, los edificios, las calles, los pueblos, las ciudades, ... Escribe algunas palabras clave y después habla con tu compañero/-a. Presentad vuestras ideas en clase.

E7 ¿Cómo podemos cuidar el medio ambiente?

1. Aquí tienes algunas ideas para cuidar el medio ambiente. ¿Qué imagen va con cada una de las actividades?

   a) separar la basura
   b) no usar demasiada agua
   c) ir casi siempre en bicicleta
   d) no hacer demasiado ruido
   e) plantar árboles
   f) apagar las luces que no necesitas
   g) no calentar demasiado la casa
   h) no usar demasiada electricidad

2. ¿Cuáles practicáis ya? ¿Cuáles os parecen las más importantes? Discutid en grupos.

3. Usa el diccionario y escribe los antónimos de las siguientes palabras: *apagar – calentar – ir – la luz – el ruido – separar.*

E8 A partir de mañana …

1. Escribe en tu cuaderno qué cosas harás a partir de mañana:

   Modelo: *A partir de mañana no usaré demasiada electricidad.*

2. Compara tus frases con las de tu compañero/-a. ¿Tenéis los mismos planes?

E9 ¿Y en el instituto?

Todos los chicos de la clase de Juan Manuel y Farouk proponen ideas para ayudar a cuidar el medio ambiente en el instituto. Haced una lluvia de ideas y proponed acciones para ayudar a mejorar el medio ambiente.

Modelo: *El próximo día mundial del medio ambiente apagaremos la luz de todo el instituto durante media hora.*

E10 Los jóvenes y el medio ambiente

1. Lee el texto y decide: ¿correcto o falso? Corrige la información falsa.

Cierran el grifo, evitan el uso de aerosoles y hasta separan la basura. La preocupación de los jóvenes por el medio ambiente los ha llevado a tomar este tipo de medidas como algo muy normal. Así lo revela una reciente encuesta virtual realizada del 18 al 23 de agosto por Universia a 462 jóvenes que han terminado la universidad, entre 22 y 35 años. Según el estudio, el 73% de los encuestados se describe "bastante" o "demasiado" preocupado por el medio ambiente, frente a un 24% "medianamente" preocupado y un 3% poco interesado en el tema. A pesar de que el balance es positivo, sólo el 41% de los jóvenes encuestados declara haber participado en movimientos ambientalistas. ¿La razón? Un 79% de ellos dice que no ha tenido la oportunidad de contactar con alguno de estos grupos.

"Los jóvenes sí están preocupados por el medio ambiente", www.universia.edu.pe, 29.08.2009

	c	f
a) Se hizo una encuesta a 462 estudiantes.	●	●
b) Todos tienen entre 18 y 23 años.	●	●
c) El 97 % de ellos se interesa por el tema del medio ambiente.	●	●
d) Un 73 % de esos jóvenes se preocupa demasiado por el medio ambiente.	●	●
e) El 79 % tiene ganas de cuidar el medio ambiente pero no sabe cómo hacerlo.	●	●

2. Escucha una entrevista de Radio Albacete a cuatro jóvenes. Ellos hablan sobre el medio ambiente y lo que hacen para cuidarlo. Haz en tu cuaderno una lista para cada uno: escribe su nombre, su edad, qué hace ya para cuidar el medio ambiente, y qué hará a partir de ahora.

3. Haz un mapa mental con el tema de "el medio ambiente".

Paso 2 *¿Cuántos seremos y cómo viviremos?*

¿Qué significarán estos gráficos?

La clase de Anahí, María Jesús y Nur por supuesto también participará en el proyecto escolar. En casa de Anahí, las chicas están mirando periódicos y buscando información para el proyecto. Lo que les interesa es el desarrollo demográfico en España y en el mundo. Hasta ahora no habían trabajado con estadísticas y no saben muy bien cómo interpretarlas. Por eso, el papá de Anahí las ayuda un poco.

María Jesús: ¿Qué es este gráfico? Hombres, mujeres ...

Padre: Pues, mira, en este gráfico puedes ver que la mayoría de la gente de esta comunidad tiene entre 25 y 44 años. Y la cantidad de las personas mayores, a partir de los 60 años, es casi igual a la de los niños.

Nur: Es verdad. Eso significa que en el futuro habrá mucha gente mayor y muy pocos niños.

Padre: Sí, así es. Es un problema en toda España, y es un desarrollo demográfico que nos preocupa a todos.

Anahí: Papá, la profesora dijo que tenía que contar algo sobre el desarrollo demográfico en Argentina y aquí hay un gráfico.

Padre: A ver ... ¿cómo lo vas a explicar?

Anahí: Pues ...

La población de Castilla—La Mancha

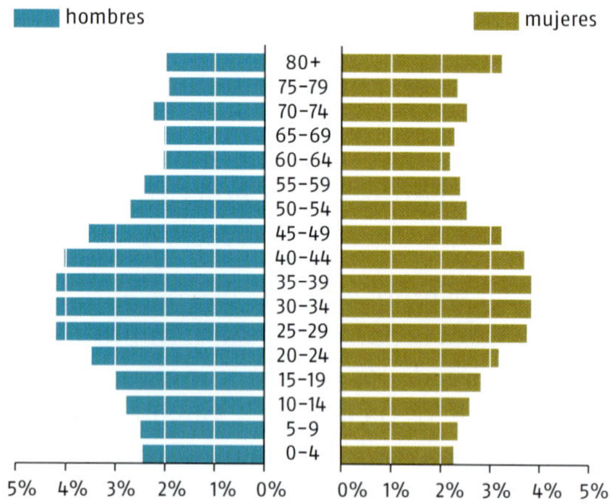

La población de Castilla—La Mancha (INE 2007)

La población de Argentina

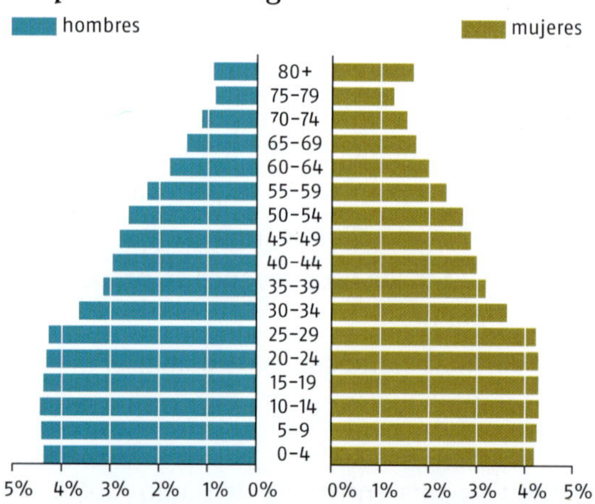

La población de Argentina (U.S. Census Bureau 2007)

E1 Sobre el texto ...

1. ¿Qué dice Anahí? Formula unas frases para explicar el gráfico sobre Argentina.
2. Mira los dos gráficos y escribe unas frases comparándolos. Antes, mira el vocabulario que necesitas para hacer este trabajo.

el número, el dato, crecer, subir ↔ bajar
la población, los habitantes
un cuarto < un tercio < la mitad < la mayoría
el 40 % (el cuarenta por ciento)
un 20 % (un veinte por ciento) más / menos
dos / tres / cuatro veces más
tan ... como, igual, el / la / lo mismo

3. Busca un gráfico con datos sobre la población de Alemania y explícalo a un chico/-a que habla español. Compara el cuadro de Alemania con el de Argentina.

4. ¿Qué significa esto para el futuro? Formula algunas frases sobre el desarrollo demográfico usando este tiempo.

E2 Todos participarán

Completa el siguiente texto con el futuro de los verbos *ir*, *ser* y *estar*.

La semana de acciones para un futuro mejor ●●● un proyecto muy interesante. Todos los estudiantes ●●● incluidos. Juan Manuel y Farouk ●●● con sus compañeros al Parque Científico[1] y Tecnológico[2] de Albacete para participar en varios trabajos sobre el medio ambiente. Nur, Anahí y María Jesús ●●● en el Ayuntamiento de la ciudad para hablar con unos diputados[3] sobre los problemas actuales del desarrollo demográfico y de la migración. Otras clases ●●● a diferentes oficinas de los periódicos de la comunidad. Los profesores también ●●● organizando diferentes actividades. ●●● un proyecto en el que participarán todos.

E3 Llama la mamá de Nur

1. Suena el teléfono en casa de Anahí. Las chicas están trabajando, por eso la madre de Anahí, Graciela, va a ver quién llama. Completa los espacios vacíos con las formas del futuro. Utiliza los siguientes verbos.

> decir – haber – hacer – ir – poder – salir – ser – tener (2x) – venir – ver

Graciela: ¿Dígame?

Raima: Hola, Graciela, soy Raima, la mamá de Nur. Llamo porque tengo que salir y Nur no tiene llaves. ●●● que venir y seguir estudiando en casa.

Graciela: Las chicas están trabajando para su proyecto. Si quieres, Nur puede quedarse aquí.

Raima: ¿No ●●● un problema para ti? No ●●● nadie en casa hasta las ocho.

Graciela: Mira, me han dicho que quieren terminar hoy con el trabajo y no ●●● de la habitación hasta terminarlo.

Raima: ¿●●● tiempo para terminarlo?

Graciela: Sí, creo que sí. Ya tienen todos los textos y pienso que esta tarde ●●● los carteles y nada más. El resto ya está.

Raima: ¡Qué suerte! Han trabajado mucho. ¿Sabes que mañana por la tarde quieren ir al cine?

Graciela: Sí, pero si no terminan no ●●● ir.

Raima: Pues, ya ●●● cómo terminan. Bueno, en unos minutos ●●● mi marido a recogerme. Muchas gracias por cuidar a Nur.

Graciela: ¡De nada! Le ●●● que has llamado.

Raima: Sí y dile que ●●● a recogerla a las ocho. Adiós, Graciela.

Graciela: Adiós, Raima.

2. En parejas, interpretad el diálogo en clase.

1 científico/-a Wissenschafts-, 2 tecnológico/-a Technologie-, 3 el/la diputado/-a der/die Abgeordnete/-r

E4 Tándem: ¿Tienes planes para el futuro?

1. Completad las preguntas con los verbos en futuro y contestad las preguntas de vuestro/-a compañero/-a. Si no estás seguro/-a puedes empezar la frase con "Creo que ...".

A	B
¿Dónde ●●● *(vivir)* en 15 años?	●●●●●●●
●●●●●●●	¿●●● *(ir)* a la universidad?
¿Qué ●●● *(estudiar)*?	●●●●●●●
●●●●●●●	¿Qué otros idiomas ●●● *(hablar)* en unos años?
¿Dónde ●●● *(trabajar)*?	●●●●●●●
●●●●●●●	¿●●● *(tener)* hijos?

2. Pensad más preguntas y seguid.

E5 ¿Qué serás en tu próxima vida?

Eres un adivino[1] muy famoso y puedes saber qué será tu compañero/-a en su próxima vida. Él / Ella podrá volver a nacer como una cosa, un animal o alguien muy famoso. Primero piensa qué o quién será tu compañero/-a en su próxima vida, después él / ella te hará preguntas que tú contestarás sólo con sí o no. ¿Lo adivina?

E6 ¡Qué buena idea!

Las chicas preparan un cartel muy bonito sobre el medio ambiente y también quieren poner una canción de Maná que habla sobre este tema. Vamos a ver cómo es la actividad que han pensado para hacer con su clase. ¡Hacedla vosotros también!

Maná, "¿Dónde jugarán los niños?". En: *¿Dónde jugarán los niños?*. Warner Music, 1992

1. El nombre de la canción es: "¿Dónde jugarán los niños?". ¿De qué crees que hablará esta canción? Escribe algunas palabras clave.
2. Escucha la canción. ¿Qué dice? Habla con tus compañeros.
3. Escucha otra vez y haz una lista de todas las palabras de la canción que tienen relación con la naturaleza.
4. Formad dos grupos, el de "los optimistas" y el de "los pesimistas". Cada grupo tiene que hacer una lista de lo que pasará en el futuro.
5. Naturalmente queremos un futuro como el que piensan "los optimistas". ¿Qué podemos hacer para tenerlo? Discutid en clase y preparad un cartel.

1 **el adivino** der Wahrsager, Hellseher

Paso 3 *El mundo del trabajo*

Trabajar para mejorar el futuro

Laura y su madre están preparando la comida y charlan sobre el futuro. En los últimos días Javier ha hablado mucho de este tema con sus amigos porque ellos están haciendo un proyecto en el instituto, por eso se interesa por la opinión de su hermana mayor.

Javier: ¿Sabéis que Juanma, Farouk y las chicas están preparando un proyecto escolar en el que todas las clases participan? Los temas son los problemas actuales: el medio ambiente en peligro, el desarrollo demográfico, el paro y el futuro en el mundo del trabajo. Están organizando una semana de acciones para un futuro mejor.

Laura: ¡Qué buena idea! Yo también quiero trabajar para mejorar el futuro.

Javier: ¡Ah! ¿Sí? ¿Y cómo?

Laura: Creo que aquí es difícil cambiar algunas cosas. Por eso, después de mis estudios iré a una ciudad grande como Madrid, Barcelona o Valencia. Allí tendré más posibilidades de organizar proyectos para ayudar de alguna manera a mejorar el mundo.

Madre: Me encanta tu idealismo, pero no sé si es buena idea irte a otro lugar. Aquí también son necesarias las personas que piensan como tú.

Laura: Bueno, es verdad, pero aquí siempre hablan del paro y de las pocas posibilidades de encontrar trabajo. Ahora mismo en la tele están hablando de eso. Hay tantos parados, sobre todo entre los jóvenes ... Yo no sé si aquí encontraré algo.

Madre: Ya tendrás tiempo para decidir eso. Sé que harás algo bueno y eso es lo importante.

E1 Sobre el texto ...

Lee el texto y termina las frases en tu cuaderno.

a) Laura y su madre ●●●
b) En los últimos días Javier ●●●
c) Los amigos de Javier participan ●●●
d) A Laura le interesa mucho ●●●
e) Ella todavía no sabe ●●●
f) Su madre le dice que ●●●
g) En la tele hablan de ●●●

E2 Profesiones

1. Escribe en dos minutos todas las profesiones que recuerdas en español. Después compara con tu compañero/-a y escribe las que él/ella tiene y tú no. Comparad entonces con otra pareja. Al final cada grupo de cuatro estudiantes presenta sus resultados en clase.

2. Escribe en tu cuaderno la forma femenina de cada profesión.

3. Relaciona las fotos con las profesiones de la lista. Si es necesario, puedes utilizar el diccionario.

bombero – cocinero – dentista – enfermera – fotógrafo – mecánica – panadero – pintor

E3 A describir

Un/-a estudiante elige una profesión y la describe en clase. Por ejemplo: *Es una persona que repara coches o bicicletas.* La persona que adivina la profesión sigue.

E4 Ahora con mímica[1]

Formad dos grupos. Cada grupo escribe papeles con nombres de profesiones. Un estudiante del grupo A toma un papel que le da el grupo B. En sólo medio minuto tiene que presentar con mímica la profesión. Si los compañeros de su grupo adivinan la profesión, el equipo gana un punto. Después sigue el otro grupo. Ojo: No está permitido hablar.

1 con mímica pantomimisch

E5 Seré un buen otorrinolaringólogo[1]

Cada estudiante escribe en un papel el nombre de la profesión a la que se dedicará en el futuro. Después mezcláis los papeles y cada uno lee un papel. ¿Adivináis quién lo escribió? ¡Ojo, mirad las formas masculinas y femeninas!

E6 Una estadística

1. ¿Cuáles son las profesiones de las personas que conocéis? En grupos de cuatro, haced una lista y buscad las palabras que no conocéis en un diccionario.
2. Comparad los resultados en clase y haced una estadística con las profesiones que más se repiten.
3. ¿Qué profesiones creéis que no existirán más en el futuro? ¿Por qué?

E7 Un trabajo interesante

Aquí tienes expresiones para hablar sobre el trabajo. Trabaja con tu compañero/-a.

Modelo: A: *¿Quién recibe propina?*
B: *El / La camarero/-a recibe propina. ¿Quién...?*

recibir propina – necesitar estudios especiales – trabajar solo / en equipo – trabajar con mucha gente – tener un trabajo interesante – hacer un trabajo de investigación – tener mucho tiempo libre – trabajar al aire libre – tener un trabajo importante – ganar mucho / poco dinero – trabajar muchas / pocas horas – levantarse muy temprano

E8 ¿Qué creéis?

La hora de español ha empezado hace quince minutos pero el / la profesor/-a no ha llegado. Sólo él / ella sabe por qué. Cada uno tiene que expresar una hipótesis. ¿Quién lo adivina? Vuestro/-a profesor/-a os lo va a decir.

Modelo: *Pienso que estará durmiendo.*

¡Ojo!

Una función muy importante del futuro es la de expresar hipótesis:

A: ¿Dónde estará Juan?
B: Estará en el polideportivo.

Para expresar hipótesis también puedes usar las siguientes expresiones:
Creo que ... – Pienso que ... – Seguro que ... – Seguramente ... – Me imagino que ...

¿Cómo expresas hipótesis en alemán?
¿Y en inglés?

1 el / la otorrinolaringólogo/-a der / die Hals-Nasen-Ohrenarzt/-ärztin

E9 Veinte años no es nada

1. Mira esta foto. Es de 1990. Elige a uno de los chicos y escribe varias hipótesis en tu cuaderno. Piensa: ¿Dónde y cómo vivirá? ¿Con quién? ¿Estudiará? ¿Qué? ¿Trabajará? ¿Dónde? ¿...? Escribe un pequeño texto.

2. Lee tu texto a tu compañero/-a. ¿Adivina de cuál de los chicos estás hablando?
3. Ahora escribe sobre ti. ¿Cómo imaginas tu futuro? Utiliza muchos adjetivos y adverbios, después corrige tu texto.
→ p. 99

E10 ¿Qué dice la tele?

1. Laura, la hermana de Javier, tiene miedo de no encontrar un trabajo. Todos hablan del paro. Ahora mismo en la tele están hablando de eso. Escucha y escribe en tu cuaderno los números que faltan.

"Según la nota de prensa del Ministerio de Trabajo e Inmigración, el paro sube. Se registra un aumento del ●●●.
En Castilla-La Mancha hay un total de ●●● parados. Por lo que respecta a la provincia de Albacete hay un total de ●●● parados, un ●●● más que en el mes anterior. De ellos, ●●● son hombres, mientras que ●●● son mujeres. Por otro lado, y por sectores de actividad, en la provincia ha subido el número de parados en todos los sectores: agricultura, industria, construcción, servicios, ..."

Observatorio del Ayuntamiento de Albacete, www2.amialbacete.com/observatorio/, 22.11.2010 (adaptado)

2. Vuelve a leer y escuchar el texto y decide: ¿correcto o falso? Corrige la información falsa.

	c	f
a) Antes había más personas que estaban en el paro.	●	●
b) En Castilla-La Mancha hay menos de 200.000 personas en el paro.	●	●
c) En la provincia de Albacete hay más de 50.000 personas en el paro.	●	●
d) Allí, el número de personas en el paro ha subido casi un 5% durante el mes pasado.	●	●
e) Actualmente hay más mujeres que hombres que están en el paro.	●	●

facultativo

E11 Moritz sigue investigando

¡Y sí!, todos quieren saber muchas cosas de Alemania. Ahora Moritz tiene que investigar sobre el tema del paro en su país. Ayúdalo a escribir un pequeño texto para presentarlo en clase.

E 12 ¿Profesiones de hombres, profesiones de mujeres?

1. En la clase de Farouk y Juan Manuel la profesora hizo una encuesta a los estudiantes para determinar[1] estereotipos[2] y roles[3]. Los estudiantes tenían que decir qué profesiones eran típicas de hombres, de mujeres o de los dos. En grupos, mirad los gráficos utilizando un diccionario. Con el vocabulario de la página 88 escribid algunas frases para explicarlos.

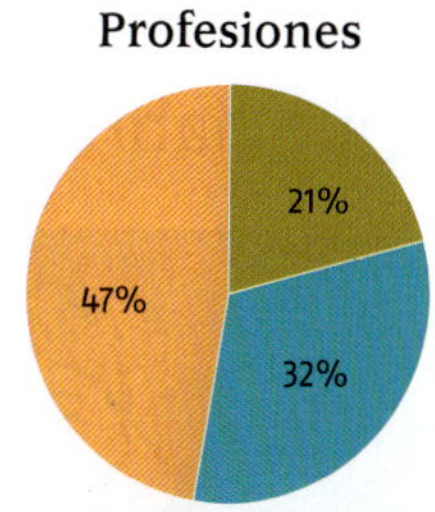

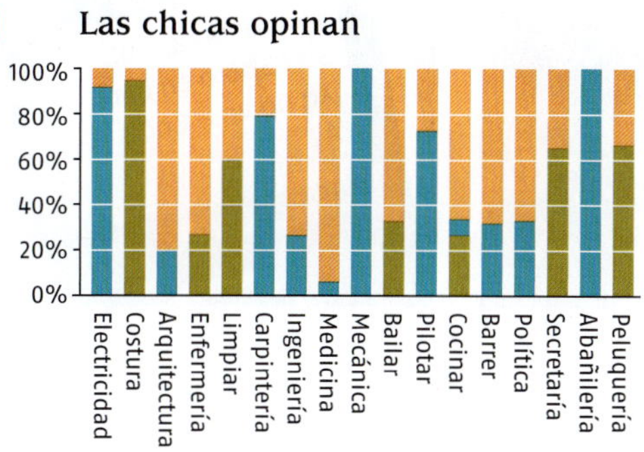

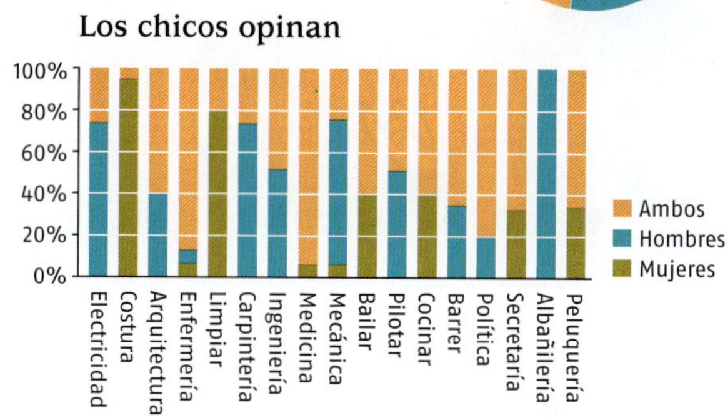

http://nuevospapeles.blogspot.com, "Taller de coeducación en el instituto", 06.05.2010

2. Haced la encuesta en clase y dibujad también un gráfico. Después comparad vuestro gráfico con el de la clase de Farouk y Juan Manuel. ¿Qué diferencias hay?

E 13 Una viñeta

1. Mira esta viñeta utilizando el diccionario. Después explícasela a un amigo alemán.
2. Escribe la respuesta del otro señor. Compara tu respuesta con la de tu compañero/-a.
3. Habla con tus compañeros: lo que muestra la viñeta, ¿es así de verdad?

Forges 2010

1 **determinar** ermitteln, 2 **el estereotipo** das Klischee, 3 **el rol** die Rolle

(facultativo)

Paso 4 *¿Y eso? ¿Qué habrá dicho?*

¿Qué habrá pasado?

El móvil de Javier: bip bip bip-trilli trilli-bip bip bip

Javier (toma su móvil): ¿Sí?

Juan Manuel: Hola, Javi, ¿qué tal? Acabo de leer tu mensaje.

Javier: No muy bien, estoy solo y os estoy esperando. Quiero jugar al fútbol, pero no hay nadie.

Juan Manuel: Oye, Javi, lo siento, pero en este momento no tengo tiempo. Estoy trabajando para el proyecto escolar, ¿sabes?

Javier: Claro, pero Farouk tampoco está ...

Juan Manuel: ¡Qué raro! Él y su grupo ya han terminado. ¿Dónde se habrá metido?

Javier: Habrá ido a dar un paseo.

Juan Manuel: No creo, seguro que se habrá dormido.

Javier: No, no está en su casa, acabo de hablar con Nur y dice que ha salido hace media hora.

Juan Manuel: Pues, no sé, habrá salido con Pepe o con Carlitos.

Javier: Vale, voy a esperarle un rato más.

E1 Un mensaje de texto

En parejas. ¿Qué dice el mensaje que Javier escribe a Juan Manuel?

E2 Sobre el texto ...

¿Cuáles de estas informaciones están en el texto? Corrige la información que no es correcta.

	c	f
a) Javier está solo y espera.	●	●
b) Nadie sabe dónde está Farouk.	●	●
c) Javier está contento porque no tiene que hacer el proyecto.	●	●
d) Farouk terminó su proyecto antes que Juan Manuel.	●	●
e) Javier piensa que Farouk se habrá dormido.	●	●
f) Nur dice que hace media hora que su hermano está en casa.	●	●
g) Javier se va a casa.	●	●

E3 ¿Dónde se habrá metido Farouk?

1. ¿Cómo expresan los chicos una hipótesis sobre algo que ya ha pasado? Busca ejemplos en el texto.
2. Este nuevo tiempo se llama futuro perfecto. Formula una regla: ¿Cómo formas este tiempo? Comprueba mirando en tu libro de gramática. → G 5.2
3. Expresa más hipótesis sobre lo que habrá hecho Farouk. Compara con tu compañero/-a.

E4 Repaso: Los participios

Como ahora sabes, para formar el futuro perfecto necesitas conocer los participios. ¿Recuerdas los participios? Completa las frases en tu cuaderno.

a) El participio de los verbos *-ar* termina en ●●●
b) El participio de los verbos *-er* termina en ●●●
c) El participio de los verbos *-ir* termina en ●●●
d) Los participios irregulares son ●●●

E5 Tres en raya[1]

La clase forma dos equipos. En la pizarra el/la profesor/-a dibuja un gráfico para jugar al "Tres en raya". Por ejemplo:

abrir	ver	jugar
salir	decir	hacer
comer	volver	ir

Cada equipo elige un signo, por ejemplo "×" y "o". Una persona del equipo A tiene que decir una frase usando el futuro perfecto. Para eso elige uno de los verbos del gráfico. Si la frase es correcta, marca "su verbo" con el signo de su equipo. Después, una persona del equipo B sigue. Gana el equipo que logra tener tres signos en una línea.

E6 ¿Qué habrá contestado Mafalda?

1. En parejas. Describid lo que veis en cada viñeta y pensad en varias hipótesis para el final. ¿Qué habrá contestado Mafalda? Antes, mira cómo describir una viñeta. → p. 144
2. Escribid una historia en pasado. Podéis empezar así: *Una tarde, Mafalda estaba visitando a su amiga Susanita …* Después, corregid vuestro texto. → p. 99

© Joaquín Salvador Lavado (QUINO), Todo Mafalda. Lumen, 1992

1 el tres en raya das Tic Tac Toe-Spiel

E7 Un chat

1. Completa en tu cuaderno con la forma correcta del futuro o del futuro perfecto.

Juan Manuel: Anahí, ¿estás allí?
Anahí: Sí, ¿qué hay?
JM: ¿Has visto a Farouk?
A: No, ¿por qué?
JM: Pues, nadie sabe dónde está.
A: ●●● *(estar)* en su casa.
JM: No está, ya he llamado.
A: ●●● *(salir)* con Javier.
JM: No, Javi está en el parque esperándole.
A: Entonces ●●● *(ir)* al Polideportivo.
JM: No creo, quedamos en el parque para ir a jugar al fútbol.
A: Pues, ●●● *(olvidarlo)* y ●●● *(estar)* en casa de algún compañero.
JM: ¿Tú crees?
A: ¡Pues yo qué sé[1]!

2. En parejas, escribid un diálogo como éste y presentadlo a la clase.

E8 ¿Y eso? ¿Qué habrá sido ese ruido?

Escucha el CD y escribe en tu cuaderno lo que crees que habrá pasado. Después compara con tu compañero/-a.

E9 Mensajes de texto

1. ¿Entiendes lo que dicen estos mensajes? Escribe el texto completo y compara con tu compañero/-a.

   a) Hla, ktl? Yo bn. Qdm + trd? salu2 M.
   b) Hla chca. Tkm. Ns vms dsps. :-)
   c) Xq n vms to2 a br? ^^ 1b J.
   d) Qndo llgs? tas n csa? Tspero.

2. Escribe en un papel un mensaje de texto en español a un/-a compañero/-a de clase. Él / Ella va a contestarte.

3. Hablando por teléfono con Oliver, Moritz le explica cómo escribes mensajes de texto en español. ¿Qué dice? ¿Cómo es en alemán?

1 ¡yo qué sé! Was weiß denn ich?

Manual de instrucciones Corregir tus errores

Bedienungsanleitung Methoden der Selbstkorrektur

Eigene Texte korrigieren in vier Schritten

Beim Verfassen von fremdsprachlichen Texten unterlaufen einem leicht Fehler. Die Fragen auf dieser Seite sollen dich auf typische Fehler aufmerksam machen, damit du deine Texte künftig gezielter Korrektur lesen kannst. Ergänze auf einer eigenen Liste weitere Punkte, um **für dich** typische Fehler zu vermeiden.

Erster Schritt: Das Überprüfen der Konkordanz

Damit dein Text verständlich ist, ist es unerlässlich, dass die Bezüge stimmen.

- Stehen Nomen und Verben, die sich aufeinander beziehen, alle im Singular bzw. Plural? **La** gent**e** est**á** content**a**. **Las** cancion**es** de Shakira me gust**an**.
- Ist das Genus eines Wortes richtig gewählt? Oft enden maskuline Wörter auf **-o**, feminine auf **-a**, **-ión** oder **-dad**. Viele Wörter griechischer Herkunft, die auf -a enden, sind aber maskulin, wie el tema, el día. Bei Kurzformen hilft der Blick auf die „Langfassung" des Wortes: la foto(grafía), la moto(cicleta).
- Stimmen Genus und Numerus von Adjektiv / Partizip und dessen Bezugswort überein? **una** fald**a** amarill**a**, **un** dí**a** frí**o**. Bei femininen Wörtern, die mit betontem a- beginnen, steht im Singular der männliche Artikel, das Adjektiv behält aber die weibliche Form: **el** agu**a** frí**a**.

Zweiter Schritt: Das Überprüfen der Verbformen und -zeiten

- Habe ich das Verb „sein" (ser, estar und hay) richtig übersetzt?
- Habe ich das a gesetzt, wenn es sich beim Akkusativobjekt um eine Person handelt? Llamo **a** mi hermana, esperamos **a** nuestros padres.
- Sind meine Vergangenheitszeiten richtig gewählt? Lies noch einmal nach, wann genau pretérito imperfecto und indefinido verwendet werden.
- Habe ich an die Verwendung des subjuntivo gedacht? Überprüfe alle Sätze mit **que** und achte darauf, ob das einleitende Verb oder die Präposition die Verwendung des subjuntivo auslöst: pedir que + subj., para que + subj.

Dritter Schritt: Das Überprüfen bestimmter Ausdrücke

- Habe ich muy und mucho richtig verwendet?
- Habe ich korrekt zwischen por und para unterschieden?
- Habe ich si (konditional) und cuando (temporal) richtig verwendet?

Vierter Schritt: Das Überprüfen der Rechtschreibung

- Habe ich auf Schreibumstellungen zur Ausspracheerleichterung geachtet?: español e inglés, una u otra cosa
- Habe ich alle nötigen Akzente gesetzt? Prüfe noch einmal die Akzentregeln.

Geschafft!

Etapa 6
¡Me encanta!

3

5

6

E1 Una imagen vale[1] más que mil palabras

1. Habla con tu compañero/-a sobre lo que ves en las fotos. ¿Qué fotos os interesan más? ¿Por qué?

2. Elegid una foto. Presentadla en la clase explicando por qué os interesa.

E2 ¿Cómo te lo imaginas?

1. Elige a uno de los jóvenes de estas fotos y descríbelo/-a. Inventa también una biografía para él/ella. Antes, mira el manual. → p. 144

2. ¿Cómo eres tú? ¿Qué te interesa?

1 valer wert sein

Paso 1 *El concierto de hip hop solidario*

Todos quieren ayudar

Después del grave terremoto[1] que ha habido en el centro y el sur de Chile, el instituto ha querido ser solidario con el pueblo chileno. Por eso, sortea cuatro entradas para un concierto hip hop benéfico[2].
El concierto lo ha organizado el ayuntamiento de Albacete, y será el sábado a las 20:30 en la sala *Live*.
En la revista del instituto, Farouk da información sobre los grupos que van a tocar esa noche y de cómo recibir una entrada gratis.

Una causa justa

Muchos son los países y empresas que están ayudando al pueblo chileno. Es muy importante que la gente reciba ayuda. ¡Y nuestro instituto también quiere ayudar! Por eso, a partir de mañana se van a vender en la cafetería los billetes para sortear cuatro entradas gratis para el gran concierto benéfico de hip hop. Dos grupos españoles: *Violadores del verso* y *Delafé y las Flores Azules*, y uno marroquí, *Don Bigg*, van a tocar durante dos horas y media en la sala *Live* de Albacete.
¡Qué pasada! Os recomiendo que vayáis, los grupos son muy famosos y además, es necesario que todos seamos solidarios. Es una suerte que tengamos la oportunidad de escucharlos en nuestra ciudad.
Todos conocéis al grupo de Zaragoza *Violadores del verso*. ¡Es genial que vengan a nuestra ciudad! ¡Es alucinante! Empezaron en 1998 y ya han ganado un premio MTV. Si no conocéis a este grupo os aconsejo que lo hagáis. Sus temas son actuales, hablan de las chicas, de los amigos, de la calle, en general, de la vida misma.
El segundo grupo que toca es *Delafé y las Flores Azules*, un grupo catalán, con dos chicos y una chica, Helena Miquel. En los grupos hip hop prefiero que haya una mujer (je je). Las letras de sus canciones son optimistas y críticas al mismo tiempo. Es seguro que cantarán sus canciones más famosas como *El monstruo de las Ramblas*, mi canción favorita.
El último cantante se llama *Don Bigg*, es de Marruecos. Sus canciones hablan de temas muy diferentes, pero, sobre todo, habla de problemas sociales. Canta en dialecto y por eso no creo que entendáis las letras, pero el ritmo de las canciones mola mogollón.
Os aconsejo que lleguéis antes de las 20:00 para encontrar un buen lugar. Espero que ganéis una entrada. ¡Nos vemos en el concierto!

Farouk

Delafé y las Flores Azules

1 el terremoto Erdbeben, **2 benéfico/-a** Benefiz-, wohltätig

E1 Sobre el texto ...

1. Lee el texto otra vez y busca información sobre ...
   a) lo que ha pasado en Chile.
   b) quién ayuda al pueblo chileno.
   c) cómo ayuda Albacete.
   d) cómo ayuda el instituto.
   e) los grupos que van a tocar.
2. Con esta información, escribe un resumen del texto en tu cuaderno.
3. Lee otra vez el resumen que has escrito. Controla la forma y el tiempo de los verbos en pasado, la diferencia entre *ser* y *estar*, los adjetivos ... Si hay un error que repites escríbelo en tu cuaderno para practicar la forma correcta. → p. 99

E2 ¡Qué pasada!

1. Farouk ha utilizado en el texto expresiones como, por ejemplo, *¡Qué pasada!* ¿Qué otras encuentras en el texto? ¿Qué crees que significan?
2. ¿En qué situaciones usas estas expresiones? Escribe con tu compañero/-a pequeños diálogos con ellas.

E3 Es muy importante que reciban nuestra ayuda

1. Busca en el texto las formas del presente de subjuntivo de los verbos *entender, ganar, hacer, llegar, recibir, tener* y *venir*. Compara las formas con el presente de indicativo. ¿A partir de qué persona se forma el presente de subjuntivo? Escribe tú mismo la regla.
2. Compara con lo que dice tu gramática. → G 6.1
3. ¿Cuáles son los infinitivos de los siguientes subjuntivos: *vayáis, seamos, haya*?

¡Ojo!

Ellos **reciben** nuestra ayuda → modo indicativo

Es muy importante que ellos **reciban** nuestra ayuda → modo subjuntivo

E4 Te recomiendo que practiques el subjuntivo

Jugad en parejas con un dado. Cada uno de vosotros escribe cinco papeles con diferentes verbos en infinitivo. Mezclad los papeles. Tirad el dado para saber qué pronombre personal tenéis que usar y tomad un papel con un verbo. El que dice la forma correcta del modo subjuntivo del verbo gana un punto. ¿Quién tiene más puntos?

- ⚀ yo
- ⚁ tú
- ⚂ él / ella
- ⚃ nosotros/-a
- ⚄ vosotros/-as
- ⚅ ellos/-as

¡Ojo!

Los siguientes verbos no forman el presente de subjuntivo según la regla: **dar, estar, haber, ir, saber, ser** → G 6.1

E5 Prefiero que lo practiquemos juntos

En parejas. Formad frases con *Prefiero que …* utilizando el subjuntivo, y corregid a vuestro compañero/-a.

Modelo: A: *decirlo, él* B: *Prefiero que lo diga.*

A	B
ir, tú	●●●●●●●
●●●●●●●	hablar, ellos
hacerlo, yo	●●●●●●●
●●●●●●●	salir, ella
jugar, nosotros	●●●●●●●
●●●●●●●	entender, vosotros
tenerlo, él	●●●●●●●
●●●●●●●	saberlo, tú
venir, vosotros	●●●●●●●
●●●●●●●	pedirlo, nosotros

E6 Farouk y Anahí hablan por teléfono

1. Escribe la forma correcta de los verbos en presente de subjuntivo.

Farouk: Anahí, es necesario que ●●● *(llegar, nosotros)* temprano para encontrar un buen lugar.
Anahí: Sí. Es importante que ●●● *(estar, nosotros)* unas horas antes. Quiero que ●●● *(ser, nosotros)* los primeros.
Farouk: Bueno, bueno … ¿Sabes? Es probable que Javier no ●●● *(ir)*, tiene mucho que estudiar.
Anahí: Pues, no me lo puedo creer, es por una causa justa.
Farouk: Ya, yo tampoco lo entiendo. Ah, ¿se lo has dicho a María Jesús?
Anahí: Sí, claro. Ella espera que *Delafé* ●●● *(cantar)* sus canciones favoritas.
Farouk: Y yo espero que ●●● *(poder, nosotros)* ver bien a los cantantes.
Anahí: ¡Qué ganas tengo! Pero no creo que nos ●●● *(dar, ellos)* un autógrafo al final del concierto. ¿Qué piensas?
Farouk: No sé, pero te aconsejo que no ●●● *(enfadarse, tú)* si no te lo dan.

2. Escucha ahora el CD y comprueba.

E7 ¿Cuándo se usa el subjuntivo?

1. Mira el texto de la página 102 y el ejercicio E6. Escribe en tu cuaderno las expresiones que necesitan el subjuntivo en los siguientes grupos. Algunas expresiones pueden repetirse en más de un grupo. Después, escribe dos frases para cada grupo.

a) expresiones para dar una opinión: *prefiero que,* ●●●
b) expresiones para dar un consejo: ●●●
c) expresiones impersonales (ser + adjetivo / sustantivo + que): ●●●
d) expresiones de lo que sientes: ●●●
e) expresiones de lo que quieres: ●●●
f) expresiones de duda: ●●●

2. Dile a tu compañero/-a tres frases en alemán que necesiten subjuntivo en español. Él/Ella tiene que traducirlas al español y comprobar.

E8 ¿Qué piensas?

Mira otra vez las fotos de las páginas 100 y 101 y di tus opiniones a tu compañero/-a. Usa las expresiones del ¡Ojo!

Modelo: *Me parece que la chica de la sexta foto está jugando con el móvil. No creo que esté escribiendo un mensaje de texto.*

¡Ojo!

Creo que
Me parece que + indicativo
Pienso que

No creo que
No me parece que + subjuntivo
No pienso que

E9 Los consejos de Farouk

1. En la revista del instituto, Farouk da algunos consejos a los jóvenes que van a ir al concierto, por ejemplo: "*Os aconsejo que lleguéis temprano*". Imagínate que tú también vas a ir al concierto. Tu mejor amigo/-a no ha ido nunca a ningún concierto. ¿Qué consejos le puedes dar? Aquí tienes algunas ideas.

Te recomiendo que
Te aconsejo que
Es mejor que

●●● *(llegar)* antes
no ●●● *(comprar)* la entrada en la calle
●●● *(saber)* las canciones
●●● *(ir)* con amigos
●●● *(ponerse)* zapatillas
●●● *(llevar)* una botella de agua

2. ¿Conoces otros consejos útiles? Escribe dos frases más.

E10 Ahora es importante que sigas practicando

Usa las siguientes expresiones para formar frases.

Modelo: *Es necesario que la gente se interese por otras personas.*

(No) Es necesario que	los jóvenes	●●● *(saber)* lo que pasa en otros países.
Es importante que	la gente	●●● *(dar)* ayuda a la gente que lo necesita.
(No) Es malo que	los profesores	●●● *(tener)* poco tiempo y no ●●● *(hacer)* nada.
Es genial que	los padres	●●● *(interesarse)* por otras personas.
Es un problema que	todos	(no) ●●● *(poder)* ir al concierto.
Es una suerte que	nadie	(no) ●●● *(dejar)* a sus hijos ir al concierto.

E 11 ¿Cuál es tu opinión?

1. Aquí tienes más expresiones que van con el subjuntivo. Escríbelas en los grupos del ejercicio E7 (página 104).

   a) Puede ser que ...
   b) Es mentira que ...
   c) Es posible que ...
   d) No es verdad que ...
   e) No está claro que ...
   f) Es raro que ...

2. Piensa y escribe en tu cuaderno algunas expresiones nuevas como en el modelo.

   Modelo: *Es + adjetivo / sustantivo + que ...*

3. Usa las expresiones que has aprendido hasta ahora para comentar las siguientes noticias con tu compañero/-a como en el modelo.

   Modelo: *No creo que te saquen el móvil por eso.*

   a) A una chica le sacan el móvil por hacer fotos en un concierto.
   b) EL CONCIERTO EMPEZARÁ DOS HORAS MÁS TARDE.
   c) El cantante Don Bigg no puede hablar, está enfermo.
   d) Uno de los grupos no tiene ganas de tocar.
   e) El estudiante Javier Fernández Gil gana dos entradas para el concierto.

E 12 ¡Atención chicos y chicas!

1. Imagina que tú también quieres ir al concierto benéfico. ¿Qué información necesitas para ir? Escribe en tu cuaderno los datos que necesitas.

   Modelo: *Necesito saber a qué hora empieza.*

2. Escucha ahora el siguiente programa de radio y lo que dicen sobre el concierto. Escribe en tu cuaderno todos los datos que da el locutor. Compara con tu compañero/-a.

facultativo

E 13 ¿Son los jóvenes solidarios?

1. El instituto de Farouk va a ayudar a las víctimas del terremoto sorteando entradas para el concierto. ¿Qué otras ideas tienes para ayudar a las víctimas?

2. ¿Tiene vuestro instituto proyectos solidarios? Piensa con otros tres compañeros cómo sacar dinero para ayudar. Comentadlo en clase.

3. Un juego de roles: Unos estudiantes quieren organizar un concierto benéfico en vuestro instituto, pero no todos están de acuerdo. Formad 5 grupos: uno representa a los estudiantes que quieren el concierto, otro, al director del instituto, el tercero, a los estudiantes que están en contra y el cuarto, a los profesores. El último grupo escucha y escribe un artículo sobre la discusión y el resultado. En el debate habla sólo una persona por grupo.

Paso 2 *Y a ti, ¿qué te gusta hacer?*

T1 El blog de MaJu

MaJu

¡Hola, todos y todas! Hoy tengo un mal día. Mis padres se han enfadado conmigo porque tuve una nota muy baja en Inglés. Dicen que estudio muy poco porque estoy mucho tiempo con mis amigos o con el coro del instituto. Bueno, a mis padres les gusta que cante … Pero no les gusta nada que esté tanto tiempo aquí, en Internet. Quieren que estudie más para el instituto. A partir de hoy no me dejan que esté más de una hora por día con el ordenador. ¡Uf!

Comentarios:

LauraFer: Tienen razón. Es lógico que tus padres estén preocupados por ti. ¡Un 1 en Inglés! ¡Chicaaaaaaa!!!

Anahí_2010: Puede ser que tengamos que estudiar juntas. ¡Yo tuve un 4! ¿Quieres que nos encontremos hoy por la tarde en el parque?

MaJu: Vale, a las siete. Pero antes tengo que estudiar …

Javi007: ¿Quieres que te explique un poquito? Soy el genio[1] del inglés.

LauraFer: Si tú eres el genio del inglés yo soy la reina de España.

Javi007: La reina de España es más guapa que tú.

Nur_1: Es interesante que los hermanitos discutan por Internet …

Javi007: No discutimos, es normal que nos hablemos así …

MaJu: ¡Chicooos!!!, tengo sólo quince (¡15!) minutos más. ¿Qué hago?

Javi007: En serio, ¿quieres que vaya? ¿A las cuatro?

Anahí_2010: Voy también. Es genial que nos ayudes, Javi.

Javi007: Sí, soy un ángel[2].

LauraFer: Presumido.

Nur_1: Mi mamá pregunta si es posible que vaya yo también, no tuve una nota mala, pero ella prefiere que practique un poco más.

MaJu: Claro, a las cuatro, aquí.

1 **el/la genio** das Genie, 2 **el ángel** der Engel

E1 Sobre el texto ...

Contesta las siguientes preguntas.

a) ¿Por qué María Jesús tiene un mal día?
b) ¿Qué no les gusta a sus padres?
c) ¿Qué cambiará a partir de hoy?
d) ¿Sus amigos piensan que los padres de María Jesús tienen razón?
e) ¿Quién va a ayudarla con el inglés?
f) ¿Quién necesita también que la ayuden con esta asignatura?
g) ¿Necesita Nur que Javi le explique algo? ¿Por qué?

E2 Opiniones

1. Los amigos de María Jesús la han ayudado con sus comentarios. ¿Qué te parecen? Habla con tu compañero/-a.

A	B
Pregúntale a tu compañero/-a qué le parece el comentario de Laura. →	Dile tu opinión y por qué.
Contesta. ←	Pregúntale lo que piensa él / ella.
Pregúntale lo que piensa sobre la actitud de los padres. →	Contesta y compara con la actitud de tus padres.
Di qué te parece la idea de tu compañero/-a. ←	Proponle qué puede hacer María Jesús.

2. Completa tu lista del ejercicio E7 del Paso 1 (página 104) con las expresiones nuevas y las que están en el texto de la página 107.

¡Ojo!

Otras nuevas expresiones que van con el subjuntivo:

Me parece raro que ...
Me parece bien / mal que ... + subjuntivo
No es normal que ...
Es curioso que ...

E3 María Jesús te pide que le digas lo que piensas

1. Escribe en tu cuaderno un comentario para el blog de María Jesús. Usa algunas de las expresiones con subjuntivo que ya conoces.

2. Compara tu comentario con el de tu compañero/-a. ¿Habéis tenido ideas diferentes? Si es así, intentad convencer al otro de que tenéis razón.

E4 Tu opinión es importante

1. Antes, María Jesús escribía siempre en su diario. Ahora escribe casi todos los días en su blog. ¿Te parece muy diferente? ¿Cuáles son las ventajas y las desventajas de un diario y de un blog? Escribe un texto utilizando las expresiones de la derecha.

> Me parece genial / raro / ... que ...
> (No) creo que...
> (No) pienso que...

2. Formad grupos de trabajo para controlar la gramática y el vocabulario de los textos de otros compañeros. → p. 99

T2 Test: ¿Pasas mucho tiempo en Internet?

Después de estudiar Inglés con Javier todos van al parque. Anahí lleva una revista donde está este test. Todos lo hacen.

1. ¿Para qué usas Internet?
   a) Para buscar información para el instituto.
   b) Para bajar música.
   c) Para chatear.

2. ¿Cuántas horas pasas al día en Internet durante la semana?
   a) Menos de una hora.
   b) Más de una hora.
   c) Más de dos horas.

3. ¿Cuántas horas pasas en Internet el fin de semana?
   a) Menos de una hora.
   b) Más de una hora.
   c) Más de dos horas.

4. ¿Usas Internet para leer ...
   a) ... libros?
   b) ... periódicos y revistas?
   c) ... a) y b)?

5. ¿Usas Internet para comprar cosas?
   a) Nunca.
   b) A veces.
   c) Muchas veces.

6. ¿Ves la tele por Internet?
   a) Nunca
   b) A veces.
   c) Muchas veces.

7. ¿Te conectas a Internet por la noche?
   a) Nunca.
   b) A veces.
   c) Siempre.

E5 ¿Y tú?

1. Haz el test y mira tu resultado (página 110). ¿Qué piensas? ¿Crees que el test tiene razón?

2. Haced tres grupos con los que contestaron sobre todo a), sobre todo b) y sobre todo c). Discutid si el test tiene razón. ¿Cómo veis vuestra actitud con los medios?

Resultado del test:

sobre todo a)
No eres adicto a Internet. Lo usas para diferentes cosas pero tampoco demasiado. No tienes que preocuparte.

sobre todo b)
Todavía no necesitas preocuparte. Usas mucho Internet y siempre con un objetivo. Pero, atención, si lo usas más serás adicto.

sobre todo c)
Eres adicto a Internet. Estás siempre conectado. Todo lo haces por Internet. También hablas con tus amigos por Internet, pero no quedas con ellos. Tienes que cambiar esta actitud.

E6 Hola, tengo un problema

1. Ahora vas a escuchar un programa de radio donde los jóvenes cuentan sus problemas. Escucha y después marca la respuesta correcta.

a) Luis cree que es adicto al móvil ...
A) porque manda 30 mensajes al día.
B) porque está muy nervioso esperando los mensajes.
C) porque no apaga nunca el móvil.

b) Los padres de Luis están enfadados con él ...
A) por la factura de 200 euros.
B) por comer y dormirse con el móvil.
C) por no trabajar bien en clase.

c) Elena tiene un problema con ...
A) el acné[1].
B) el chocolate.
C) las cremas[2].

d) Elena sólo sale de casa ...
A) a hacer la compra.
B) por la noche.
C) para ir al instituto.

2. Trabajad en grupos de cuatro. ¿Qué les podéis aconsejar a los chicos que hablaron en la radio?

3. Luis y Elena han dejado su dirección de e-mail. Usa las expresiones que has aprendido hasta ahora y escribe un e-mail con tus consejos a uno de estos jóvenes. Antes, mira el manual. → p. 29

E7 ¿Qué cuenta Moritz?

1. Moritz también escuchó ese programa de radio. Después, escribe un e-mail a su amigo alemán Oliver y le cuenta lo que escuchó en el programa de radio. Ayúdalo y escribe en alemán un resumen de lo que escuchaste en tu cuaderno.

2. Los compañeros de Moritz preguntan cómo es el tema del Internet y los jóvenes en Alemania. ¿Qué puede decirles? Ayúdalo a contarlo en español.

1 el acné die Akne, **2 la crema** die Creme

E8 Cosas de nuestro mundo

1. Lee estos comentarios de diferentes personas sobre el tema del Internet.

a) Creo que pocos viven sin Internet en casa.
b) Es posible que algunos piensen que conectarse a Internet no es útil.
c) Pienso que muchos no saben que también puede ser peligroso estar conectado todo el día.
d) No creo que sea lo más interesante que puedes hacer.
e) Estoy seguro de que la gente cuenta mentiras por Internet.
f) Es malo que dejes de ver a tus amigos y sólo chatees con ellos.
g) Es importante que los chicos y chicas hagan otras cosas y no siempre se conecten a Internet.
h) Es seguro que en otros lugares del mundo pocas personas tienen ordenador en su casa.
i) Es horrible que la gente no tenga nada mejor que hacer.
j) Me parece que es un problema de los países ricos.
k) Puede ser que en treinta años los chicos piensen que Internet es muy aburrido.

2. Ordena las expresiones que van con indicativo y las que van con subjuntivo.

3. ¿Con qué frases estás de acuerdo? ¿Puedes escribir algún comentario más?

E9 Gustos y manías[1]

1. Escribe en un papel algunas cosas que te gustan y algunas que te molestan que hagan otras personas.

Modelo: *Me gusta que la gente diga "gracias" cuando les abro la puerta en una tienda. Me molesta que la gente haga ruido en el cine.*

2. Mezclad todos los papeles. Cada estudiante toma uno y corrige los errores si los tiene. Después leed los papeles en voz alta. ¿De quién son estos gustos y estas manías? ¿Os conocéis bien?

E10 ¿Qué será?

Dos parejas trabajan juntas. Cada una hace una lista de diez palabras del libro. Una pareja tiene que mostrarle una de sus palabras a un solo estudiante de la otra pareja. Éste tendrá que explicarle la palabra o darle un sinónimo a su compañero, quien tendrá un minuto para descubrir qué palabra es. Gana la pareja que adivina más palabras.

1 la manía die Marotte, der Tick

Chateando con Sofía

Después de escribir en su blog, María Jesús chatea con su prima Sofía.

María Jesús: Sofi, mis papás se han enfadado conmigo por la nota que tuve en Inglés, aunque saben que tengo buenas notas en las otras asignaturas ☹
Sofía: Prima, aunque te moleste te lo tengo que decir: ¡tienen razón! Chus, no puede ser ... ¿no estudiaste para el examen?
M: No, casi no estudié. Cuando estudio tengo mejores notas, ja ja.
S: Cuando lo sepa la abuela también se va a enfadar, mejor si no estás en casa ... ☹
M: La abuela ya lo sabe. Pero esta tarde vendrán mis amigos para estudiar Inglés y mientras estudiamos vamos a tomar el té, seguro que va a ser divertido.
S: Mientras no sea demasiado divertido ... ja ja ☺

E 11 Cuando, cuando, cuando ...

1. Mira las siguientes frases y comenta con tu compañero/-a lo que veis.

a) Cuando lleguen mis hermanos comeremos juntos.
b) Cuando llegan mis hermanos comemos juntos.
c) Aunque haga frío saldremos a caminar.
d) Aunque hace frío salimos a caminar.
e) Mientras estemos juntos estamos contentos.
f) Mientras estamos juntos hablamos de muchas cosas.

2. Escribid juntos una regla. Mirad el libro de gramática y comparadla. → G 6.2.1.2 b

3. ¿Cómo podéis traducir cada una de esas conjunciones al alemán? ¿Y a otros idiomas que conocéis?

E 12 Tándem

Trabajad en parejas. Continuad vosotros con el diálogo escribiendo frases con *si* y con *cuando*. Antes, mirad la gramática. → G 6.3

A		B
Si ●●● *(querer, tú)* venir a mi casa, te espero a las cuatro.	→	Cuando ●●● *(ir, yo)* a tu casa llevaré bocadillos.
Cuando ●●● *(traer, tú)* los bocadillos piensa en lo que nos gusta a cada uno.	→	Si ●●● *(pensar, yo)* en lo que le gusta a cada uno va a ser muy complicado.
Si eso ●●● *(ser)* muy complicado, no compres nada.	→	Cuando ●●● *(comprar, yo)* los bocadillos pensaré en los que había en tu fiesta de cumpleaños.

Paso 3 *Mis héroes*

T1 ¿Quién no tiene un héroe?

Nuestra sociedad tiene muchos héroes desde la Antigüedad[1]. La mayoría de las personas necesitamos un modelo al que podamos seguir. Sobre todo los jóvenes. Normalmente, los héroes tienen poderes especiales y encuentran una solución para todo. Sin embargo, no sólo existen los héroes irreales, como Superman, el hombre araña[2] o Hulk, sino también los héroes de carne y hueso. Esas personas que tienen cualidades especiales, como por ejemplo, ayudar sin esperar nada a cambio. Los padres quieren que sus hijos sean buenas personas en la vida y por eso siempre les dicen: "Queremos que seas buena persona, que no te rías de los demás, que ayudes a tus amigos ...", características típicas de los héroes buenos.
A Javier le encanta este tema. Personalmente, le gusta mucho Superman porque siempre tiene una solución para todo, tiene buen corazón[3] y nunca se deja convencer por nadie. Además tiene grandes poderes, es muy fuerte y puede volar.
A Javier le interesa saber cuáles son los héroes favoritos de sus amigos y por eso decide hacer algunas entrevistas.

E1 Sobre el texto ...

¿Correcto o falso? Corrige la información falsa.

	c	f
a) Los héroes son típicos de la sociedad moderna.	●	●
b) Los jóvenes son los que más necesitan tener un héroe.	●	●
c) Las personas normales también pueden ser héroes.	●	●
d) Los héroes de la vida real dan mucho y no les importa recibir algo a cambio.	●	●
e) Los padres quieren que sus hijos sean héroes.	●	●
f) Javier quiere ser como Superman.	●	●

E2 Héroes y heroínas

1. ¿Qué es para ti un héroe? Escribe algunas palabras clave y coméntalas con tu compañero/-a. Si es necesario, usa el diccionario.

1 **la Antigüedad** die Antike, 2 **el hombre araña** Spider-Man, 3 **tener buen corazón** ein gutes Herz haben

2. Escucha las entrevistas que hace Javier a sus amigos y completa la tabla en tu cuaderno. También vuelve a mirar el texto de la página 113 para encontrar información sobre el héroe favorito de Javier.

	Héroe favorito	Características del héroe
Javier	Superman	●●●
Anahí	●●●	●●●
Farouk	●●●	●●●
María Jesús	●●●	●●●

3. ¿Son necesarios los héroes en la sociedad de hoy? Escribe un texto explicando tu opinión.

E3 ¡Que sea fácil!

1. ¿En qué modo están los verbos de las frases? ¿Qué expresan todas estas frases?

a) ¡Que sea fácil!
b) ¡Que lleguéis bien!
c) ¡Que pases un hermoso día!
d) ¡Que comas cosas ricas!
e) ¡Que encuentres a todos bien!
f) ¡Que vaya mucha gente!
g) ¡Que termines pronto!

2. ¿En qué situaciones puedes recibir estas frases como respuesta? Trabaja con tu compañero/-a y escribid pequeños diálogos.

Modelo: A: *Mañana tengo un examen de Español.*
B: *¡Que sea fácil!*

E4 ¿Qué me dices?

Observa las siguientes imágenes y relaciona. ¿Qué dices a cada una de las personas?

a) ¡Que tengas suerte!
b) ¡Que descanses!
c) ¡Que aproveche!
d) ¡Que te mejores!
e) ¡Que tengas buen viaje!
f) ¡Que te lo pases bien!

E5 ¿Qué le dicen a Nur sus padres?

Nur va a ir al cine con Anahí y María Jesús. Sus padres siempre se preocupan por ella y, por eso, le dicen algunas cosas. Haz frases con sus consejos y órdenes usando *(no) queremos que + subjuntivo*, como en el ejemplo.

Modelo: No debes ponerte cerca de la pantalla[1].
No queremos que te pongas cerca de la pantalla.

a) Tienes que quedarte con tus amigas.
b) No debes comer muchas palomitas.
c) No debes beber coca-cola.
d) Llámanos si hay algún problema.
e) No debes llegar tarde a casa.

E6 Mucho teatro

Formad cuatro grupos. Cada grupo tiene que escribir cinco frases con *Quiero / Queremos que + subjuntivo* o *Espero / Esperamos que + subjuntivo*. Después tenéis que interpretarlas para la clase (¡sin leerlas!).

Grupo 1: Los padres se lo dicen a los hijos.
Grupo 2: El / La hermano/-a mayor se lo dice a los menores.
Grupo 3: El novio se lo dice a la novia (o la novia al novio).
Grupo 4: El / La profesor/-a se lo dice a los estudiantes.

E7 ¡Ojalá!

1. Javier y Farouk van a ir juntos al cine. Quieren que las chicas también vayan. Sigue con el diálogo. Haz frases usando *ojalá que + subjuntivo* y las ideas que te damos.

   Javier: Oye Farouk, ¿les has dicho a las chicas que vamos a ir al cine?
   Farouk: Sí, claro. Ojalá que vengan.
   Javier: Sí, en serio. Ojalá que María Jesús traiga a su prima Sofía ... es muy simpática.
   Farouk: Eso, eso. Ojalá que se siente a tu lado en el cine. También dice que van a venir otras amigas.

¡Ojo!
Ojalá (que)
\+
subjuntivo
→ G 6.2.2

Ojalá que ...

poder invitar a Sofía con palomitas – ser simpáticas – gustarles la película – no venir también su primo – no llegar tarde – haber entradas

2. ¿Cómo traduces *ojalá* a otros idiomas?

1 la pantalla die Leinwand, der Bildschirm

E8 ¡Qué buenos!

En parejas, trabajad como en el modelo.

Modelo: A: *Quiero ir al cine.*
B: *Ojalá vayas al cine. Quiero ver a tu prima.*
A: *Ojalá veas a mi prima. ...*

A	B
Quiero comprar entradas para un concierto. →	Ojalá •••••••
Ojalá •••••••	← Quiero sentarme al lado de ... en la clase.
Quiero recibir un autógrafo de Shakira. →	Ojalá •••••••
Ojalá •••••••	← Quiero descansar bastante el fin de semana.
Quiero vender mi bicicleta. →	Ojalá •••••••
Ojalá •••••••	← Quiero recibir un ordenador nuevo.
Quiero cantar en el coro del cole. →	Ojalá •••••••
Ojalá •••••••	← Quiero ser un genio[1] del español.

E9 ¿Quién soy?

Imagina que eres un superhéroe. Describe cómo eres y después preséntate en clase sin decir el nombre. La clase tiene que adivinar quién eres.

Modelo: *Tengo unos treinta años más o menos. Trabajo como fotógrafo en un periódico. Llevo gafas[2]. Hay una chica que me gusta mucho. No soy de la Tierra. Tengo muchísima fuerza. Además sé volar.*

E10 Superman se queja[3]

1. Superman se queja porque ahora existen tantos superhéroes y ya no hay lugar para él. Escribe todo lo que le molesta.
   Aquí tienes algunas ideas: todos pueden volar – Robocop es más fuerte que él – Harry Potter es un niño ¡y tiene tantos poderes! – ...
2. ¿Qué (no) crees que hace Superman en su tiempo libre (que ahora es mucho)?

E11 Kapax, un héroe de carne y hueso

Lee las siguientes frases, después escucha el CD. ¿Cuáles son correctas? Corrige las frases falsas.

	c	f
a) Kapax es colombiano.	•	•
b) En 1976 nadó cinco horas.	•	•
c) Necesitó dos meses para llegar hasta el Atlántico.	•	•
d) Ha nadado más de 500 kilómetros.	•	•
e) Su película se llama *Kapax del Amazonas*.	•	•
f) Ahora cuida el Amazonas.	•	•

1 el/la genio das Genie, 2 las gafas die Brille, 3 quejarse sich beschweren

E 12 Los héroes de ahora

1. ¿Qué características tiene que tener un héroe, y cuáles no son necesarias? Haz frases como el modelo.

   Modelo: *(No) me parece necesario que un héroe sea de carne y hueso.*

   a) Tiene que ser de carne y hueso.
   b) Tiene que ser muy fuerte.
   c) Tiene que tener mucho dinero.
   d) Tiene que ser muy bueno.
   e) Tiene que ser guapo y joven.
   f) Tiene que querer ayudar a otros.
   g) Tiene que poder volar.
   h) Tiene que parecer muy normal.

2. Presenta tu opinión en clase y discútela.

E 13 ¿Y tú qué dices?

Elige a una persona famosa o no, pero que para ti es un héroe y escribe un texto sobre él / ella. Trae una foto y preséntalo/-la en clase.

E 14 Gente

Hay gente que con sólo decir una palabra
enciende la ilusión y los rosales;
que con sólo sonreír entre los ojos
nos invita a viajar por otras zonas,
nos hace recorrer toda la magia.

Hay gente que con sólo dar la mano
rompe la soledad, pone la mesa,
sirve el puchero, coloca las guirnaldas;
que con sólo empuñar una guitarra
hace una sinfonía de entrecasa.

Hay gente que con sólo abrir la boca
llega hasta los límites del alma,
alimenta una flor, inventa sueños,
hace cantar el vino en las tinajas
y se queda después como si nada.

Y uno se va de novio con la vida,
desterrando una muerte solitaria
pues sabe que a la vuelta de la esquina
hay gente que es así, tan necesaria.

Hamlet Lima Quintana: "Gente". En: *La breve palabra*, Buenos Aires: Ediciones del Valle, 1998

1. ¿Qué otro título puedes darle a este poema?
2. Explica con tus palabras en una o dos frases lo que quiere decir el autor. Después, compara tus ideas con las de tu compañero/-a. Empieza así: *Hay gente que …*
3. Usa el estilo indirecto para contar lo que escribió el autor. Empieza así: *El autor escribió que había gente que con sólo decir una palabra encendía la ilusión …*
4. ¿Y tú? ¿Qué quieres que la gente haga o diga? Escribe cinco frases y compáralas con tu compañero/-a.

   Modelo: *Quiero que la gente se divierta más y se enfade menos.*

5. Investiga en Internet sobre la vida del autor y escribe una biografía.

Protagonistas del cambio

No todos podemos ser héroes. Pero hay muchas pequeñas cosas que podemos hacer todos los días para mejorar nuestra vida y la de los demás. En la clase de Anahí, Nur y María Jesús están hablando de la discriminación. Toda la clase va a una conferencia[1] sobre este tema y esto es una parte de lo que escuchan:

Discriminar es diferenciar, separar. Hay más de un motivo para discriminar: cuando no compartimos la misma religión o el mismo color de piel o se padece alguna discapacidad. Les vamos a pedir que cierren los ojos y piensen en algún discapacitado que conozcan ... ¿El mundo en el que vive es el mismo que el de todos? Si pensamos en un mundo separado, de "ellos" y de "nosotros", estamos aquí sin que sea posible ningún cambio. Si, por otra parte, lo sentimos como en "nosotros", estaremos dando el primer paso hacia la comprensión y la integración.
El mundo es el mismo para todos. Todos estamos juntos formando la sociedad y todos nos parecemos y, a la vez, somos distintos. El "todo" de la sociedad es más que la suma de las partes.
Por eso, en vez de "discapacitados", preferimos hablar de personas con necesidades especiales. Discapacitado es aquel que no posee ninguna capacidad, y no es así. Si tienen alguna discapacidad también tienen capacidades, algunas que tal vez nosotros no tengamos, quizás dibujen mejor o jueguen mejor a la pelota.
Para que las necesidades especiales no se discriminen, es necesario que toda la sociedad las acepte. Todos podemos ayudar y ser protagonistas en el cambio.

Fragmento de una conferencia de la profesora María Mirta Coppié, www.oni.escuelas.edu.ar

E 15 Sobre el texto ...

1. Contesta las siguientes preguntas.

a) ¿De qué problema habla la profesora?
b) ¿Por qué la gente discrimina?
c) ¿Quiénes son para la autora "ellos" y "nosotros"?
d) ¿Por qué no le gusta la palabra "discapacitado/-a[2]"?
e) ¿Qué otras palabras prefiere usar?
f) ¿Qué debemos hacer como parte de la sociedad para que no haya discriminación de las personas con necesidades especiales?
g) ¿Cómo es en tu país?

2. Tu amigo/-a alemán/-ana quiere saber de qué tema estáis hablando en tus clases de Español. Cuéntale qué dice el texto.

1 **la conferencia** die Konferenz, 2 **discapacitado/-a** behindert

E 16 Así pensamos

Después de hablar sobre la discriminación, la profesora les pide a los estudiantes que escriban algunas frases sobre el tema. Los chicos preparan un póster.

La discriminación es una de las cosas más negativas que existen.

Los jóvenes queremos vivir tranquilos sin que nos discriminen por el color de pelo que llevamos.

Tenemos que respetar a los demás a fin de que los demás nos respeten a nosotros.

Es importante amar al otro sin asfixiarlo[1] para que pueda crecer.

¿Puede alguien decir "Yo nunca discriminé a nadie"? Tenemos que cambiar muchas cosas para que esta frase sea una verdad.

¡Ojo!

El subjuntivo se debe usar después de conjunciones como **sin que**, **para que**, **antes / después de que**, **en caso de que**, **a fin de que** cuando el verbo de la frase principal y el de la subordinada tienen diferentes sujetos: → G 6.2.1.2 a

Este año **tengo** que estudiar más para que mis notas **sean** mejores.

Cuando el verbo de la frase principal y el de la subordinada tienen el mismo sujeto, usas el infinitivo en la frase subordinada:

Este año (yo) **tengo** que estudiar más para **tener** (yo) mejores notas.

E 17 Ahora tú

1. Haz una lista de todas las frases con subjuntivo en el texto de la pàgina 118. ¿Por qué usas en cada frase este modo?
2. En parejas. Escribid una frase más para el póster. Usad una de las conjunciones que necesitan subjuntivo en español.

E 18 ¿Para qué?

Escribe el verbo en la forma correcta. La profesora habla con sus estudiantes para que ...

a) ●●● *(pensar)* sobre el problema de la discriminación
b) ●●● *(aceptar[2])* a los que son diferentes
c) ●●● *(ser)* protagonistas de un cambio
d) ●●● *(ayudar)* a personas con necesidades especiales
e) ●●● *(respetar)* a todas las personas

E 19 ¿Qué te parece?

Completa las frases.

a) Llamo a mis amigos para que ●●●
b) Compra las entradas sin que ●●●
c) Iremos al parque antes de que ●●●
d) Venid a estudiar a mi casa en caso de que ●●●
e) Te daré la revista sin que ●●●
f) Te llamaré mañana después de que ●●●
g) Te doy mi libro a fin de que ●●●

1 asfixiar erdrücken, ersticken, 2 aceptar akzeptieren

Paso 4 *Olvido el mundo leyendo*

Un relato inquietante

Moritz: Anahí, ¿qué te pasa? Estoy hablando contigo, ¿no me has escuchado?

Anahí: Perdona, es que estoy leyendo y este autor es maravilloso, este relato que estoy leyendo es muuuuy inquietante.

Moritz: A ver, ¿quién es el autor? Déjame leerlo, por favor.

Nunca le perdoné a mi hermano gemelo que me abandonara durante siete minutos en la barriga de mamá, y me dejara allí, solo, aterrorizado en la oscuridad, flotando como un astronauta en aquel líquido viscoso, y oyendo al otro lado cómo a él se lo comían a besos. Fueron los siete minutos más largos de mi vida, y los que a la postre, determinarían que mi hermano fuera el primogénito y el favorito de mamá.

Desde entonces salía antes que Pablo de todos los sitios: de la habitación, de casa, del colegio, de misa, del cine – aunque ello me costara el final de la película. Un día me distraje y mi hermano salió antes que yo a la calle, y mientras me miraba con aquella sonrisa adorable, un coche se lo llevó por delante. Recuerdo que mi madre, al oír el golpe, salió de la casa y pasó ante mí corriendo y gritando mi nombre, con los brazos extendidos hacia el cadáver de mi hermano. Yo nunca la saqué del error.

Rafael Novoa Blanco, "Mi hermano", 2002

E1 Sobre el texto ...

1. ¿Correcto o falso? Corrige la información falsa.

	c	f
a) El narrador tenía un hermano gemelo.	●	●
b) De los dos, el narrador era el mayor.	●	●
c) La madre quería más al hermano del narrador porque era el más pequeño.	●	●
d) El narrador iba con su hermano a todos los lugares.	●	●
e) El narrador salía antes de todos los lugares para ganarle a su hermano en algo.	●	●
f) Cuando su hermano murió su madre creyó que el que había muerto era el narrador.	●	●
g) Al final, el narrador le dijo la verdad a su madre.	●	●

2. Ahora busca en el diccionario diez de las palabras del texto que no conoces.

E2 Para entender mejor el texto

En grupos, contestad las siguientes preguntas.

a) ¿Cuáles fueron los siete minutos más largos de la vida del narrador?
b) ¿Por qué?
c) ¿Por qué el hermano gemelo del narrador era el favorito de la madre?
d) ¿Qué hacía el autor siempre que salía con su hermano?
e) ¿Por qué lo hacía?
f) ¿Qué pasó un día en que su hermano salió primero de un lugar?
g) ¿Qué creyó su madre?
h) ¿Le dijo el autor alguna vez la verdad? ¿Por qué?
i) ¿Os gustó este relato? ¿Por qué?

E3 Lo que más le gusta a Anahí

1. ¿Qué es lo que más le gusta a Anahí de este relato? Haz frases usando las expresiones que te damos.

Modelo: *Lo que más le gusta a Anahí del relato es que tenga un protagonista ...*

tiene un protagonista ... – trata de ... – el final es muy inesperado – te da mucho que pensar – es un poco misterioso y muy inquietante – es corto pero muy intenso – cuenta la historia de una vida en solo seis frases – el argumento es ... – el comienzo parece ... – comienza con ...

2. ¿Y tú? ¿Qué es lo que más te gusta a ti del relato? ¿Qué es lo que te parece extraño / simpático / impresionante / ...? En parejas, haced por lo menos cinco frases y usad el subjuntivo.

Cuando un libro o una película te han gustado mucho, seguramente dices "Es ist sehr **spannend**." En español no existe una traducción exacta para esa palabra. Puedes decir: "Es **apasionante / fascinante / interesante**. Ese libro / Esa película **te atrapa**."

E4 ¿Qué cuenta Moritz?

También Moritz está muy impresionado con el relato. Esa misma noche, cuando habla por teléfono con su amigo Oliver, en Alemania, le cuenta de qué trata. Cuéntaselo tú también a un/-a amigo/-a alemán/-ana.

E5 Tu relato favorito

¿Tienes un relato favorito? Elige un relato (o una novela, o un poema) que te impresionó mucho y escríbele una carta a Anahí para recomendárselo. Antes, mira en el manual cómo escribir una carta. → p. 29

Etapa 7
El viaje de fin de curso

1

2

5

E1 Escucha bien
¿Qué tres fotos describen las personas en los diálogos que escuchas?

E2 A ordenar
1. Ya sabes lo que muestran tres de las fotos. Vamos a ver las otras tres. ¿Qué número va con estos nombres?
   a) el Parque Güell
   b) el puerto Port Vell
   c) el Museo de Historia de Barcelona
2. Elige una de las tres y descríbela a tu compañero/-a. Él/Ella va a adivinar de qué foto hablas. Antes, mira en el manual cómo describir una foto. → p. 144

E3 Escribid algo bonito

En parejas. El jefe del servicio de información turística[1] de Barcelona quiere que escribáis algo bonito e interesante para las fotos de la nueva guía de la ciudad. Son las fotos que veis en estas dos páginas. Escribid una o dos frases para cada una.

1 el servicio de información turística das Tourismusbüro

Paso 1 *Buenas noticias*

No te preocupes, mamá

En el banco 'Caixa Catalunya' en Albacete. Suena el teléfono.

Empleada: Caixa Catalunya, dígame ...

Javier: Hola, buenos días. Quiero hablar con Beatriz Gil Guerrero, soy Javier, su hijo.

Empleada: Javi, ¿qué tal? No te reconocí la voz, lo siento. ¿Qué tal tú y tu hermana? ¿Todo bien?

Javier: Sí, sí, gracias. ¿Está mi madre?

Empleada: Sí, claro ... pero dime, Javi, ¿pasa algo? Pareces nervioso.

Javier: No, nada, señora Álvarez, no se preocupe. Tengo buenas noticias. Pues... es que el profe propone ir de viaje, ¿qué le parece? Genial, ¿no?

Empleada: ¡Qué buena idea!

Javier: Claro, por eso quiero hablar con mamá.

Empleada: Bueno, no esperes más, ahora la llamo ... *¡Beatriz, ven, al teléfono, Beatriiiiiz!!* ... Aquí está, adiós, Javi, que lo pases bien.

La madre de Javier contesta:

Madre: Dígame.

Javier: Mamá, soy yo, Javi, escucha: el profe propone ir de viaje. Dice que todos trabajamos muy bien este año, por eso tenemos tiempo para hacer otra cosa. Y, ¿a que no sabes adónde vamos?

Madre: No me digas ... de viaje, ¿no crees que tenemos que hablarlo con papá?

Javier: Mamá, no seas así. Sabes que papá siempre quiere que viaje. Además, estudié un montón y tengo buenas notas: notable incluso en Matemáticas, y sobresaliente en Educación Física. Ningún suspenso.

Madre: Sí, Javi, es verdad. Pero, a ver, cuéntame, ¿un viaje?, ¿adónde?

Javier: ¡A Barcelona! Por fin voy a ver el Camp Nou[1] y quizás un partido del Barça[2].

Madre: ¡Qué bien! Y espero que veáis también los monumentos y los museos ...

Javier: No te preocupes, mamá, claro que vamos a ver otras cosas. El profe quiere mostrarnos muchos lugares de la ciudad, dice que es una ciudad genial. Pero espero que vayamos todos los días al Camp Nou ...

Madre: No exageres, Javi, un viaje del cole sólo para ver el fútbol, no creo que sea una buena idea. Bueno, Javi, hablamos esta noche, ¿sí? Ahora tengo que seguir trabajando. Ah, no salgas esta noche. Así hablamos tranquilamente de tu viaje. ¿Vale?

Javier: Por supuesto, mamá, no voy a salir, no quedé con nadie. Hasta luego.

Un partido en el Camp Nou en Barcelona

1 el Camp Nou das Fußballstadion des Vereins ‚Barça', 2 el Barça der Fußballverein FC Barcelona

E1 Sobre el texto …

1. ¿Correcto o falso? Corrige la información falsa.

	c	f
a) Javier y la señora Gil Guerrero se conocen.	●	●
b) Javier está muy nervioso por el colegio.	●	●
c) La mamá de Javier no tiene tiempo para hablar con él.	●	●
d) Javi tiene mejores notas en Matemáticas que en Educación Física.	●	●
e) La madre prefiere hablar primero con el padre de Javier sobre el viaje a Barcelona.	●	●
f) Al padre de Javier no le gusta que su hijo viaje.	●	●
g) A Javier sólo le interesa ir a Barcelona por el Camp Nou.	●	●
h) El viaje a Barcelona es sólo cultural.	●	●
i) Ese día Javier no va a encontrarse con sus amigos por la noche en el parque.	●	●

2. Piensa tres preguntas sobre el texto y hazlas a tu compañero/-a.

E2 Las notas en España

Mira la información sobre el sistema[1] de notas en España. ¿Cuáles son las notas españolas que tienes tú en las diferentes asignaturas? Escribe un pequeño informe en español.

En general hay 10 notas, de 0 hasta 10. Tienen valor contrario[2] a las notas alemanas:

0–4	= suspenso	~ ungenügend, mangelhaft: durchgefallen
5	= aprobado	~ ausreichend
6–7	= bien	~ befriedigend
8	= notable	~ gut
9	= sobresaliente	~ sehr gut
10	= matrícula de honor	~ ausgezeichnet

E3 Una llamada telefónica

La madre de Javier llama a su marido para contarle sobre el viaje de su hijo. ¿Qué dicen? En parejas escribid el diálogo y leedlo en voz alta.

Modelo: *Me acaba de llamar Javier. Dice que su profesor quiere llevarlos de viaje a Barcelona y que …*

E4 Turismo en Alemania

Barcelona es una ciudad muy moderna e interesante. ¿Cuál es para ti la ciudad más moderna o más interesante de Alemania, o de tu región? Explícaselo a la madre de Javier.

1 el sistema das System, **2 el valor contrario** der entgegengesetzte Wert

E5 ¡No me digas!

1. Aquí hay algunos imperativos negativos. ¿Cuáles están en el texto? Completa la tabla en tu cuaderno y escribe también los otros imperativos negativos del texto.

infinitivo	imperativo positivo (Ud. / tú)	imperativo negativo (Ud. / tú)
decir	¡Dígame! / ¡Dime!	No me diga! / ¡●●●!
preocuparse	¡●●●! / ¡●●●!	¡No se preocupe! / ¡No te preocupes!
ser	¡●●●! / ¡●●●!	¡●●●! / ¡No seas!
venir	¡Venga! / ¡●●●!	¡No venga! / ¡●●●!
hablar	¡Hable! / ¡●●●!	¡●●●! / ¡No hables!
leer	¡●●●! / ¡Lee!	¡●●●! / ¡●●●!
decidir	¡Decida! / ¡●●●!	¡No decida! / ¡●●●!

2. Habla con tu compañero/-a: ¿Cómo formas el imperativo negativo? ¿Y cómo formas el imperativo positivo de la forma 'usted'? Comprueba mirando el libro de gramática. → G 7.2, 7.1

3. Completa en tu cuaderno la siguiente regla: *En el imperativo negativo usas las mismas formas del … .*

4. Forma los imperativos positivos y negativos de los siguientes verbos en singular (*tú* y *usted*). Compáralos y formula una regla.

mirar – comer – abrir – escribir – hacer – poner

E6 Y no vengas tarde …

1. Cuando hablan del viaje esa noche en casa, la mamá de Javier le pide algunas cosas. Completa el diálogo en tu cuaderno con las formas correctas del imperativo negativo.

Madre: Javier, no ●●● *(llevar)* dinero contigo cuando vais al Camp Nou, puede ser peligroso.
Javier: Vale.
Madre: Y no ●●● *(olvidar)* llamarnos por teléfono, así sabemos que llegasteis bien.
Javier: Claro, mamá, voy a llamaros.
Madre: Ah, y no ●●● *(ir)* solo a ningún lugar.
Javier: De acuerdo.
Madre: No ●●● *(acostarse)* muy tarde, tienes que descansar.
Javier: Sí, mamá.
Madre: Y sobre todo …
Javier: Vale, mamá, no ●●● *(preocuparse)*. ¡Ya no soy un niño!

2. ¿Qué otras cosas le dice que no haga la madre de Javier? Escribe algunas frases y practícalas con tu compañero/-a. ¡Dale muchas órdenes!

E7 ¡Cuántos mensajes!

1. Los padres de Javier y Laura, su hermana, salieron a hacer unas compras. Completa en tu cuaderno las notas que le han dejado con las formas correctas del imperativo de los verbos *entrar, jugar, poner, salir* y *volver*.

2. ¿Qué piensas? ¿Quién ha escrito cada nota?

E8 Un día diferente

1. Pocos días antes del viaje, los chicos están un poco nerviosos y el profesor tiene que llamarles muchas veces la atención. ¿Qué les dice?

   a) Javier habla demasiado con su compañero. **Profe:** Javi, chico, no ●●● tanto.
   b) Ángeles hace ruido todo el tiempo con su bolígrafo. **Profe:** Vamos, Ángeles, no ●●●.
   c) Nicolás mira por la ventana. **Profe:** Nicolás, no ●●●.
   d) Carmen está durmiendo. **Profe:** ¡CARMEN, no ●●● en clase!
   e) Pilar dibuja animalitos en su cuaderno. **Profe:** Pilar, no ●●●.
   f) Ana saca una foto de su mochila para mostrársela a Pilar. **Profe:** Ana, no ●●● esa foto ahora.

2. ¿Y qué dicen los chicos al profesor? Usa la forma “usted”. Después, escribe por lo menos dos frases más. Compáralas con las de tu compañero/-a.

   a) El profe quiere hacer un examen mañana. **Chicos:** No lo ●●● mañana, por favor.
   b) El profe dicta muy rápido. **Chicos:** No ●●● tan rápido, por favor.
   c) El profe les da muchos deberes. **Chicos:** No nos ●●● tantos deberes.
   d) El profe se enfada porque todos charlan mucho. **Chicos:** No ●●●, por favor.

E9 ¿Lo hago o no lo hago?

1. En parejas. Trabajad como en el modelo. ¡Usad pronombres!

A	B
¡Haz los deberes!	No los hagas.
•••••••	¡Lleva un montón de dinero!
¡Visita los monumentos!	•••••••
•••••••	¡Cuéntame todo!
¡Prepara tu mochila!	•••••••
•••••••	¡Escríbeme un e-mail!
¡Busca la guía turística!	•••••••
•••••••	¡Pon la guía en la mochila!

2. Cambiad los roles y haced el mismo ejercicio con la forma "usted".

E10 Una ciudad increíble

La clase forma cuatro grupos. Cada grupo debe investigar sobre una atracción turística en Barcelona: las Ramblas, el mercado de la Boquería, el parque Güell, la casa Battlò. Después cada grupo debe presentar la información en clase. Podéis preparar pósters, traer fotos o hacer un mapa mental.

E11 ¿Qué prefiere Moritz?

Javier habla tanto de Barcelona que Moritz escribe un e-mail a Oliver y le cuenta sobre esta ciudad. Escribe tú el e-mail de Moritz. ¿Qué le cuenta? ¿Qué lugar de Barcelona le interesa más? Antes, mira en el manual cómo escribir un e-mail. → p. 29

E12 Turistas en Barcelona

1. En grupos. Mirad la tabla y con el vocabulario que ya conocéis escribid algunas frases para explicarla. Leedlas a la clase.

del Estado español	**1.943.175**
de Cataluña	521.600
de la Comunidad de Madrid	436.923
de la Comunidad Valenciana	159.378
de Andalucía	171.254
de otras Comunidades	654.020
de Europa (sin España)	**3.394.678**
del Reino Unido	675.040
de Italia	547.609
de Francia	454.381
de Alemania	345.596
de otros países europeos	1.372.052
de otros países	**1.321.223**
de EE. UU.	468.395
del resto de América	312.461
de Japón	135.506
de otros	404.860
total	**6.659.076**

turistas que visitaron Barcelona en el año 2008, cf. Angels Bueno, turisbarcelona.blogspot.com, 10.08.2009

2. Pensad en cómo dibujar un diagrama con los datos de la tabla.

E 13 Las Ramblas

El profesor de Javier trae un CD con información sobre las Ramblas de Barcelona. Escucha tú también el CD y relaciona las fotos con las diferentes partes de Las Ramblas. ¿Cuáles son las dos Ramblas de las que no encuentras ninguna foto?

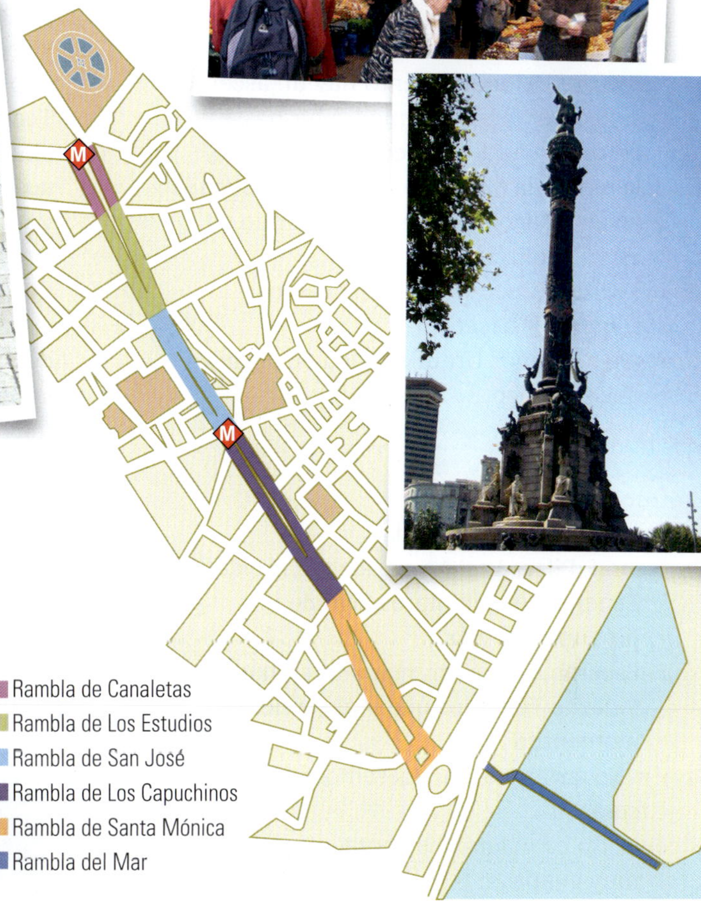

Facultativo

E 14 ¿Qué podemos visitar?

1. En grupos de cuatro. Debéis preparar un programa de seis días para vuestra clase en Barcelona. Después intercambiad vuestro programa con otro grupo. Leed su programa y encontrad un lema[1] para cada uno de los días. Después presentad el (nuevo) programa a vuestros compañeros y explicad vuestros lemas.
2. Pensad también en una guía de consejos para viajar a Barcelona. Usad el imperativo positivo y negativo.

1 el lema das Motto

Paso 2 *¡Por fin en Barcelona!*

Un paseo por las Ramblas

Después de visitar el puerto, los chicos y sus dos profesores empiezan a caminar por las famosas Ramblas de Barcelona.

Profesor: Bueno, chicos, ahora estamos en la Rambla del Mar. Aquí tenéis el famoso monumento a Cristóbal Colón. En el interior del monumento hay un ascensor con el que podremos subir hasta la corona y desde allí ver todo el puerto, la montaña Montjuïc y el Barrio Gótico. Javier y Nicolás, no habléis cuando os estoy explicando, por favor.

Javier: Perdone, señor Urquijo. ¿Vamos a subir en el ascensor?

Profesora: El señor Urquijo acaba de decir que sí, Javier …

Más tarde.

Profesor: ¿Os ha gustado?

Chicos: ¡Genial! ¡Una pasada!

Profesora: ¡Pilar, Ana! No vayáis tan rápido. Tenemos que contaros algo de la próxima Rambla.

Ana: Esperen, por favor, no cuenten nada todavía. Tenemos que ir al servicio, un momentito …

Javier: No tardéis tanto, queremos ver más cosas.

Nicolás: No os maquilléis ahora, si estáis muy guapas.

Profesora: No gritéis tanto, chicos.

Diez minutos después.

Profesor: Ana, Pilar, ¿dónde estaban los servicios? Estamos esperándoos desde hace diez minutos.

Pilar: No se enfaden, por favor, es que había mucha gente.

Profesor: Vale, seguimos. Ahora vamos a pasar por la Rambla de Santa Mónica y seguiremos hasta la Rambla de los Capuchinos. Allí está el famosísimo Teatro del Liceo, que es una reproducción[1] exacta del antiguo teatro que desapareció en el incendio de 1994. Ah, y no olvidéis tomar fotos del Café de la Ópera, uno de los cafés más antiguos de Barcelona, es del año 1929.

Profesora: Después entraremos en la Rambla de San José con el famoso mercado de la Boquería, que no sólo es el mercado más grande de la ciudad sino también una importante atracción turística.

Profesor: En este mercado podéis encontrar frutas, verduras, pescados …

Javier: No hablen más de comida, por favor, tengo mucha hambre.

Pilar: Yo también y necesito una pausa.

Profesor: No os preocupéis, allí vamos a comer algo y descansar un poco.

las Ramblas con un mosaico[2] de Joan Miró

1 la reproducción die Reproduktion, 2 el mosaico das Mosaik

E1 Sobre el texto ...

¿Qué dice el texto? Elige la respuesta correcta.

a) Los chicos y los profesores quieren subir en el ascensor del monumento
   A) porque están cansados.
   B) porque las vistas son maravillosas.
   C) porque quieren ver a Colón.

b) La profesora se enfada un poco porque
   A) los chicos no escuchan.
   B) los chicos no hablan.
   C) los chicos llegan tarde.

c) Javier
   A) no quiere subir en ascensor.
   B) no sabe dónde está el ascensor.
   C) no sabe lo que ha dicho el profesor.

d) Ana y Pilar
   A) no quieren caminar más.
   B) van a maquillarse.
   C) tienen que ir al servicio.

e) Los profesores
   A) tienen que ir al servicio.
   B) preguntan dónde está el servicio.
   C) quieren ir a la próxima Rambla.

f) El profesor cuenta que
   A) el Café de la Ópera es muy antiguo.
   B) el Café de la Ópera desapareció en un incendio.
   C) hay fotos muy bonitas del Café de la Ópera.

g) Los chicos
   A) están cansados y tienen hambre.
   B) están cansados y no quieren ver el mercado.
   C) quieren comer pescado en la Boquería.

E2 ¡No os preocupéis!

¿Qué dicen los profesores a los chicos que no tienen que hacer? ¿Y los chicos a los profesores? ¿Y los chicos a las chicas? Escribe en tu cuaderno.

a) Los profesores dicen a los chicos: *no habléis*, ●●●
b) Los chicos dicen a los profesores: ●●●
c) Los chicos dicen a las chicas: ●●●

E3 ¿Sí o no?

1. Trabajad como en el modelo. ¡No olvidéis usar pronombres!

A	B
¡Visitad las Ramblas! →	*No las visitéis.*
●●●●●●●	← ¡Usad el ascensor!
¡Comed unos mariscos! →	●●●●●●●
●●●●●●●	← ¡Leed la guía turística!
¡Escribid una postal! →	●●●●●●●
●●●●●●●	← ¡Haced una pausa!
¡Poned el pasaporte en la mochila! →	●●●●●●●
●●●●●●●	← ¡Decid la verdad!

2. Cambiad los roles y haced el mismo ejercicio con la forma “ustedes”.

E4 En el albergue

1. Después de caminar por las Ramblas, los chicos y los profes están muy cansados. Deciden ir al albergue para descansar, ducharse y prepararse para salir un rato por la noche. Completa el texto con las formas correctas del imperativo positivo o negativo.

Profesor: Bueno, chicos, ahora tenéis tiempo hasta las siete para prepararos. A las siete en punto ●●● *(esperar)* aquí, delante de la puerta. Por favor, no ●●● *(llegar)* tarde. Todos estamos un poco cansados y queremos ir a comer algo y ver la ciudad de noche.

Profesora: No ●●● *(olvidar)* llevar un jersey o una chaqueta, por la noche siempre está un poco fresco.

Ángeles: ¿Qué podemos hacer ahora?

Profesora: ●●● *(leer)* algo sobre Barcelona, ●●● *(dormir)* un poco, ●●● *(charlar)* con otros chicos o chicas, pero no ●●● *(salir)* del albergue. Es mejor que el primer día estemos todos juntos, ¿vale?

Chicos: Vaaaale.

Profesor: Ah, aquí está el reglamento del albergue, ●●● *(leerlo)*.

2. En grupos. ¿Qué pensáis que pone en el reglamento del albergue? Escribid cinco reglas para los jóvenes y cinco para los adultos. Después comparadlo con los otros grupos.

E5 Javier y sus compañeros

Javier y sus compañeros de habitación organizan el tiempo que tienen libre hasta las siete. Completa las frases que dicen con un verbo en imperativo negativo.

a) Hoy por la noche, venid conmigo. No ●●● *(ir)* con las chicas.
b) Poneos las camisetas. No ●●● camisas.
c) No ●●● ahora, duchaos más tarde.
d) No ●●● ahora las cosas de la mochila, sacadlas más tarde.
e) No ●●● vuestras cosas ahora, ordenadlas mañana.
f) No ●●● vuestra ropa en mi cama, ponedla en el armario.

E6 Mirad qué bonitas fotos

Los chicos van a hacer un álbum[1] de fotos de Barcelona. Empiezan con algunas fotos de las Ramblas. Escribe en tu cuaderno unas frases sobre cada una de las fotos de las Ramblas que hay en el Paso 1 (página 129).

1 **el álbum** das Album

facultativo

E7 ¡Qué bonito es leer!

1. Pilar, una compañera de Javier, ya se ha duchado. Ahora está en el jardín del albergue descansando y leyendo un libro de una autora catalana, Carmen Laforet. Lee tú también esta página.

[...] Esta mañana fría, en que tenemos más prisa que nunca, la niña y yo pasamos de largo delante de la fila tentadora de autos parados. Por primera vez en la vida vamos al colegio ...

Al colegio, le digo, no se puede ir en taxi. Hay que correr un poco por las calles, hay que tomar el metro, hay que caminar luego, en un sitio determinado, a un autobús ... Es que yo he escogido un colegio muy lejano para mi niña, ésa es la verdad; un colegio que me gusta mucho, pero que está muy lejos ...

Sin embargo, yo no estoy impaciente hoy, ni cansada, y la niña lo sabe. Es ella ahora la que inicia una caricia tímida con su manita dentro de la mía; y por primera vez me doy cuenta de que su mano de cuatro años es igual a mi mano grande: tan decidida, tan poco suave, tan nerviosa como la mía. Sé por este contacto de su mano que le late el corazón al saber que empieza su vida de trabajo en la tierra, y sé que el colegio que le he buscado le gustará, porque me gusta a mí, y que, aunque está tan lejos, le parecerá bien ir a buscarlo cada día, conmigo, por las calles de la ciudad... Que Dios pueda explicar el porqué de esta sensación de orgullo que nos llena y nos iguala durante todo el camino ...

Con los mismos ojos ella y yo miramos el jardín del colegio, lleno de hojas de otoño y de niños y niñas con abrigos de colores distintos, con mejillas que el aire mañanero vuelve rojas, esperando la llamada a clase.

Me parece mal quedarme allí; me da vergüenza acompañar a la niña hasta última hora, como si ella no supiera ya valerse por sí misma en este mundo nuevo, al que yo la he traído ... Y tampoco la beso, porque sé que ella en este momento no quiere.

Le digo que se vaya con los niños más pequeños, aquellos que se agrupan en un rincón, y nos damos la mano, como dos amigas. Sola, desde la puerta, la veo marchar, sin volver la cabeza ni por un momento. Se me ocurren cosas para ella, un montón de cosas que tengo que decirle, ahora que ya es mayor, que ya va al colegio, ahora que ya no la tengo en casa, a mi disposición a todas horas ... Se me ocurre pensar que cada día lo que aprenda en esta casa blanca, lo que la vaya separando de mí –trabajo, amigos, ilusiones nuevas–, la irá acercando de tal modo a mi alma, que al fin no sabré donde termina mi espíritu ni donde empieza el suyo...

Y todo esto quizás sea falso... Todo esto que pienso y que me hace sonreír, tan tontamente, con las manos en los bolsillos de mi abrigo, con los ojos en las nubes.

Pero yo quisiera que alguien me explicase por qué cuando me voy alejando por la acera, manchada de sol y niebla, y siento la campana del colegio, llamando a clase, por qué, digo, esa expectación anhelante, esa alegría, porque me imagino el aula y la ventana, y un pupitre mío pequeño, desde donde veo el jardín, y hasta veo clara, emocionadamente, dibujada en la pizarra con tiza amarilla una A grande, que es la primera letra que yo voy a aprender ...

Carmen Laforet: Al Colegio. En: *La niña y otros relatos.* Magisterio Español, 1970

facultativo

2. ¿Puedes relacionar las palabras de la izquierda, que están en el texto, con las de la derecha?

a) escoger — A) caminar
b) sitio — B) elegir
c) decidido — C) lugar
d) sensación → E) sentimiento — D) seguro
e) marchar — E) sentimiento

facultativo

3. Habla con tu compañero/-a.

a) ¿Por qué al colegio no se va en taxi?
b) ¿Cómo sabe la madre que a la niña le gustará ir al colegio?
c) ¿Cómo es el colegio? ¿Qué ven allí?
d) ¿Por qué la niña no quiere que la madre la bese?
e) ¿Cómo se sienten madre e hija?

facultativo

4. Investiga los datos de Carmen Laforet y cuéntalos en clase.

E8 En el jardín del albergue

1. Javier y sus compañeros salen un rato al jardín del albergue y allí se encuentran con otros chicos y chicas. Hay chicas y chicos alemanes, ingleses y españoles. Todos quieren charlar, pero no siempre se entienden bien. Ayúdales.

Javier: Hola, me llamo Javier, ¿y vosotros?
Tú: ●●●
Simone: Hallo, ich bin Simone, wie geht's?
Tú: ●●●
Paul: Hi, I'm Paul. Where are you from?
Tú: ●●●
Javier: Soy de España, de Albacete.
Tú: ●●●
Simone: Ich bin Deutsche, aus Köln.
Tú: ●●●
Paul: I'm from Liverpool.
Tú: ●●●
Javier: ¡Genial! Como los Beatles …
Tú: ●●●
Paul: Do you like them?
Tú: ●●●
Javier: Me encantan. Bueno, a mis padres les encantan y siempre escuchan sus canciones, y ahora me gustan a mí también.
Tú: ●●●
Paul: Great! What are you doing here?
Tú: ●●●
Javier: Estoy con el cole. Vamos a ir al Camp Nou y al Parque Güell …
Tú: ●●●
Simone: Wir werden Camp Nou auch besuchen. Ich hoffe, dass wir ein Fussballspiel sehen können.
Tú: ●●●
Javier: Nosotros también, pero no creo que sea posible. ¿Adónde vais hoy por la noche?
Tú: ●●●
Simone: Wir werden in die Ramblas spazieren gehen. Kommt ihr auch?
Tú: ●●●
Javier: Ya hemos estado hoy por la mañana en las Ramblas. Llegamos hace una hora.

2. ¿Cómo sigue el diálogo? Trabaja con tu compañero/-a.

3. ¿En qué frases te pareció difícil hacer la mediación? ¿Dónde has podido traducir casi "palabra por palabra", y dónde has tenido que traducir más libremente?

Paso 3 *Un catalán famoso en todo el mundo*

Gaudí: el padre del modernismo

En un póster en el albergue, los chicos leen la palabra 'modernismo'.

Javier: Yo sé lo que es el modernismo, la ropa, los ordenadores, todo lo actual es moderno.

Profesor: No, el modernismo no es ninguna moda. El modernismo es una forma del arte moderno.

Ana: Ah, entonces no es todo lo que nos interesa a los jóvenes.

Profesor: A ver, chicos, voy a explicarlo mejor y con un ejemplo. En el siglo XIX, cerca de Barcelona nació Antoni Gaudí. De pequeño siempre estaba enfermo, así que no podía salir a jugar con los otros niños, y se quedaba solo. No penséis que se aburría, él miraba la naturaleza, los animales, las flores. De joven empezó a estudiar Arquitectura en Barcelona. Aquí es donde también construyó muchos edificios que todos tienen un estilo típico: los elementos que él había visto en la naturaleza, formas redondas, flores y hojas, están también en sus trabajos. Con esto creó un nuevo estilo en la arquitectura que hoy llamamos 'modernismo'.

Javier: Sí, sí, a Gaudí lo conozco, mis padres tienen un libro sobre él.

columnas en el Parque Güell

Profesor: Creó también un parque, el Parque Güell, donde hay bancos con pequeños azulejos y columnas que parecen árboles.

Profesora: Y no olvidéis la Sagrada Familia – su obra más importante. Empezó a construir esta catedral en el año 1882 y todavía no está terminada.

Profesor: Y también la fachada de esta catedral tiene muchos elementos interesantes, por ejemplo animales o plantas.

Javier: ¿Vamos a ir a verla?

Profesora: Por supuesto. Es la atracción turística más visitada de Barcelona y nosotros también vamos a ir. Traed vuestras mochilas, en media hora salimos.

E1 Sobre el texto ...

1. Lee el texto y contesta a estas preguntas.

   a) ¿Quién fue Antoni Gaudí?
   b) ¿Qué hacía de pequeño?
   c) ¿Por qué?
   d) ¿Qué es el modernismo?
   e) ¿Qué características tiene?

2. Ahora busca en Internet otros ejemplos del estilo modernista en Barcelona. ¿Cómo se llaman, y dónde están?

E2 Estilos diferentes

1. En parejas, comparad el modernismo con otro estilo, por ejemplo con algún edificio moderno de vuestra ciudad, o con el Museo Guggenheim de Bilbao. Pensad en las formas, los colores, etc.

2. ¿Te gusta el estilo modernista? Describe las dos fotografías, luego escribe un e-mail a un/-a amigo/-a español/-a y explícale qué te gusta y qué no te gusta de los dos edificios y sus estilos.

La Casa Milà en Barcelona

El Museo Guggenheim de Bilbao

E3 Otro estilo: el indirecto

1. No todos los chicos escuchan lo que dicen los profesores. Trabajad en grupos de tres como en el modelo. Cambiad los roles después de cada frase.

   Modelo: A: ¡Escuchad!
   B: *¿Qué dice el profesor?*
   C: *El profesor dice que escuchéis.*

   a) Leed la guía.
   b) Escribid algo debajo de las fotos.
   c) Mirad bien la ciudad.
   d) Comed pan con tomate, está buenísimo.
   e) No lleguéis tarde.
   f) No hagáis ruido después de las once de la noche.
   g) No salgáis solos por la noche.
   h) Descansad hasta las cinco de la tarde.

2. ¿Qué más dicen los profesores? Pensad en tres frases más en imperativo y seguid como en 1.

3. ¿Cómo son las frases del ¡Ojo! en alemán? ¿Y en inglés? Compara.

¡Ojo!

A: ¡Mira este edificio!

B:

¿Qué **dice** A? → ¿Qué **ha dicho** A?

C:

Dice (Me pide) → Ha dicho (Me ha pedido)

que **mire** ese edificio.

facultativo

E4 ¿Qué han dicho?

Escribe el diálogo del texto de la página 135 en el estilo indirecto. Empieza así: *Javier ha dicho que él sabe lo que es el modernismo, y que la ropa, los ordenadores, todo lo actual es moderno …*

E5 Hola, Laura, soy Javi

Después de la visita a la Sagrada Familia, Javi llama por teléfono a su familia. Laura contesta el teléfono y le cuenta a su madre, que está en la cocina, lo que le está diciendo Javier.

Modelo: Mirad si dejé mi camiseta azul en mi habitación. ⟶ *Javi dice que miremos si dejó su camiseta azul en su habitación.*

a) Llamadme mañana a las 7:30, tengo que ir a desayunar a las 8:00.
b) Laura, no toques mis CD.
c) Ved esta noche la tele en TVE1, hay un programa sobre Barcelona.
d) Pensad en visitar Barcelona, es genial.
e) Laura, llama a Farouk, le mandé un mensaje pero no me contestó.
f) Laura, diles a mamá y a papá que los quiero mucho ... y a ti también.

E6 Querido Javi

Esa misma noche, Laura escribe un e-mail a su hermano con las cosas que ha dicho la madre.
Javier piensa cómo su mamá habrá dicho estas cosas. Escribe las frases en el estilo directo.

Modelo: *Ponte la chaqueta cuando salgas.*

Nuevo e-mail

Querido Javi:
Ya sé que estáis muy bien.
Mamá me ha pedido que te diga que te pongas la chaqueta cuando salgas, que escuches siempre lo que dice tu profe, que no salgas hasta muy tarde, que comas mucha fruta, que no olvides tu mochila en ningún lugar ... y que disfrutes del viaje. ¡Uf!

E7 Las chicas alemanas son muy simpáticas

Javier ha charlado un poco con unas chicas alemanas que hablan español. Ahora les cuenta a sus amigos lo que le han dicho las chicas. En parejas. Escribid el diálogo entre las chicas y Javier. Tenéis que imaginaros las palabras de Javier. Después interpretad el diálogo.

Javier: Las alemanas son unas chicas muy simpáticas. Me han dicho que este es el segundo viaje a España que organizan. Me han contado que aprenden español desde hace dos años y que su profesora quiere que viajen a España para practicar el idioma. Me han pedido que les explique lo que significan algunas palabras. No sabían qué significa "azulejo" ni "fachada". Me han contado que mañana van a ir al Tibidabo como nosotros. Me han pedido que vaya con ellas ..., pero yo, ejem... les he dicho que voy a ir con vosotros y que allí podemos encontrarnos. Me han pedido que no me olvide de sus nombres: Luisa, Ines, Maren y Sophie.

información

Barcelona

Es la capital de Cataluña y la segunda ciudad de España por la cantidad de habitantes. Es elegante y activa, por eso para mucha gente es la ciudad española más importante. La característica de Barcelona, según la opinión de la gente del lugar, es ser intensamente catalana pero al mismo tiempo cosmopolita.

1 Las Ramblas
Las Ramblas son el paseo favorito de la ciudad. Al principio eran el lecho seco de un río y ahora son cinco avenidas unidas que van desde la Plaça de Catalunya hasta el monumento de Colón y el puerto (2 km). Es un paseo lleno de gente con cafeterías y bares al aire libre, quioscos, pintores y artistas callejeros.

2 Casa Milà o La Pedrera
Es un edificio construido por Gaudí en el estilo modernista. Es una de sus obras más típicas. En 1984 la UNESCO declaró la Casa Milà Patrimonio de la Humanidad[1].

3 Fundación Joan Miró
Joan Miró (1893–1983) es uno de los hijos favoritos de Barcelona. La Fundación es un centro de arte muy activo que también recibe obras de otros artistas.

4 Museo Picasso
Esta colección muestra los primeros años de trabajo de Pablo Picasso (1881-1973). En el museo también está lo mejor de su Época Azul con sus figuras tristes y solas.

5 Sagrada Familia
Es la obra maestra que no pudo terminar Gaudí y la atracción turística número uno de Barcelona. Hasta su muerte en 1926, Gaudí trabajó en ese proyecto intensamente. Decidía muchos aspectos mientras construía, y no dibujaba los planos antes.

6 Tibidabo
Con un parque de atracciones, una iglesia y vistas de la ciudad, esta montaña de 512 m, situada detrás de Barcelona, es un lugar muy bonito para niños y adultos.

7 Parque Güell
Es un gran jardín con elementos arquitectónicos, y actualmente es del Ayuntamiento de la ciudad. Hay columnas que parecen árboles, y muchos bancos y muros llevan azulejos que parecen mosaicos de colores. En 1984 la UNESCO declaró el Parque Güell Patrimonio de la Humanidad.

8 Casa Batlló
Como todos los edificios de Gaudí, la Casa Batlló es algo muy diferente y le encanta a la gente por sus originales formas y los muchos detalles de la fachada.

9 L'Aquàrium
L'Aquàrium de Barcelona es uno de los acuarios más grandes de Europa. Lleva 4,5 millones de litros de agua, y en él viven 8.000 animales de 300 especies diferentes.

10 Montjuïc
Montjuïc es una pequeña montaña situada al lado del puerto. En la montaña hay un antiguo fuerte militar y también están las instalaciones olímpicas, como el palacio de deportes y las piscinas. Además se puede visitar la Fundación Joan Miró.

11 Barrio Gótico
Nadie debe visitar Barcelona sin pasear por su corazón de edificios construidos de piedra: iglesias, palacios, la catedral y los restos romanos que fueron la primera Barcelona. Los domingos, mucha gente se encuentra delante de la catedral para bailar juntos la sardana.

Adam Hopkins, Gabrielle Macphedran: *Descubre España.* Publicaciones AA, 1993

1 el Patrimonio de la Humanidad das Weltkulturerbe

información

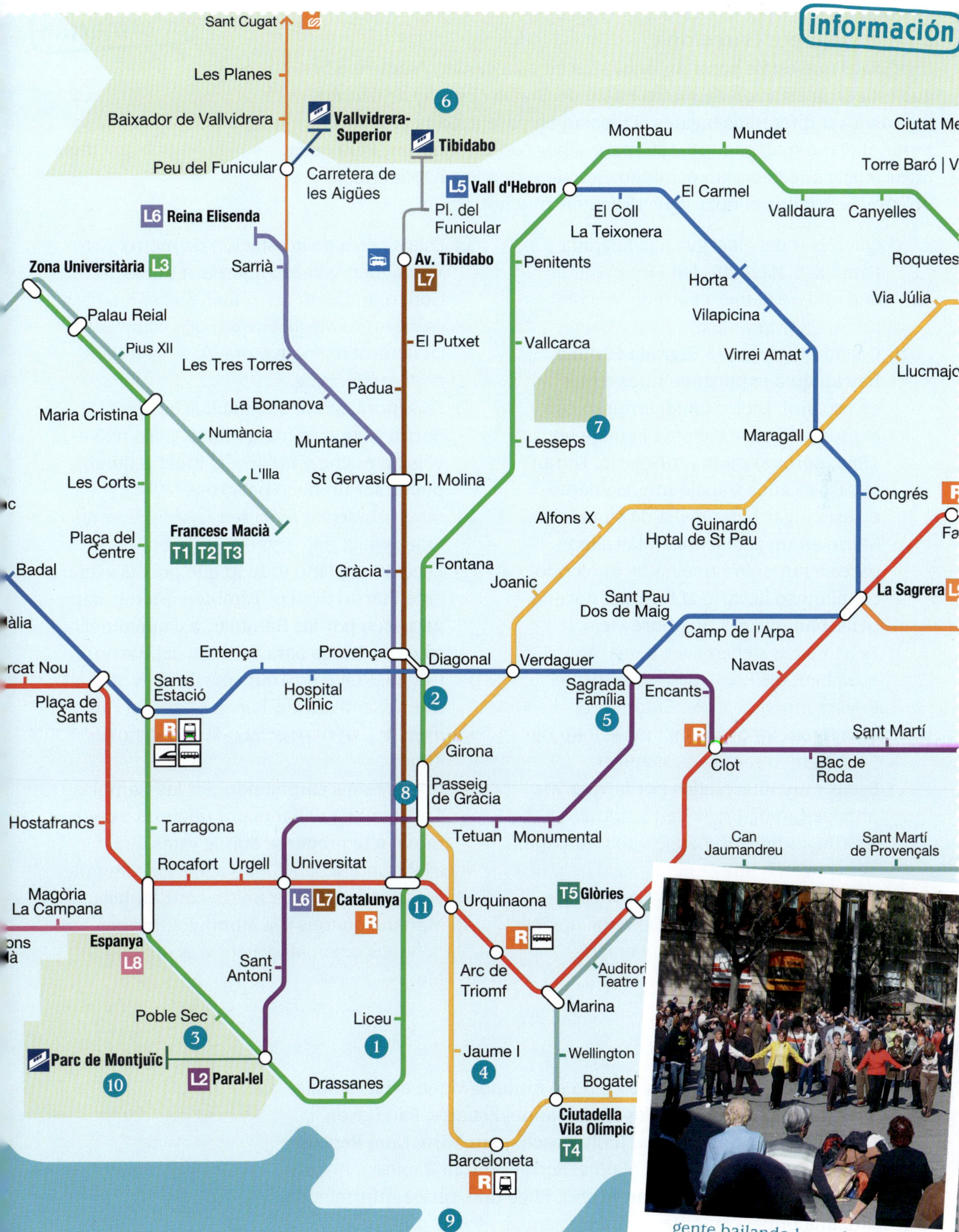

gente bailando la sardana en la plaza delante de la catedral

E8 De viaje por Barcelona

Imaginaos que estáis pasando unos días en esta ciudad. Vuestro albergue está en la estación de metro Paseo de Gracia *(Passeig de Gràcia)*. Vais a visitar diferentes lugares. Trabajad en pareja: Cada uno va a mirar el plano (páginas 138-139) para saber adónde vais a ir. Para cada lugar tenéis que hacer un pequeño ejercicio. Una vez habla uno, la próxima vez habla el otro. ¡Que disfrutéis mucho!

a) Queréis ir del albergue a la Sagrada Familia. Schaue dir den Metroplan an und erkläre deinem Partner, wie ihr dorthin kommt.

b) Cuando estáis en la Sagrada Familia hay un guía explicando unas cosas en español. Dice: "Gaudí empezó con el proyecto de la Sagrada Familia en 1882, pero no pudo terminarlo. Durante casi 43 años trabajó intensamente en este lugar hasta el día de su muerte. Murió en un accidente en la calle y parecía tan pobre que nadie lo reconoció ni quiso llevarlo al hospital porque pensaban que era un pobre viejo." Neben euch stehen zwei deutsche Mädchen, die kein Spanisch sprechen. Erkläre ihnen, was der Stadtführer gesagt hat. Ihr beschließt daraufhin, die Stadt gemeinsam zu besichtigen.

c) Estáis muy interesados por la vida y la obra de Gaudí. Frage den Stadtführer, welche anderen Gebäude von Gaudí ihr besichtigen könnt.

d) Ahora estáis en la Casa Milà y leéis lo que dice vuestro plano. Schreibe deiner Familie eine Postkarte und erzähle davon.

e) Estáis cerca de la estación de metro Verdaguer, y ahora queréis ir al Barrio Gótico. Auf dem Metroplan siehst du, dass es mehrere Möglichkeiten gibt, dorthin zu kommen. Frage jemanden nach dem einfachsten Weg.

f) La señora con la que habláis os dice: "El Barrio Gótico es maravilloso, pero no vayáis de noche y no llevéis mucho dinero, puede ser un poco peligroso." Die deutschen Mädchen möchten wissen, was die Frau gesagt hat. Erzähle es ihnen.

g) Leed en el plano todo lo que podéis visitar en el Barrio Gótico. También queréis dar un paseo por las Ramblas, así que tenéis sólo dos horas para ver algo del Barrio Gótico. Frage im Tourismusbüro, was das Interessanteste am Barrio Gótico ist, und was ihr in nur zwei Stunden besichtigen könnt.

h) Ahora estáis caminando por las Ramblas. Tu hermana te llama por teléfono a tu móvil y te pregunta dónde estás. Erzähle es ihr und berichte ihr auch etwas über die verschiedenen Abschnitte der Ramblas.

i) Mañana queréis ir a Montjuïc. Erzähle den deutschen Mädchen, was du über Montjuïc weißt.

E9 Catalanes famosos

Hay muchos catalanes famosos en todo el mundo: Montserrat Caballé, Pau Casals, Alex Crivillé, Salvador Dalí, Manuel Estiarte, Pau Gasol, Josep Guardiola, Carmen Laforet, Judit Mascó, Joan Miró, Dani Pedrosa, Josep Pla, Assumpta Serna, Joan Manuel Serrat, Antoni Tàpies ... Investiga quiénes son y qué hacen o han hecho. Elige uno, busca información y prepara una ponencia. Antes, mira el manual. → p.80

Paso 4 ¿Cómo lo dices en catalán?

T1 En el Barrio Gótico

Javier y sus compañeros ya han visto algunas cosas en Barcelona. Ahora miran el plano de la cuidad y buscan ... No, no buscan ni el Museo Picasso ni el Parque Güell, sino el Camp Nou ... ¡qué ganas de ver el estadio de fútbol!

En ese momento, su profe los llama para decirles que primero van a visitar el Barrio Gótico. Van con pocas ganas, pero cuando llegan les encanta. Los estudiantes dan un paseo por las callecitas de este antiguo barrio y miran para todos lados: casi todos los carteles están escritos en catalán. Cuando están cruzando la Plaza Real, una de las chicas, Ángeles, encuentra en el suelo un folleto sobre esta plaza … pero también está en catalán.

Ángeles: Oye, Javi, tú tienes una abuela catalana, ¿verdad?

Javier: Sí, ¿por qué?

Ángeles: Pues, quizás sabes algo de catalán. Mira, acabo de encontrar esto.

Javier: A ver, sí, un poco entiendo …

La plaça tenia arbres i una font disenyada, en 1853, per Francesc Daniel Molina; pero, a mitjans dels anys trenta del nostre segle aquesta va ser reurbanitzada adquirint l'aspecte de conjunt monumental que poseeix.

En l'actualitat, entrant en la plaça, l'edifici que ens trobem al fons, correspon al Palau Reial Major i en la part posterior la Casa Clariana Padellàs, convertida en Museu d'Història de la Ciutat.

E1 ¿Y tú? ¿Qué entiendes ya?

¿Cómo dices estas palabras en castellano?

en catalán:	en castellano:
la plaça	●●●
arbres	●●●
dels anys trenta	●●●
nostre segle	●●●
entrant en la plaça	●●●
l'edifici	●●●
el palau reial major	●●●
el museu d'Història de la Ciutat	●●●

T2 En un bar del Barrio Gótico

No es la última vez que los compañeros tienen que entender el catalán. Están en un bar cerca de la plaza y el camarero les pregunta:

Camarero: *Què voleu prendre?*
Javi ya sabe lo que significa y contesta en castellano:
Javier: Cuatro panes con tomate y cuatro coca-colas.

Después de un rato, vuelve el camarero:
Camarero: *Aquí teneu pan tomaca i coca-cola. Bon profit!*

el famoso Bar del Pi en Barcelona

E2 ¿Sabes ahora traducir el catalán?

La mayoría de los españoles entiende sin problemas el catalán. ¿Y tú? ¿Qué significan las frases que están sin traducir?

en catalán:	en castellano:
Bon dia!	●●●
Bones tardes!	●●●
A reveure!	●●● (*F* Au revoir)
Fins ara!	¡Hasta luego!
Gràcies! Moltes gràcies!	●●●
un, dos, tres, quatre, cinc	●●●
sis, set, vuit, nou, deu	●●●
Què dius?	¿Qué dices?

en catalán:	en castellano:
el pare i la mare	●●●
amic meu	●●●
Quant val?	¿●●● vale?
Què és això?	¿Qué es esto?
avui	hoy
demá	mañana (*F* demain)
No sé català.	●●●
si us plau.	por favor (*F* S'il vous plait)

T3 El idioma catalán

El catalán es un idioma diferente del castellano, la gente lo habla en Cataluña, las Islas Baleares y la Comunidad Valenciana, también en Andorra y en algunas regiones del sur de Francia. Según la Constitución española del 6 de diciembre de 1978 el catalán es lengua oficial junto con el castellano. Durante la dictadura de Franco, la gente sólo podía hablar castellano en toda España. Los otros idiomas, el gallego, el vasco y el catalán estaban prohibidos. No podías hablarlos en público ni enseñarlos en los colegios. Tampoco había periódicos ni libros publicados en estos idiomas.
Después de la muerte del dictador Franco (en 1975), la Constitución reconoce el derecho de todos los españoles a hablar su propio idioma. Por eso hay algunas comunidades autónomas bilingües, es decir, que tienen dos lenguas oficiales: el castellano como lengua de todos los españoles y la lengua propia de la comunidad.

E3 Sobre el texto …

Di si las frases son correctas o falsas. Si son falsas explica por qué.

	c	f
a) La gente habla catalán en tres regiones españolas.	●	●
b) En Cataluña hablan sólo el catalán.	●	●
c) La lengua oficial de España es el castellano.	●	●
d) Durante la dictadura de Franco nadie debía hablar catalán.	●	●
e) Sin embargo, en esos años había periódicos en catalán.	●	●

E4 Trabajo de intérprete

Explica en alemán lo que dice el texto T3 y compara la situación con la de los dialectos en las diferentes regiones de Alemania.

E5 ¿Dónde hablamos qué lengua?

Mira el mapa y completa en tu cuaderno la información sobre los cinco chicos y chicas. ¿En qué parte de la Península Ibérica vive cada uno, y qué lengua o lenguas habla? ¿Sabes cuáles de los cinco son chicos y cuáles son chicas? Si no, investiga en Internet.

a) Neus vive en ●●● y habla ●●●.
b) Iñaki vive en ●●● y habla ●●●.
c) Carmen vive en ●●● y habla ●●●.
d) Romualdo vive en ●●● y habla ●●●.
e) Sólo Joao no vive en España, vive en ●●● y habla ●●●, ¡por supuesto!

Manual de instrucciones Describir imágenes

Bedienungsanleitung Bildbeschreibung

Bildbeschreibung in vier Schritten
Die Aufgabe, Bilder beschreiben zu müssen, begegnet dir im Unterricht und in Prüfungen immer wieder. Sie ist einfach zu lösen und kann zu vielen interessanten Beobachtungen führen, wenn du konzentriert ans Werk gehst. Folgst du diesen vier Schritten, kann nichts schief gehen:

Erster Schritt: Die Nennung des Künstlers

Benenne, falls es sich bei dem Bild, das du beschreiben möchtest, um ein Gemälde handelt, zuerst den Maler des Bildes und, wenn bekannt, den Titel und das Entstehungsdatum.

Zweiter Schritt: Die Beschreibung des Bildes

Beschreibe nun genau, was auf dem Bild zu sehen ist. Beginne am besten mit der Komposition des Bildes. Bestimme dabei:

- Was steht im Zentrum des Bildes? Was findet sich im Hintergrund?
- Welche Details sind auffällig?
- Wie ist das Bild um das zentrale Motiv herum gestaltet? Auf wie vielen Ebenen finden sich Elemente? Wie sind diese angeordnet?

Sollten Personen / Figuren auf dem Bild dargestellt sein, vergiss nicht, folgende Beobachtungen zu fixieren:

- Wie sind die Figuren angeordnet? Sind sie statisch oder in Bewegung?
- Wie stehen sie zueinander?
- Welche Emotionen spiegeln sich auf den Mienen der Figuren wieder?

Gehe nun auf die Farbgebung ein:

- Welche Farben dominieren?
- Ist die Farbgebung einheitlich, oder gibt es Elemente, die durch eine andere Farbgestaltung besonders betont werden?
- Welche Wirkung haben die Farben?

Kannst du die Stilrichtung des Bildes bestimmen? Führe sie jetzt an.

Dritter Schritt: Die Interpretation des Bildes

Erst nach einer genauen Beschreibung wendest du dich der Interpretation des Bildes zu. Was will der Maler / Fotograf mit dem Bild ausdrücken? Welche Reaktionen will er beim Betrachter hervorrufen?

Vierter Schritt: Die eigene Meinungsäußerung

Zum Abschluss der Bildinterpretation legst du deine eigene Meinung zu dem Bild dar und begründest diese. Hier bist du völlig frei in deinen Ausführungen.

Geschafft!

Hier findest du wichtige Ausdrücke zur Beschreibung von Gemälden, Fotos, Karikaturen und anderen Bildern. Die Bedeutungen einiger unbekannter Wörter findest du in Klammern hinter dem entsprechenden Wort; die anderen Vokabeln, die du nicht kennst, kannst du im Wörterbuch nachschlagen.

imágenes:

el cuadro / la pintura
la obra de arte (Kunstwerk)
el dibujo
el esbozo (Entwurf)
el lienzo (Leinwand)
el óleo (Ölgemälde)
la acuarela
la fotografía

el autor:

el / la pintor/-a
el / la artista (Künstler)
el / la fotógrafo/-a
el / la caricaturista

la composición:

en el centro
a la derecha / izquierda
en primer plano
(im Vordergrund)
más atrás
delante / detrás
al fondo (im Hintergrund)

el tema:

el tema de la imagen es ...
la imagen representa (stellt dar) ...
en la imagen hay ...
se puede/-n ver ...

los colores:

los colores más importantes son ...
son colores fríos / tristes
(azul, gris, negro, verde)
son colores cálidos (warm) / alegres
(rojo, naranja, amarillo)
los colores armonizan (harmonieren) / contrastan

el estilo:

realista
abstracto
naturalista
impresionista
futurista
surrealista

la interpretación

la imagen expresa tristeza / alegría
el pintor / fotógrafo quiso expresar (ausdrücken) ...
... sus ideas políticas
... el amor que siente por su hijo
... los horrores de la guerra
el mensaje de la imagen es ...

la opinión:

a mí, personalmente, ...
... (no) me gusta
... me encanta
... me choca (schockiert)
... me parece bueno / malo porque ...

facultativo

Etapa 8

Quiero que presentéis … Galicia

E1 Galicia en imágenes

Describe esta región según las fotos que ves.

→ p. 144

E2 ¿Qué quieres conocer?

Escribe diez preguntas sobre lo que quieres conocer de los lugares que muestran las fotos. ¿Cuántas de estas preguntas podrás responder al final de la etapa?

T1 Ni paella ni flamenco – Galicia es diferente

Cierra los ojos e imagínate que estás en una ciudad bastante fría y húmeda. Está lloviendo. Alguien toca la gaita. Hay olor a marisco. ¿Sabes dónde estás? Aunque no lo creas – estás en España. Estás en Galicia. ¿Te apetece conocer esta región tan diferente de España? En esta etapa vas a aprender algo sobre su lengua, sus fiestas, sus paisajes y su magia. *¡Benvido[1] a Galicia!*
Galicia es una comunidad autónoma con 2.783.100 habitantes al noroeste[2] de la 'España Verde'. Allí no se encuentran las cosas 'típicamente españolas' que buscan muchos turistas: no hay ni flamenco ni paella. No hace mucho calor en verano – y llueve mucho. El instrumento típico es la gaita y mucha gente no habla castellano sino *galego*.
La gente que ha estado en Galicia normalmente dice que Galicia es una región mágica. Y no lo dicen sólo por el Camino de Santiago. Hace 4000 años allí vivían los celtas, un pueblo que creía mucho en la magia. Como en Stonehenge, al sur de Inglaterra, en Galicia quedan muchos dólmenes[3] celtas. Hay personas que piensan que siguen siendo lugares mágicos. Además Galicia tiene sus propias brujas que se llaman *meigas*.
En esta etapa vais a trabajar en equipos para hacer vuestros proyectos. Sólo si cada uno hace su trabajo, será posible llevar el proyecto a un buen resultado. Tenéis libertad para organizaros y para decidir todo, pero cada equipo será responsable del resultado final.
Para empezar vais a conocer la lengua de Galicia, el *galego*.

T2 *¿Falas galego?*

El *galego* (en castellano: gallego) es una de las cuatro lenguas oficiales de España. Es parecido al castellano, pero también al portugués. Más de un 99,9 % de los gallegos lo entiende y lo habla, pero sólo un 60 % lo lee o lo escribe. Se usa más entre las personas mayores que entre los jóvenes y más en el campo que en la ciudad. Los nombres de las ciudades, de los pueblos o también de las fiestas y romerías que vais a conocer en esta etapa, los vais a entender mejor si conocéis unas pocas reglas de la lengua gallega.

Los artículos determinados / indeterminados

	singular	plural
masculino	o / un	os / uns
femenino	a / unha	as / unhas

1 *benvido* *gal.* bienvenido, 2 el noroeste der Nordwesten, 3 el dolmen das Hünengrab

Cómo pronunciar el gallego

1. la *-x-*: En el *galego* existe la letra *x* que se pronuncia parecida a la *sch* alemana.
   la *-nh-*: La combinación *nh* se pronuncia más o menos como la *ñ* castellana.
2. Lee en voz alta: San Xoan, A Corunha, Rias Baixas, xente, algunha, Xacobeo, enxebre, ningunha. ¿Qué significan en español? Investiga.

Dos palabras típicas

enxebre: Esta palabra se usa para todo lo que es propio de un país o una región y que no está mezclado con nada extranjero.

morriña: El castellano no tiene ninguna traducción para el "Heimweh" alemán. El *galego* sí la tiene: la *morriña*.

Los diptongos

El *galego* tiene 16 diptongos – muchos más que el español o el alemán. Son éstos: ai – au – ei – eu – iu – oi – ou – ui (decrecientes) y ia – ie – io – iu – ua – ue – ui – uo (crecientes).
¿Cuáles conocéis ya del español o de otras lenguas?

Los nombres

También hay nombres gallegos, por ejemplo Alisa, Noive, Izara, Henar, Estela, Sira, Amia, Nereida, Luga, Loina, Caelia para chicas y Brez, Pelayo, Aarón, Yurde, Ibio, Mael, Llaris para chicos.
Elige un nombre gallego para ti. ¿Cuál te gusta?

Al final un poema gallego

Pero nada cambia	Pero nada cambia
todo fica	todo sigue
no mesmo lugar	en el mismo lugar
atemporal, inamovible	atemporal, inamovible
son as mesmas paisaxes,	son los mismos paisajes,
os mesmos silencios	los mismos silencios
as mesmas ondas	las mismas olas
xa non hai parellas	ya no hay parejas
enlazadas pola rúa	enlazadas por la calle
nin estraños rituais	ni extraños rituales
nin frustracións perversas,	ni frustraciones perversas,
nin poetas	ni poetas
porque nada cambia	porque nada cambia
agás os ollos	excepto los ojos
con que se ve	con que se ve
o tempo	el tiempo

Modesto Fraga, "Pero nada cambia".
En: *Caderno Rodiniano*, 2002

1. Elige las soluciones correctas. Compara con tu compañero/-a.

a) El narrador dice que
A) el tiempo pasa muy lentamente.
B) el amor se termina.
C) las cosas no cambian, sino los que las miran.

b) ¿Cómo se siente el autor en el momento en el que escribe el poema?
A) Viejo.
B) Un poco triste.
C) Aburrido.

2. Escribe un nuevo título para el poema. Compara con tus compañeros. ¿Cuáles son los mejores títulos?

Grupo 1 *El Camino de Santiago – la Rue de St. Jacques – der Jakobsweg*

Lo que tenéis que saber:

En el año 814, un eremita[1] descubrió en Galicia la tumba del apóstol Santiago el Mayor. Sobre esta tumba se construyó una catedral y se fundó la ciudad de Santiago de Compostela. Hoy esta ciudad es un lugar muy importante para todos los cristianos. Como a Roma y a Jerusalén, peregrinos de todo el mundo caminaban y caminan a Santiago de Compostela. Hay muchas razones para hacerlo: la religión, la aventura, las ganas de conocer otras culturas y otras formas de vida, o simplemente las ganas de caminar.

Hoy se puede empezar el Camino de Santiago en todos los países de Europa. Quizás habéis visto la *vieira*[2], el símbolo del Camino de Santiago, en alguna parte de vuestra ciudad. Después de un viaje a pie, a veces de cientos de kilómetros, los peregrinos llegan a su destino: Santiago de Compostela. En la Catedral de Santiago participan de la Misa del Peregrino. Durante esta misa se usa el *botafumeiro*, uno de los símbolos más conocidos e impresionantes de la Catedral de Santiago. Es uno de los incensarios[3] más grandes del mundo. En la Edad Media se usaba para desinfectar[4] y perfumar[5] la catedral llena de peregrinos que habían llegado después de semanas sin lavarse. Al final de la misa, ocho frailes[6] tiran de una cuerda de 66 metros y hacen volar el botafumeiro por toda la catedral. En el *youtube* puedes ver este espectáculo impresionante.

el *botafumeiro* en la Catedral de Santiago

1 **el eremita** der Einsiedler, 2 ***la vieira*** *gal.* die Jakobsmuschel, 3 **el incensario** der Weihrauchkessel, 4 **desinfectar** desinfizieren, 5 **perfumar** parfümieren, 6 **el fraile** der Mönch

E Lo que tenéis que hacer:

1. Buscad en Internet información sobre el camino más famoso de todos, el camino francés.
   a) ¿Cuántas etapas hay desde St. Jean Pied de Port a Santiago de Compostela? ¿Cuántos kilómetros son?
   b) ¿Cuántos kilómetros tienen las etapas más largas y cuántos las más cortas?
   c) ¿Dónde y cómo duermen los peregrinos? ¿Cuánto cuesta para un peregrino dormir una noche?

2. Preguntad a alguien que ya ha hecho un viaje de unos días o semanas a pie qué hay que llevar en la mochila y cómo hay que prepararla. Enseñad a vuestra clase cómo se prepara una mochila. Traed una mochila con todas las cosas que se necesitan para una peregrinación de cuatro semanas y explicad
   a) cómo hay que ponerlas en la mochila.
   b) para qué se usa cada cosa.
   c) cuántas etapas se pueden recorrer en cuatro semanas.
   d) dónde se puede dormir.
   e) cuánto cuesta –más o menos– una peregrinación de cuatro semanas.

3. Marcad en el mapa que prepara el grupo 3 las etapas del camino francés en Galicia.

4. ¿Qué creéis, cómo se siente un peregrino después de llegar a Santiago de Compostela? ¿Está contento o solamente cansado? Escribid el texto que un peregrino escribe en su diario después de la Misa del Peregrino. Después, corregid vuestro texto.
   → p. 99

Grupo 2 *Fiestas, ferias y romerías*

Lo que tenéis que saber:

En Galicia hay muchas fiestas, ferias y romerías durante todo el año. Ahora vais a conocer seis de las más famosas.

***A Noite de San Xoán* (La Noche de San Juan):** *As Fogeiras de San Xoán* (Las Hogueras de San Juan) se encienden en la noche del 23 al 24 de junio. Se celebra el solsticio[1] de verano – aunque de verdad la noche más corta es la del 21 de junio. En Galicia se dice que en esta noche mágica cada uno puede conectarse con el mundo del *Alén* (del más allá). Es el momento para espantar[2] a los malos espíritus. Las hogueras se encienden el día 24, es decir después de las 24 horas. Para tener buena suerte hay que saltar nueve veces sobre una de las hogueras. Si durante esa noche pones tinta en un papel y lo doblas en cuatro partes, a la mañana siguiente podrás ver tu futuro en el dibujo que dejó la tinta. La comida típica son las patatas asadas, los *cachelos*, y las sardinas[3] asadas.

un chico saltando sobre una de las hogueras de San Juan

A rapa das bestas de Sabucedo: Esta fiesta única en toda Europa se celebra en Sabucedo, un pueblo pequeño en la comunidad de A Estrada el primer fin de semana de julio. Cada año van miles de personas de toda Galicia y España e incluso del extranjero para ir a este espectáculo que es una fiesta alegre con música y bailes y también un culto[4] al caballo. Cerca de Sabucedo, en las montañas, viven más de 600 caballos salvajes. Durante todo el año se puede subir a las montañas para mirarlos. Durante los días de fiesta todos suben a la montaña para hacer bajar a los caballos a lo largo de muchos kilómetros. Todos ayudan, los habitantes y los turistas, para encerrar a los caballos. Allí los *aloitadores*[5] rapan[6] los caballos y los marcan con microchips[7]. Sólo usan sus brazos y sus cuerpos; no usan ni cuerdas ni ninguna otra cosa.

Festival internacional del mundo celta de Ortigueira: Es un festival de música de las regiones celtas. Se celebra durante cuatro días el segundo fin de semana de julio en Ortigueira. Hay varios escenarios en la zona del puerto. En el más grande tocan grupos tan famosos como por ejemplo los Chieftains. En una playa hay una zona donde se puede pasar la noche y ducharse. ¿Sabes quiénes son los celtas? Los países celtas estaban en el oeste de Europa: en Irlanda, Escocia, Bretaña, Cornualles y Galicia. Tenían una cultura especial: creían mucho en el mundo mágico. La gaita era el instrumento que usaban los poetas para acompañar sus relatos. Por eso, todavía hoy se toca la gaita en Galicia.

1 el solsticio die Sonnenwende, **2 espantar** verscheuchen, **3 la sardina** die Sardine, **4 el culto** der Kult, **5 *el aloitador*** *gal.* der Kämpfer, **6 rapar** scheren, **7 el microchip** der Mikrochip

Fiestas del Apóstol Santiago: Santiago el Mayor era uno de los 12 apóstoles de Jesús. Después de su muerte lo enterraron[1] en Galicia. Su tumba se olvidó hasta el año 814: este año el eremita Pelayo descubrió la tumba porque de repente, la luz de unas estrellas se la mostró. De este hecho viene el nombre de Santiago de Compostela: el campo de las estrellas, en latín *Campus Stellae*. En el lugar de la tumba construyeron una catedral que hoy es el destino de peregrinos de todo el mundo: el destino de todos los Caminos de Santiago. El 25 de julio se celebra el Día del Apóstol en toda España y sobre todo en Galicia porque Santiago es el patrón[2] de Galicia. La fiesta más grande se celebra en Santiago de Compostela con teatro, comida, conciertos, artistas, fuegos artificiales. Esa noche no duerme nadie en Santiago, ni los habitantes ni los turistas.

Romería Vikinga[3]: El primer domingo de agosto se celebra la Romería Vikinga en Catoira. Se recuerda cómo el pueblo de Catoira en Galicia luchó contra los piratas[4] que buscaban el tesoro[5] de la Iglesia. Cada año la romería tiene más o menos el mismo programa: por la mañana hay bailes. Después comen mejillones con mucho vino de la región. Después llegan los vikingos en un barco llamado 'drakkar' y atacan el pueblo, pero los habitantes luchan con ellos y ganan. Por la noche, hay una fiesta grande con comida, música y baile hasta la mañana.

El magosto: Entre el 1 y el 11 de noviembre en toda Galicia se celebran las fiestas del magosto. En grandes hogueras se preparan las castañas[6] que después se comen. Para tener buena suerte hay que saltar las hogueras. También se cuentan relatos, se cantan canciones y se juegan juegos.

E Lo que tenéis que hacer:

1. Leed con atención la información sobre estas seis fiestas. Con esta información tenéis que preparar un folleto para una agencia de viajes. Para hacer este folleto tenéis que:

   a) explicar cómo se celebran las fiestas
   b) presentar fotos o dibujos de los espectáculos
   c) escribir especialmente para las personas a las que pueden gustar estas fiestas – es decir: ¿qué fiesta le puede gustar a una persona romántica[7], a una persona deportista, a una persona a la que le encanta la música, ...?

2. Además del folleto vais a preparar un puesto para una feria de turismo de España. A ver si podéis dar ganas a la gente de conocer las fiestas de Galicia. Para esto hay que hacer carteles y hablar sobre los espectáculos.

3. También tenéis que buscar los pueblos y ciudades en los que se celebran las fiestas y marcarlos en el mapa de Galicia que prepara el grupo 3.

1 enterrar beerdigen, **2 el patrón** der Schutzheilige, **3 el / la vikingo/-a** der / die Wikinger/-in, **4 el pirata** der Pirat, **5 el tesoro** der Schatz, **6 la castaña** die Kastanie, **7 romántico/-a** romantisch

Grupo 3 *Galicia, ¿el fin del mundo?*

E Lo que tenéis que hacer:

1. Tenéis que dibujar un mapa de Galicia muy grande que después se puede poner en la pared de vuestra clase. El mapa tiene que mostrar la siguiente información:

   a) el lugar y el número de habitantes de las ciudades más grandes: Vigo, Pontevedra, Lugo, Santiago de Compostela, La Coruña, Ourense, Ferrol
   b) uno o dos de los monumentos más importantes de estas ciudades
   c) ¿qué son las Rías Gallegas?
   d) ¿qué es y dónde está la *Costa da Morte* (La Costa de la Muerte)?

   Seguro que el mapa es mucho más bonito si usáis dibujos o fotos y no sólo palabras y números.
   Vuestros compañeros de los otros grupos van a completar este mapa con más información.

2. Preparad un viaje virtual por Galicia recorriendo las ciudades grandes, la *Costa da Morte* y las Rías Gallegas. Intentad crear un ambiente especial para cada lugar que visitáis (usando música, por ejemplo). Lo importante es que el viaje sea muy interesante para vuestros compañeros.

vista sobre Vigo

Grupo 4 *Ser joven en Galicia*

Lo que tenéis que saber:

Vigo es la ciudad más grande de Galicia con 297.332 habitantes: hay un aeropuerto bastante importante, un puerto muy grande, una universidad con unos 20.000 estudiantes y mucha industria. Además tiene el único jardín zoológico de Galicia. Si vives en Vigo no sólo tienes todas las posibilidades que ofrece una ciudad grande, sino que además vives cerca del mar. Es decir que hay playas, puedes hacer windsurf o simplemente sentarte al sol.

Samos es un pueblo mucho más pequeño. Está en la provincia de Lugo, en el camino francés que lleva a Santiago. Muchos de los peregrinos duermen en este pueblo porque les gusta el ambiente: las casas son muy antiguas y bonitas, y hay un monasterio maravilloso y bastante famoso y un río muy limpio. El pueblo tiene 1.700 habitantes. La mayoría trabaja en la agricultura. Cada año vienen más peregrinos, por eso muchos de sus habitantes trabajan también en los hostales. Samos está bastante lejos de todo: Lugo está a 43 kilómetros. Hay un autobús a Sarria, una ciudad un poco más grande, que pasa dos veces al día. En Sarria se puede tomar otro autobús a Lugo. Además hay una biblioteca pequeña que abre por las tardes y un pequeño colegio público. Lo más bonito es la naturaleza alrededor de Samos: se pueden hacer muchas actividades al aire libre. En *google maps* puedes ver fotos del pueblo.

E Lo que tenéis que hacer:

1. Tenéis que preparar dos entrevistas para un programa de la tele sobre jóvenes en España: una con un/-a chico/-a de 16 años de Vigo, otra con un/-a chico/-a de 16 años de Samos. Pensad primero en lo siguiente:

   a) ¿Cómo se llama el programa?
   b) ¿Quién es y cómo es el/la locutor/-a?
   c) ¿Por qué se han elegido a los jóvenes a los que se hace la entrevista?
   d) ¿Es un programa para la tarde o para la noche?
   e) ¿Hay pausas con música o con otros invitados?

   Luego tenéis que pensar en los jóvenes entrevistados:

   a) ¿Cómo se llaman? Si queréis, elegid nombres gallegos.
   b) ¿Qué les gusta de su pueblo / su ciudad? ¿Qué no les gusta?
   c) ¿Con qué sueñan?
   d) ¿Qué planes tienen para su futuro?
   e) ¿Qué hacen en su tiempo libre?

   Ahora preparad el programa. Podéis grabarlo en video o representarlo en clase.

2. Marcad Samos con un pequeño dibujo en el mapa que prepara el grupo 3.

Grupo 5 *La Galicia mágica*

Lo que tenéis que saber:

Como ya sabéis, se dice que Galicia está llena de magia. Algunos elementos mágicos son la *Santa Compaña* y las *meigas*.

dibujo de la *Santa Compaña*

La *Santa Compaña*

A partir de la medianoche, se puede ver la *Santa Compaña*. Es una procesión de almas que llevan un largo vestido blanco con capucha[1] que cubre sus caras. Cada una lleva una vela encendida que deja en el aire un fuerte olor a cera[2]. Caminan cantando, rezando y tocando una pequeña campana. Visitan las casas en las que pronto va a morir una persona.

Cuando vienen, todos los animales del bosque se callan y no se escucha ningún ruido. Algunos animales huyen asustados. Sólo los perros aúllan.

No todas las personas pueden ver a la *Santa Compaña*, sólo algunas. Otras sólo la pueden sentir o escuchar. Para protegerse de la *Santa Compaña* hay que tirarse en el suelo y no mirarla, o correr lejos muy rápidamente.

Las *meigas*

Una *meiga* es una bruja gallega: tiene poderes mágicos. Las brujas normalmente son malas, pero una *meiga* puede ser muy buena: ayuda a los enfermos y puede adivinar el futuro. Vuelan en sus escobas por los bosques gallegos. En Galicia se dice: *"Eu non creo nas meigas, pero habelas, hainas"* ("Yo no creo en las brujas, pero que las hay, las hay").

E Lo que tenéis que hacer:

Vais a escribir un cuento de hadas que tiene como escenario un lugar en Galicia. No olvidéis los elementos mágicos típicos de los cuentos:

a) Hay personajes mágicos (la *Santa Compaña*, una o varias *meigas*, etc.).
b) Hay números mágicos (el tres, el siete o el doce) y lugares mágicos, como los bosques.
c) Muchas personas tienen poderes mágicos.
d) El protagonista, el 'héroe', tiene que pasar uno o varios exámenes y salvar a alguien.
e) Los personajes siempre son o muy malos o muy buenos.

Para presentar el cuento no basta con sólo leerlo. Los espectadores tienen que imaginárselo todo muy bien, por eso es necesario representar los momentos más importantes del cuento: tiene que haber una *meiga* y una *Santa Compaña* "de verdad". Si queréis también podéis usar música gallega para crear un ambiente especial.

1 **la capucha** die Kapuze, 2 **la cera** das Wachs

Frases útiles

Para hablar de gramática Grammatikalische Ausdrücke

el adjetivo	das Adjektiv	el plural	der Plural
el adverbio	das Adverb	la preposición	die Präposition
el artículo	der Artikel	el presente	das Präsens
el comparativo	der Komparativ	el pretérito imperfecto	das Imperfekt
la conjunción	die Konjunktion	el pretérito indefinido	das Indefinido
femenino	feminin	el preterito perfecto	das Perfekt
el futuro	das Futur	el pronombre reflexivo / relativo / posesivo / personal	das Reflexiv-/ Relativ-/ Possessiv-/ Personalpronomen
el gerundio	das Gerundium	el singular	der Singular
el imperativo	der Imperativ	el subjuntivo	der Subjuntivo
el infinitivo	der Infinitiv	el superlativo	der Superlativ
el marcador temporal	die Zeitangabe	el sustantivo	das Substantiv
masculino	maskulin	el verbo regular / irregular	das regelmäßige / unregelmäßige Verb
la negación	die Verneinung, Negation		
el objeto directo / indirecto	das direkte / indirekte Objekt		

Para trabajar en clase Arbeitsanweisungen

en español		auf Deutsch	
Adivina/-d		Errate/-t	
Busca/-d	· en el diccionario · en el mapa	Suche / Sucht	· im Wörterbuch · auf der Landkarte
Cambia/-d	· los roles · las palabras subrayadas por ...	(Ver-)Tausche / (Ver-)Tauscht	· die Rollen · die unterstrichenen Sätze gegen ... aus
¿Cómo se dice ... en español?		Was heißt ... auf Spanisch?	
¿Cómo se forma ...?		Wie bildet man ...?	
Compara/-d	· otra vez · con los compañeros	Vergleiche / Vergleicht	· nochmals · mit den Mitschülern
Completa/-d	· la tabla · los espacios vacíos	Vervollständige / Vervollständigt	· die Tabelle · die Lücken
Comprueba / Comprobad	· con el modelo · si es correcto	Überprüfe / Überprüft	· anhand des Modells · ob es stimmt
Contesta/-d	las siguientes preguntas	Beantworte/ Beantwortet	die folgenden Fragen
Controla/-d	en clase	Überprüfe / Überprüft	im Klassenverband
Corrige / Corregid	las afirmaciones falsas	Berichtige / Berichtigt	die falschen Aussagen
Decide / Decidid	cuál es la información correcta	Entscheide/-t	welche Information richtig ist
Describe / Describid	la imagen / el dibujo	Beschreibe/-schreibt	das Bild
Dibuja/-d	en la pizarra	Zeichne/-t	an die Tafel
Dicta/-d	las sílabas	Diktiere / Diktiert	die Silben

Frases útiles

en español		auf Deutsch	
Elige / Elegid	un título para el texto	Wähle / Wählt	einen Texttitel
En parejas / en grupos		Zu zweit / in Gruppen	
Escribe / Escribid	· los contrarios · la solución · frases completas · en el cuaderno las expresiones que faltan	Schreibe / Schreibt	· die Gegenteile · die Lösung · vollständige Sätze · die fehlenden Ausdrücke ins Heft
Escucha/-d	el CD / la canción	Höre dir / Hört euch	die CD / das Lied an
Forma/-d grupos de cuatro / cinco personas.		Bilde/-t Vierer-/Fünfergruppen.	
Formula/-d	· una regla · una carta	Formuliere / Formuliert	· eine Regel · einen Brief
Habla/-d	sobre los errores	Sprich / Sprecht	über die Fehler
Haz / Haced	· una lista · una encuesta · un mapa mental · una lluvia de ideas	Mache / Macht	· eine Liste · eine Umfrage · ein Mind map · ein Brainstorming
Imagina/-d	una situación	Stelle dir / Stellt euch	eine Situation vor
Infórmate / Informaos	sobre ...	Informiere dich / Informiert euch	über ...
Interpreta/-d	el diálogo	Führe / Führt	den Dialog auf
Investiga/-d	en Internet	Recherchiere / Recherchiert	im Internet
Lee/-d	en voz alta / en silencio	Lies / Lest	laut vor / still
Marca/-d	· la respuesta correcta · correcto o falso	Kennzeichne/-t	· die richtige Antwort · richtig oder falsch
Mira/-d	· la página ... · la gramática	Betrachte/-t	· die Seite ... · die Grammatik
Ordena/-d	las siguientes frases	Ordne / Ordnet	die folgenden Sätze
Piensa / Pensad	en un ejemplo	Überlege dir / Überlegt euch	ein Beispiel
Pregunta/-d	al / a la profesor/-a	Frage / Fragt	eure/-n Lehrer/-in
Presenta/-d		Stelle / Stellt ... vor	
¿Qué número corresponde a cada una de las fotos?		Welche Nummer gehört zu jedem der Fotos?	
¿Qué significa ... en el contexto?		Was bedeutet ... im Kontext?	
Relaciona/-d	· las palabras con las definiciones correspondientes · las dos partes	Bringe / Bringt	· die Wörter mit den zugehörigen Definitionen · die beiden Teile in Verbindung
Traduce / Traducid	al español / al alemán	Übersetze / Übersetzt	ins Spanische / ins Deutsche
Usa/-d, Utiliza/-d	las siguientes formas	Verwende/-t	die folgenden Formen

Vocabulario

Im folgenden Vokabelverzeichnis sind alle neuen Wörter in der Reihenfolge aufgeführt, in der sie im Buch vorkommen. In der linken Spalte findet ihr das neue spanische Wort oder einen neuen spanischen Ausdruck.
Die deutsche Entsprechung dazu steht in der mittleren Spalte. In der rechten Spalte findet ihr dann Beispielsätze, verwandte Wörter aus anderen Sprachen, Begriffe aus der gleichen Wortfamilie und Wörter mit der gleichen oder der entgegengesetzten Bedeutung, also Lernhilfen, um die neuen Wörter leichter zu behalten.

Alle Vokabeln in diesem Verzeichnis sind Lernwörter. Die neuen Wörter der fakultativen Aufgaben und der Globalverstehenstexte sind hier nicht enthalten, da ihr sie nicht zu lernen braucht. Wenn ihr mit diesen Aufgaben arbeitet, könnt ihr die Begriffe im alphabetischen Verzeichnis nachschlagen. Nur die unbekannten Vokabeln der Etapa 8, die alle keine Lernwörter sind, haben wir hier mit aufgenommen, um euch die Arbeit mit dieser fakultativen Lektion zu erleichtern.

Symbole und Abkürzungen:

abr.	**abreviatura** / Abkürzung, Kurzform
f.	**femenino** / Femininum
inf.	**infinitivo** / Infinitiv
irr.	**irregular** / unregelmäßig
loc.	**locución** / feststehender Ausdruck
Pl	**plural** / Plural
Sg.	**singular** / Singular
sust.	**sustantivo** / Substantiv
temp.	**temporal** / zeitlich
-i-, -ie-, -ue-	Verb mit Stammwechsel
jdm.	jemandem
jdn.	jemanden
etw.	etwas
sin.	**sinónimo** / Synonym
ant.	**antónimo** / Antonym
FAM.	**familia léxica** / Wortfamilie
L	Lateinisch
E	Englisch
F	Französisch

Etapa 1 *Recordando las últimas vacaciones*

	recordar (-ue-)	sich erinnern an	*L* recordari • ¿Recuerdas nuestras vacaciones en Menorca?
E1	el caballo, a caballo	Pferd; zu Pferd	*L* cavallus *F* cheval
	montar a caballo	reiten	A Anahí le encanta montar a caballo.
	hacer (un) picnic	picknicken	Vamos a hacer un picnic en la playa.

Paso 1 Las mejores vacaciones de María Jesús

T	el pasado	Vergangenheit	*FAM.* pasar • Recuerdo muchas cosas del pasado.
	pedir (-i-)	bitten, bestellen	*L* petere • Lo ayudé porque me lo pidió muchas veces.

	el Camino de Santiago	Jakobsweg	Puedes hacer el Camino de Santiago a pie, en bici o a caballo.
	genial	genial, toll, super	*sin.* maravilloso • Lo pasamos genial.
	encontrar (-ue-); encontrarse con	finden; treffen, sich treffen mit	¿Estás buscando tus llaves? A ver si las encuentro.
	divertirse (-ie-)	Spaß haben	En las fiestas de Luz siempre me divierto mucho.
E1	llevarse bien	sich gut verstehen, gut miteinander auskommen	*FAM.* llevar • María Jesús y su tía se llevan muy bien.
	la guía turística	Reiseführer *(Buch)*	*E* guide • ¿Qué dice tu guía turística sobre Gijón?
E3	ordenar	aufräumen, ordnen	*FAM.* el orden • ¿Ya has ordenado tu habitación?
E4	el resto	Rest, das Übrige	He ordenado casi todo, el resto queda para mañana.
E6	la explicación	Erklärung	*FAM.* explicar • Tu explicación me ayudó a entenderlo.
	cantar	singen	*FAM.* el / la cantante • Me encanta cantar cuando me estoy duchando.
	enfadarse	sich ärgern, böse werden	Llegué tarde a casa y mis padres se enfadaron.
E8	el repaso	Wiederholung, Überprüfung	Es un ejercicio de repaso.
E9	la ruta	Route, Weg	*E* route *sin.* el camino
	la peregrinación	Pilgerung	*L* peregrinus • El Camino de Santiago es una de las rutas de peregrinación más famosas.
	el siglo	Jahrhundert	*L* saeculum *F* siècle • En el siglo XVII, Cervantes escribió *Don Quijote*.
	construir *irr.*	erbauen, errichten	*L* construere *E* to construct • En los años 60 mis abuelos construyeron nuestra casa.
	la iglesia	Kirche	*L* ecclesia • Esta iglesia es del siglo XVIII.
	el puente	Brücke	*L* pons *F* pont • Para llegar al centro tienes que cruzar el puente.
	el intercambio	Austausch	*FAM.* cambiar • Mi hermana está haciendo un intercambio con un colegio francés.
	cultural	kulturell	*L* cultura *E/F* culture *FAM.* la cultura general
	volver a + *inf.* (-ue-)	etw. wieder / noch einmal tun	*FAM.* la vuelta • ¿Has vuelto a hablar con ella?

	el motivo	Motiv, Grund	¿Te ha explicado sus motivos?
	religioso/-a	religiös	*L* religiosus *E* religious *F* religieux

Paso 2 Una postal de Javier

T1	el edificio	Gebäude	*L* aedificium • En Miami hay muchos edificios altos.
T2	sobre todo	vor allem, besonders	*FAM.* sobre, todo • Me gustan muchos deportes, sobre todo esquiar.
	la discoteca	Disko(thek)	Anoche fuimos a la discoteca.
	la revolución	Revolution	En 1959, en Cuba hubo una revolución.
	la costumbre	Gewohnheit, Brauch	*E* custom *F* coutume *sin.* la tradición • Es una de sus costumbres.
	latino/-a, el/la latino/-a	lateinamerikanisch, Lateinamerikaner/-in	Hay muchos latinos en el sur de los EE. UU.
	estadounidense, el/la estadounidense	US-amerikanisch, US-Amerikaner/-in	Mi mejor amigo es estadounidense.
	lejos (de)	fern, weit weg (von)	*ant.* cerca • No podemos ir a pie, está lejos.
	el abrazo	Umarmung	Dame un abrazo.
E5	guay	toll, prima	¿Tuviste el primer premio? ¡Qué guay!
	impresionante	beeindruckend	*F* impressionnant • Esta iglesia es muy impresionante: es enorme.
E6	los Estados Unidos, *abr.* los EE. UU.	Vereinigte Staaten von Amerika, USA	*F* États-Unis *FAM.* estadounidense
	político/-a	politisch	En Cuba ha tenido problemas por sus ideas políticas.
	casarse (con)	heiraten	Mis padres se casaron en 1980.
	el título	Titel, Überschrift	¿Cuál es el título del texto?
	la distancia	Entfernung, Abstand	*E/F* distance • La distancia entre el colegio y mi casa es de 8 km.
	el / la periodista	Journalist/-in	*FAM.* el periódico • Mi padre es periodista.
	la entrevista	Interview, Befragung	*E/F* interview • Hizo una entrevista a la cantante.
E7	la tierra	Erde	*F* terre *ant.* el mar
E8	la edad	Alter	*L* aetas • —¿Edad? —Dieciséis años.
	crecer *irr.*	wachsen, aufwachsen	*L* crescere • Pablito, ¡cuánto has crecido desde que nos vimos la última vez!
	emigrar	auswandern	*FAM.* la inmigración • En 1959 muchos cubanos tuvieron que emigrar.
	la medicina	Medizin	Mi hermano mayor estudia Medicina.
	el/la ciudadano/-a	(Staats-)Bürger/-in	*E* citizen *F* citoyen *FAM.* la ciudad

Paso 3 Anahí: una visita de sus primos cubanos

T	la visita	Besuch, Besucher/-in	*FAM.* visitar • El fin de semana tuvimos visitas.
	la visa	Visum	
	seguir + *gerundio* (-i-)	etw. weiterhin / immer noch tun	*L* sequi *F* suivre • ¿Sigues viviendo en ese piso tan bonito en el centro?
	triste	traurig	*L* tristis *ant.* contento • Ana está triste, no sé qué le pasa.
E5	la población	Bevölkerung	*E/F* population *FAM.* el pueblo
	el / la mulato/-a	Mulatte/-in	Muchos cubanos son mulatos.
E7	el blog	Blog, Internettagebuch	En su blog *Generación Y* Yoani Sánchez cuenta mucho sobre la vida en Cuba.
	proponer *irr.*	vorschlagen	*F* proposer *FAM.* poner • ¿Qué te pasa? Te propongo mil actividades y tú no quieres hacer nada.
	la generación	Generation	Mi generación es muy diferente a la de mis abuelos.
	la farmacia	Apotheke	*E* pharmacy • ¿Puedes ir a la farmacia y comprar unos remedios?
	equivocado/-a	falsch, irrtümlich, verwählt	*sin.* falso *ant.* correcto • —¿Hablo con el 456492? —No, está equivocado.
	psíquico/-a	psychisch	Ha tenido problemas psíquicos.
E8	diario/-a	täglich, alltäglich	*FAM.* el día, el diario • ¿Qué te gusta hacer en tu vida diaria?
E9	mejorar	etw. verbessern, sich bessern	*FAM.* mejor • Con suerte la situación en Cuba va a mejorar.
E11	dejar	lassen, zurücklassen, überlassen	*FAM.* dejar de • Anahí, ¡siempre dejas tus cosas en el salón!
	por lo menos	wenigstens, immerhin	Si no tienes tiempo de hacer la compra, por lo menos puedes dejarme tu bici.
E13	la biografía	Biographie, Lebensgeschichte	Escribe la biografía de un famoso.
	los estudios	(Hochschul-)Studium	*E* studies *F* études *FAM.* estudiar • El año pasado empecé mis estudios de Medicina.

Paso 4 Juan Manuel no sólo visitó a su familia

T1	la ponencia	Referat, Vortrag	*FAM.* poner • Juan Manuel va a presentar una ponencia sobre Gibraltar.
	el aeropuerto	Flughafen	*E* airport *FAM.* el puerto • ¡Rápido, vamos a llegar tarde al aeropuerto!

el hostal	Hostel, Pension	¿Estuvisteis en un hotel o en un hostal?
imaginar(se)	sich etw. vorstellen	*L* imaginari *E* to imagine *FAM.* la imagen • ¡Imagínate lo que me ha pasado!
el principio, al principio	Anfang, Beginn; zu Anfang, zuerst	*L* principium *sin.* primero *ant.* al final • Al principio me pareció difícil, pero al final fue muy fácil.

Expresiones para estructurar tu discurso / Ausdrücke um deinen Vortrag zu strukturieren:
Sowohl wenn du einen Vortrag hältst, als auch im Gespräch können dir die folgenden Ausdrücke nützlich sein:

– um Denkpausen zu füllen:

pues	also, na ja
bueno	gut, also dann
vamos a ver	schauen wir mal

– um dich verständlich zu machen:

es decir	das heißt
quiero decir	damit möchte ich sagen

– um etwas zu umschreiben:

algo que	etwas, das ...
una cosa que	eine Sache, die ...
una actividad que	eine Tätigkeit, die ...
casi como	fast wie
parecido a	ähnlich wie
más o menos	mehr oder weniger

E2	la palabra clave	Schlüsselwort, -begriff	*L* clavis *F* clé, clef • Escribe sólo las palabras clave.
	limitar con	grenzen an	*F* limiter • España limita con Francia al norte.
	la superficie	Oberfläche, Fläche	*E/F* surface • La superficie de Gibraltar es de sólo siete km².
	la inmigración	Einwanderung	*ant.* la emigración • En España en los últimos años hubo mucha inmigración.
	ilegal *adj.*	illegal, ungesetzlich	No quiero hacerlo, creo que es ilegal.
	la patera	*Holzboot, mit dem illegale Einwanderer aus Afrika nach Europa übersetzen*	Algunos inmigrantes ilegales llegan a España en pateras.
	el / la mono/-a	Affe / Äffin	En Gibraltar, los monos están libres y los encuentras en todos lados.
	la vista	Aussicht, Ausblick	*F* vue *FAM.* ver • Desde el puente tienes una vista maravillosa sobre la ciudad.
	el turismo	Tourismus	En verano hay mucho turismo en esa zona.
E3	el animal	Tier	*L/E/F* animal • El gato es mi animal favorito.
T3	debajo de	unter, unterhalb von	*ant.* encima de • ¿Estás buscando al perro? Está debajo de la mesa.

Los pronombres posesivos / Die Possessivpronomen

mío/-a/-os/-as	meine/-r	nuestro/-a/-os-/-as	unsere/-r
tuyo/-a/-os/-as	deine/-r	vuestro/-a/-os-/-as	eure/-r
suyo/-a/-os/-as	seine/-r, ihre/-r	suyo/-a/-os/-as	ihre/-r

Etapa 2 *Excursiones al pasado*

	el/la romano/-a, romano/-a	Römer/-in, römisch	*L* romanus • En Toledo hay un puente romano.
	el/la judío/-a, judío/-a	Jude/Jüdin, jüdisch	*F* juif • Los judíos vivieron en España hasta 1492.
	el acueducto	Aquädukt	*L* aquaeductus • El acueducto de Segovia es muy famoso.
E1	el/la árabe, árabe	Araber/-in, arabisch	Los árabes llegaron a España en el siglo VIII.
E3	la letra	Buchstabe, Handschrift, Liedtext	*L* littera *F* lettre • ¡Qué letra tan bonita tienes!
	repetir (-i-)	wiederholen	*L* repetere *E* repeat *F* répéter • Repite lo que has dicho, por favor.
E4	antes de Cristo, *abr.* a. C.	vor Christus	Los romanos llegaron a España en el siglo III antes de Cristo.
	después de Cristo, *abr.* d. C.	nach Christus	
	el pueblo	Volk, Stamm, Dorf	*L* populus *E* people *F* peuple *FAM.* la población
	la Península Ibérica	Iberische Halbinsel	La Península Ibérica está al sur de Francia.
	la cultura	Kultur	*E/F* culture *FAM.* cultural

Paso 1 Hablaban latín

	latín, el latín	lateinisch, das Lateinische	*FAM.* latino • Los romanos hablaban latín.
T1	la línea	Linie, Zeile	*L* linea *E* line *F* ligne • Le escribo unas líneas a Sofía.
	la frontera	Grenze	*E* frontier *F* frontière • Badajoz está casi en la frontera con Portugal.
	la provincia	Provinz	*E/F* province • Argentina tiene 23 provincias.
	unir, estar unido/-a	verbinden, verbunden sein	*E* to unite *F* unir • Une las frases con sus definiciones.
	el dialecto	Dialekt, Mundart	*E* dialect *F* dialecte • El catalán no es un dialecto, es un idioma.

	ni ... ni ...	weder ... noch ...	Ayer no vi ni a Anahí ni a su hermano.
	conquistar	erobern	*E* to conquer *F* conquérir • Entre 711 y 718 los árabes conquistaron casi toda la Península Ibérica.
	la etapa	Etappe, Abschnitt	Conquistaron el país en etapas.
E1	la época	Zeitraum, Epoche	En esa época tenía un trabajo muy interesante.
	existir	existieren	*E* to exist *F* exister • Tranquilo, los monstruos no existen.
E4	el anfiteatro	Amphitheater	*FAM.* el teatro • El anfiteatro de Mérida todavía existe.
	el foro	Forum, Internetforum	Acabo de leer en un foro que en verano sale el nuevo CD de Maná.
E5	el túnel	Tunnel	Hubo un grave accidente en el túnel.
T2	loco/-a	verrückt	¿Estás loca? No podemos salir esta noche, mañana es el examen de Matemáticas.
	entonces	dann, damals	Entonces vivíamos en una casa cerca del mar.
E7	la mujer	Frau, Ehefrau	*L* mulier *ant.* el hombre • Él siempre está serio, pero su mujer es muy graciosa.
	la política	Politik	*FAM.* político • ¿Qué piensa de la política?

Paso 2 ¡Ojalá!

	ojalá	hoffentlich	—Creo que mañana va a hacer sol. —¡Ojalá!
T	el/la musulmán/-ana, musulmán/-ana	Moslem/Muslima, muslimisch	*F* musulman
	el hombre	Mann	*L* homo *F* homme
	el poder	Macht	*L* potestas *E* power *F* pouvoir *FAM.* poder • Cuando los musulmanes tenían el poder, las tres culturas vivían muy bien juntas.
	el reino	Reich, Königreich	*L* regnum
	el/la cristiano/-a, cristiano/-a	Christ/-in, christlich	Los cristianos celebran la Navidad.
	la reconquista	Wieder-, Zurückeroberung	*FAM.* conquistar • La reconquista terminó en 1492.
	la literatura	Literatur	*L* litterae
	las ciencias (naturales)	(Natur-)Wissenschaften	*E/F* science • Prefiero las ciencias a la literatura.
	el palacio	Schloss	*E* palace *F* palais • La Alhambra es un palacio árabe en Granada.

E3	el / la sabio/-a, sabio/-a	Gelehrte/-r; weise	*L* sapiens *ant.* tonto • Mi abuela siempre dice cosas muy sabias.
	la libertad	Freiheit	*L* libertas *FAM.* libre • Quiero tener la libertad de estudiar lo que más me interesa.
	el / la traductor/-a	Übersetzer/-in	*F* traducteur
	traducir *irr.*	übersetzen	Traduce el texto del español al alemán.
	aunque	obwohl, auch wenn	Voy a la fiesta aunque no tengo ganas.
E4	el origen	Herkunft, Ursprung	*E* origin *F* origine • España me gusta, pero algún día voy a volver a mi país de origen.

Paso 3 Quinientos años no es nada

	católico/-a	katholisch	—¿Eres católica? —No, soy musulmana.
	amar	lieben	*L* amare
	el castellano, castellano/-a	das Kastilische, kastilisch	*sin.* español • El castellano es uno de los idiomas que hablan en España.
	la India, las Indias	Indien; *hier:* Amerika	Colón llegó a América buscando la India, por eso los españoles llamaron *las Indias* al nuevo continente.
	por supuesto	selbstverständlich	*sin.* sí, claro • —¿Me ayudas? —Por supuesto.
	el tribunal	Tribunal	El tribunal tiene que decidir.
	perseguir (-i-)	verfolgen	*L* persequi *E* to persecute *FAM.* seguir • El perro persigue al gato.
	la Inquisición	Inquisition	Los Reyes Católicos dieron poder al tribunal de la Inquisición.
	sacar *irr.*	herausholen, wegnehmen, entfernen	Saca al perro de allí, acabo de limpiar todo.
	matar	töten	Mató el insecto con su zapatilla.
E2	descubrir	entdecken, aufdecken	*E* to discover *F* découvrir • En 1492 Colón descubrió América.
E3	vasco/-a	baskisch	*sin.* euskera • En castellano, el euskera se llama vasco.
	el / la moro/-a	Maure/-in	*sin.* musulmán
	económico/-a	wirtschaftlich	*E* economic *F* économique • La situación económica del país no es muy buena.
	por otro lado	andererseits, auf der anderen Seite	Por un lado me gusta tu plan, por otro lado me parece peligroso.
E5	el continente	Kontinent	¿Sabes los nombres de los cinco continentes?
E7	el personaje	Figur, Persönlichkeit	*F* personnage *FAM.* la persona • Los personajes de ese libro son muy graciosos.
	histórico/-a	historisch, geschichtlich	*FAM.* la historia

Paso 4 Una guerra entre hermanos

	la guerra, la guerra civil	Krieg, Bürgerkrieg	*F* guerre • La guerra civil española empezó en 1936.
	los republicanos	*Befürworter der Republik*	*E* republican *FAM.* público • La Unión Soviética y México ayudaron a los republicanos.
	ganar	siegen, gewinnen, *(Geld)* verdienen	*E* to gain *F* gagner • No me gusta jugar contigo, ¡siempre ganas tú!
	la elección, las elecciones	Auswahl, Wahl	*E* election *F* élection • En 1936 los republicanos ganaron las elecciones.
	el partido (político)	(politische) Partei	*E* party *F* parti • Hasta ahora no sabemos cuál de los partidos ha ganado las elecciones.
	los militares, militar	Militärangehörige, militärisch	*E* military *F* militaire • Franco era uno de los militares.
	organizar	organisieren, ausrichten	*E* organize *F* organiser • Lili va a organizar la fiesta de verano, ¡qué suerte!
	el levantamiento	Aufstand, Rebellion	*FAM.* levantarse • Hubo un levantamiento militar.
	el arma *f.*	Waffe	*F* arme • Nunca vi un arma de cerca.
	neutral	neutral, unparteiisch	No sé quién tiene razón, yo soy neutral.
	seguir (-i-)	folgen, befolgen, weitergehen	¡Sigan mis órdenes!
	la dictadura	Diktatur	La dictadura en España duró 36 años.
	la muerte	Tod	*ant.* la vida • Después de su muerte todos estuvieron muy tristes.
E3	el cartel	Plakat, Schild	*FAM.* carta • En el cartel dice que no puedes conducir tan rápido aquí.
E4	el/la testigo	Zeuge	*L* testis • La testigo dice que lo ha visto todo.
	el miedo	Angst, Furcht	*L* metus • Tengo miedo cuando está oscuro.
	el barco	Schiff, großes Boot	¿Prefieres viajar en avión o en barco?
E5	el cuadro	Gemälde, Bild	Los cuadros de Picasso son maravillosos.
E9	el hecho	Ereignis, Vorkommnis, Tatsache	*L* factum *F* fait *FAM.* hacer • Es un hecho histórico muy importante.

Etapa 3 *Así eran*

E1	familiar	familiär, vertraut, Familien-	*E* familiar *FAM.* la familia • No sé si la conozco, pero su voz es muy familiar.
E2	el/la bisabuelo/-a	Urgroßvater/-mutter	*FAM.* el abuelo • ¿Cuál de tus bisabuelas vive en Sevilla? ¿La madre de tu abuela?

Paso 1 Inmigrantes: buscando un futuro mejor

	el futuro	Zukunft	*E* future *F* futur *ant.* el pasado
E1	la curiosidad	Neugierde	*E* curiosity *F* curiosité • Tengo curiosidad por conocer la historia de tu familia.
	el / la médico/-a	Arzt	*L* medicus *F* médecin *FAM.* la medicina *sin.* el / la doctor/-a
	vender	verkaufen	*L* vendere *ant.* comprar • ¿Me vendes tu bici?
	el permiso de residencia	Aufenthaltsgenehmigung	*E* permit *F* permis *FAM.* permitir • Sin el permiso de residencia los inmigrantes no pueden quedarse en España.
	el ama de casa *f.*	Hausfrau	*FAM.* la casa • el ama de casa
	el / la comerciante	Geschäftsmann/-frau, Händler/-in	*F* commerçant • Mi madre es comerciante.
	qué rollo *loc.*; qué rollo de + *sust.*	Wie langweilig! Was für ein/-e langweilige/-r ...	Qué rollo de película, casi me he dormido.
	morir (-ue-)	sterben	—Ha muerto el perro de Lili. —¡Qué triste!
	dedicarse a + *inf.*	sich beschäftigen mit, einen Beruf ausüben	*E* to dedicate • —Y usted, ¿a qué se dedica? —Soy médico.
	la oportunidad	Gelegenheit, Chance	*E* opportunity *F* opportunité • Tuvo la oportunidad de cambiar de trabajo.
E3	la acción	Tat, Handlung	*E/F* action • Esa película tiene mucha acción.
	el estado	Zustand; *auch:* Staat	*E* state *F* état *FAM.* estar • Tienes tos y te duele la garganta. En ese estado no puedes ir a nadar.
	la profesión	Beruf	*E/F* profession • ¿Cuál es su profesión? ¿A qué se dedica?
	al mismo tiempo	gleichzeitig, zeitgleich	No puedes leer y escucharme al mismo tiempo.
E4	legal	legal, gesetzmäßig	*E* legal *F* légal *ant.* ilegal • Eso no es legal.
	inmigrar	einwandern	*FAM.* el inmigrante • Hace dos años sus padres inmigraron a España.
E5	clandestino/-a	heimlich	*E* clandestine *F* clandestin • La vida clandestina de los inmigrantes ilegales es muy difícil.
E6	el / la policía, la policía	der / die Polizist/-in; die Polizei	*E/F* police • El policía le preguntó por sus datos.
	casado/-a *adj.*	verheiratet	*FAM.* casarse • —¿Eres / estás casado? —Sí, me casé el año pasado.
	detener (-ie-) *irr.*	verhaften, anhalten	*FAM.* tener • La policía detuvo a un inmigrante ilegal.

Paso 2 Migración interna: de una comunidad a otra

la migración	Migration	*FAM.* la inmigración • En los años 60, en España hubo mucha migración interna.
interno/-a	intern, Binnen-	*L* internus *E* internal *F* interne
el/la gitano/-a, gitano/-a	der/die Sinti oder Roma; Sinti-, Roma-	*F* gitan • Los gitanos cuidan sus tradiciones en la música y el baile.
la ley	Gesetz	*L* lex *FAM.* legal • La ley no lo permite: es ilegal.
sufrir	leiden, erleiden, erdulden	*E* to suffer *F* souffrir • Durante la guerra civil, la población sufrió mucho.
la miseria	Elend, Armut	*E* misery *F* misère • Algunos niños latinoamericanos viven en la miseria.
es decir *loc.*	das heißt; damit möchte ich sagen, dass	Fue el primero en llegar, es decir, ganó la carrera.
la condición	Zustand, Bedingung	*E / F* condition • Las condiciones de vida en esa zona eran malas.
el campo	Feld, Land	*L* campus • Mis abuelos viven en el campo.
el / la andaluz/-a, andaluz/-a	Andalusier/-in, andalusisch	los andaluces y las andaluzas
duro/-a	hart, schwierig	*L* durus *F* dur *sin.* difícil • Este plátano está duro.
alquilar	mieten, vermieten	Necesito alquilar una habitación en Madrid.
la bandera	Fahne, Flagge	*E* banner • ¿Qué colores tiene la bandera?

Paso 3 Emigrantes de ida y vuelta

el/la emigrante	Auswanderer/-in	*ant.* el inmigrante • Algunos emigrantes españoles volvieron a España en los años 90.
la ida	Hinweg, Hinfahrt	*FAM.* ir *ant.* la vuelta • Necesito un billete de ida y vuelta, por favor.
parecido/-a	ähnlich	*F* pareil *FAM.* parecer • Tu hermano y tú sois muy parecidos.
E1 alegre	fröhlich	Estás muy alegre, ¿ha pasado algo bueno?
hacia	zu ... hin, gen, nach	Vamos hacia el norte, creo que allí está el lugar que buscamos.
el pasaporte	Pass, Reisepass	¿Traes tu pasaporte? Vamos a cruzar la frontera.
E2 interesarse por	sich für etw. interessieren	*F* s'intéresser *FAM.* interesante • Anahí se interesa por la vida de sus bisabuelos.
soñar con (-ue-)	träumen von	A veces, sueño con mi comida favorita.
rico/-a	reich; *auch:* lecker	*E* rich *F* riche *ant.* pobre • ¡Qué rico!
equivocarse	sich irren	*FAM.* equivocado • Lo siento, ¡me equivoqué!

E3	igual	gleich; *auch:* egal	*E* equal *F* égal *ant.* diferente • —Tu bici es igual a la de Pepe. —Sí, son iguales.

Etapa 4 *Argentina: viajando por la Ruta 40*

E1	la carretera	Landstraße, Bundesstraße	La carretera no está en buen estado.
	a lo largo de	entlang	A lo largo de la costa hay muchos hoteles.
	los Andes	Anden	
	pasar por	vorbeikommen, vorbeigehen an	Cuando voy al centro paso por tu casa y bebemos un café, ¿vale?
	el río	Fluss	¿Vamos a nadar al río?
	el lago	See	*E* lake *F* lac • La vista del lago es maravillosa.
	el parque nacional	Nationalpark	No permiten hacer picnic en el parque nacional.

Paso 1 Argentina: La mágica Ruta 40

	mágico/-a	magisch, zauberhaft	*E* magic *F* magique • Me encanta la isla, es mágica.
	recorrer	durchqueren, bereisen, zurücklegen *(Strecke)*	*L* recurrere *FAM.* correr • Ha recorrido el país de norte a sur.
	no fue nada *loc.*	das war doch gar nichts, nicht der Rede wert	—Pobre, ¿te duele? —No, no fue nada.
	calentar (-ie-)	erwärmen, erhitzen	*FAM.* el calor • Calienta el agua para hacer té.
	el momento	Moment, Augenblick	Un momento, por favor.
	el / la mecánico/-a	(Auto-)Mechaniker/-in	Tengo problemas con el coche, necesito un mecánico.
	la sed	Durst	*L* sitis • ¿Tienes agua? Tengo mucha sed.
	el desierto	Wüste	*E* desert *F* désert • En el desierto hay poca vida.
	de acuerdo	einverstanden, abgemacht	No estoy de acuerdo con su opinión.
E1	la nacionalidad	Nationalität, Staatsangehörigkeit	*E* nationality *F* nationalité • Juego al fútbol con chicos de diferentes nacionalidades.
	la relación	Beziehung, Verhältnis	*E / F* relation • Tenemos una buena relación.
E6	reparar	reparieren	*E* to repair *F* réparer • Mi primo reparó mi moto.
	el taller	Werkstatt	Desde el año pasado trabaja en un taller.
	darse cuenta de (que)	etw. bemerken, feststellen	No se da cuenta de que eso es peligroso.

E12	la taza	Tasse	Te preparo una taza de té.

Paso 2 Buenos Aires

E1	pintoresco/-a	malerisch, idyllisch	*F* pittoresque *FAM.* pintar • Vive en un pueblo muy pintoresco.
	el rascacielos	Wolkenkratzer, Hochhaus	*L* radere + caelum • En las ciudades modernas hay muchos rascacielos.
	callejero/-a	Straßen-	*FAM.* la calle • Un perro callejero me ha seguido hasta aquí.
	cosmopolita	kosmopolitisch, weltoffen	Es un lugar cosmopolita, allí viven muchos extranjeros con diferentes culturas.
	el barrio	Stadtteil, Stadtviertel	Mi barrio favorito tiene muchos parques y bonitas tiendas.
	dar un paseo	spazieren gehen	Si no llueve vamos a dar un paseo.
T1	el tercio	Drittel *(vom Ganzen)*	*L* tertius *F* tiers • 1/3 = un tercio
	activo/-a	aktiv, lebhaft	*E* active *F* actif • Siempre está haciendo algo, es muy activa.
	elegante	elegant	*F* élégant • Me compré un vestido elegante para la fiesta.
	el ambiente	Stimmung, Atmosphäre	Me gusta el ambiente familiar del hotel.
	la personalidad	Persönlichkeit	*E* personality *F* personnalité *FAM.* la persona • Tiene una personalidad muy especial.
	ofrecer *irr.*	anbieten	*L* offerre *E* to offer *F* offrir • Te ofrezco un café, ¿quieres?
	la carne	Fleisch	*L* caro • Dicen que la carne argentina es la mejor.
	bailar	tanzen	¿Te gusta bailar?
	la avenida	Allee	Los domingos hay pocos coches en la avenida.
	ancho/-a	weit, breit	El Río de la Plata es muy ancho.
T2	el bosque	Wald	En otoño el bosque es muy bonito.
	el cruasán	Croissant, Hörnchen	*F* croissant • El típico desayuno francés es con cruasáns.
	la cueva	Höhle	*E / F* cave • En Andalucía hay familias que viven en cuevas. Son muy frescas en verano.
	la pintura	Malerei, Bild, Gemälde; *auch:* Farbe	*E* picture *FAM.* pintoresco • ¡Me encanta esta pintura!
	la vaca	Kuh, Rind	*F* vache • En Argentina los campos son enormes y hay muchas vacas.
	el árbol	Baum	*L* arbor *F* arbre • En el jardín de mi casa hay muchos árboles.
E10	la cuadra	*in Argentinien:* 100 Meter	Mi colegio está a siete cuadras de casa.

Paso 3 Comemos juntos un asado

	el asado, hacer un asado	Grillfleisch; grillen	Los argentinos comen mucha carne, sobre todo en el asado.
E1	la autopista	Autobahn	Si tomamos la autopista llegamos antes.
	la biblioteca	Bibliothek, Bücherei	*F* bibliothèque
	la aventura	Abenteuer	*E* adventure *F* aventure • Me gustan las películas de aventuras.
E3	la salsa	Soße, Dip	¿Compras la salsa de tomates o la haces tú?
	picante	scharf, pikant, würzig	La cocina mexicana es muy picante.
	la pimienta	Pfeffer	¡Qué picante!, tiene demasiada pimienta.
	el vinagre	Essig	*E* vinegar *F* vinaigre • Mezcla el aceite, el vinagre y la sal.
E4	descansar	(sich) ausruhen, sich erholen	*FAM.* cansado • En las vacaciones quiero descansar.
	el/la jefe/-a	Chef/-in, Vorgesetzte/-r	Mi jefe es muy activo.
	significar	bedeuten	¿Qué significa esto?
	subir, subir a	steigen; ein-, aufsteigen, heraufklettern	*L* subire • Subo primero al autobús, después al avión.
E7	bienvenido/-a	willkommen	*F* bienvenu • ¡Bienvenido Antonio, bienvenida Susana!
	internacional	international	El restaurante ofrece comida internacional.
	pintar	(an)malen, anstreichen	*FAM.* la pintura • Tengo que pintar mi habitación y no sé de qué color.
	la empanada	*gefüllte Teigtasche*	Comemos las empanadas con las manos.
	el mate	Matetee	El mate es la bebida nacional de Argentina.
	nacional	national, National-	
	la ruina	Ruine	Visitamos las ruinas de un pueblo indígena.

Etapa 5 *¿Qué será?*

el horóscopo	Horoskop	¿Crees en los horóscopos?
la nota	Schulnote, Zensur	El año pasado tuve una muy buena nota en Español.
pronto	bald	¿Vienes pronto? Así podemos comer juntos.
discutir	diskutieren, debattieren, *auch:* streiten	¿Por qué siempre tienes que discutir con tu hermana?
el favor	Gefallen	*E* favour *F* faveur *FAM.* por favor • ¿Puedes hacerme un favor?
escolar	Schul-, schulisch	*E* school • En España, el año escolar empieza en verano, como en Alemania.

E1	el signo	Zeichen, Sternzeichen, Symbol	*L* signum *E* sign *F* signe • ¿De qué signo eres?
	la característica	Eigenschaft, Merkmal	*E* characteristic • ¿Cuáles son las característi-cas de una dictadura?
E2	la estadística	Statistik	La estadística muestra que la población de las ciudades ha crecido en los últimos años.

Paso 1 ¿Qué pasará con el medio ambiente?

	el medio ambiente	Umwelt	*FAM.* el ambiente • Tenemos que cuidar el medio ambiente.
	presentar	vorstellen, präsentieren	*E* to present *F* présenter • ¿Me presentas a tu primo?
	mundial	Welt-	*F* mondial *FAM.* el mundo • La Primera Guerra Mundial fue de 1914 a 1918.
	el peligro	Gefahr	*L* periculus *FAM.* peligroso • Tenemos que ayudarlo, está en peligro.
	el desarrollo demográfico	Bevölkerungs-entwicklung	¿Has buscado las estadísticas sobre el desa-rrollo demográfico?
	el paro	Arbeitslosigkeit	Hay muchos jóvenes que están en el paro.
	social	sozial, gesellschaftlich	El paro es un problema social muy grave.
E5	la viñeta	Vignette, Emblem; Einzelbild eines Comics	*F* vignette • La mejor viñeta recibirá un premio.
E6	la planta	Pflanze	*E* plant *F* plante • Es una planta típica de la región.
E7	separar	trennen	*L* separare *E* to separate *F* séparer • ¿Separas la basura?
	la basura	Müll, Abfall	¡Cuánta basura han recogido!
	plantar	(an)pflanzen	*FAM.* la planta • Quiero plantar unos árboles detrás de mi casa.
	apagar	ausschalten, löschen	Creo que no apagué la luz de la cocina.
	la luz	Licht	*L* lux
	la electricidad	Elektrizität	La vieja nevera necesita mucha electricidad.
E8	a partir de	ab, von … an	A partir de mañana cuidaré el medio ambiente.

Paso 2 ¿Cuántos seremos y cómo viviremos?

	el gráfico	Grafik, Schaubild	Tengo que hacer un gráfico de la inmigración en España.
	participar	teilnehmen	*E* to participate • ¿Participas en la competición?
	interpretar	interpretieren, deuten; *auch:* darstellen *(als Schauspieler)*	*E* to interpret *F* interpréter *FAM.* el intérprete • ¿Sabes interpretar el gráfico?
	la mayoría	Mehrheit	*E* majority *F* majorité *sin.* la mayor parte • La gran mayoría de la población sabe leer.
E1	bajar	sinken; aus-, absteigen; *(aus dem Internet)* herunterladen	*FAM.* bajo • Tengo que bajar del autobús en la próxima estación.
	el cuarto	Viertel *(vom Ganzen)*	*E* quarter *F* quart • ¼ = un cuarto (litro, kilo, ...)
	la mitad	Hälfte *(vom Ganzen)*	Éste cuesta sólo la mitad.
	el ... por ciento	... Prozent	*L* per centum *E* per cent • El quince por ciento de los jóvenes está sin trabajo.
E2	incluido/-a	inklusive, inbegriffen	*E* inclusive *F* inclusif • El precio es con desayuno incluido.
	el Ayuntamiento	Rathaus; Gemeinde, Stadtverwaltung	El Ayuntamiento decidió construir un instituto.
E3	sonar (-ue-)	klingeln, läuten	Suena el teléfono.
	el marido	Ehemann	*F* mari *ant.* la mujer • El marido de mi amiga es comerciante.
	recoger	abholen	A las ocho Paco viene a recogerme.
E6	la naturaleza	Natur	*L* natura *E/F* nature • En el parque nacional la naturaleza es impresionante.
	el/la pesimista, pesimista	Pessimist/-in, pessimistisch	Mario, ¿por qué eres tan pesimista?

Paso 3 El mundo del trabajo

	la posibilidad	Möglichkeit	*E* possibility *F* possibilité *FAM.* posible *sin.* la oportunidad • Su trabajo le da la posibilidad de viajar mucho.
	la manera	Art und Weise	No sé cómo, pero de alguna manera lo haré.
	el idealismo	Idealismus	*FAM.* ideal • Lo hace sin recibir dinero, sólo por idealismo.
	ahora mismo	genau jetzt, in diesem Moment; *auch:* gleich	*FAM.* ahora • Ahora mismo les traigo las bebidas.
	el/la parado/-a, parado/-a	Arbeitslose/-r, arbeitslos	*FAM.* el paro • Julio está parado, pero seguramente pronto encontrará un trabajo.

E2	el / la bombero/-a	Feuerwehrmann/-frau	*F* pompier • Los bomberos fueron al lugar del accidente.
	el / la cocinero/-a	Koch / Köchin	*FAM.* la cocina • Ana es cocinera en un restaurante.
	el / la dentista	Zahnarzt/-ärztin	*E* dentist • No me gusta nada ir al dentista.
	el / la enfermero/-a	Krankenpfleger/-in	*F* infirmier *FAM.* enfermo • El enfermero trabaja en el hospital.
	el / la fotógrafo/-a	Fotograf/-in	*FAM.* la foto • Pedro se casó con una fotógrafa famosa.
	el / la panadero/-a	Bäcker/-in	*FAM.* el pan • El panadero empieza a trabajar a las cinco de la mañana.
	el / la pintor/-a	Maler/-in	*FAM.* pintar • Salvador Dalí fue un pintor famoso.
E7	la propina	Trinkgeld	¿Cuánto le damos al camarero de propina?
	al aire libre	draußen, im Freien	*FAM.* el aire, libre • La fiesta de cumpleaños es al aire libre.
E8	expresar	ausdrücken, formulieren	*E* to express • Sabe expresar muy bien su opinión.
	la hipótesis	Vermutung, Hypothese	La investigación empieza con una hipótesis.

Etapa 6 *¡Me encanta!*

Paso 1 El concierto de hip hop solidario

el hip hop	Hip Hop	A Esteban le gusta la música hip hop.
solidario/-a	solidarisch	Aprendes muchas cosas haciendo un trabajo solidario.
sortear	verlosen, auslosen	*L* sors *F* sort • Van a sortear un coche entre los empleados.
la entrada	Eintrittskarte, Eingang	*E* entrance *F* entrée *FAM.* entrar • Tengo dos entradas para el concierto.
la revista	Zeitschrift	¿Compraste la revista escolar?
la causa justa	guter Zweck	*L* causa + iustus • Quiero trabajar por una causa justa.
la empresa	Unternehmen, Betrieb, Firma	La empresa ha mejorado las condiciones de trabajo.
la ayuda	Hilfe, Unterstützung	*L* adiuvare *F* aide *FAM.* ayudar • Necesito tu ayuda.
la pasada, ¡qué pasada! *loc.*	Hit, Wahnsinn *(ugs.)*; Wie großartig!	—¿Y, qué tal la película? —¡Una pasada!
recomendar (-ie-)	empfehlen	*E* recommend *F* recommander • Le recomiendo que practique deporte.

	alucinante	unglaublich, fantastisch	La película muestra paisajes alucinantes.
	crítico/-a	kritisch	¿Por qué eres tan crítico? La ponencia no me pareció mala.
	molar mogollón *loc.*	total toll sein *(ugs.)*	Ir en bici mola mogollón.
	aconsejar	empfehlen, raten	Mis padres me aconsejan que siga estudiando.
E1	el resumen	Zusammenfassung	*F* résumé • Escribe un resumen del texto.

Expresiones para comentar algo / Ausdrücke um etwas zu kommentieren:
Um ein Gespräch interessant zu gestalten, können dir die folgenden Einwürfe nützlich sein:

– um deine Freude oder Begeisterung über das Gehörte auszudrücken:

¡Alucinante!	Fantastisch!
¡Genial!	Toll!
¡Impresionante!	Beeindruckend!
¡Maravilloso!	Wunderbar!
¡Mola mogollón!	Das ist total toll!
¡Qué guay!	Toll!
¡Qué interesante!	Wie interessant!
¡Qué pasada!	Großartig!
¡Qué suerte!	Was für ein Glück!

– um dein Missfallen oder Bedauern auszudrücken:

¡Qué horrible!	Wie schrecklich!
¡Qué lío!	Was für ein Durcheinander!
¡Qué mala pata!	Was für ein Pech!
¡Qué mala suerte!	Was für ein Pech!
¡Qué peligroso!	Wie gefährlich!
¡Qué rollo!	Wie langweilig!
¡Qué susto!	Was für ein Schreck!

E6	probable	wahrscheinlich	*E/F* probable • Es probable que llueva mañana.
	el autógrafo	Autogramm	Le pedí un autógrafo, pero no lo recibí.
E7	el consejo	Rat, Ratschlag	*L* consilium *F* conseil *FAM.* aconsejar • ¿Puedo darte un consejo?
	la duda	Zweifel	*L* dubium *E* doubt *F* doute • Dice que va a hacerlo, pero tengo mis dudas.
E8	el móvil	Handy, Mobiltelefon	¿Cuál es tu número de móvil?
	el mensaje (de texto)	Nachricht, Textnachricht, SMS	*E/F* message • Hoy he recibido dos mensajes de texto.
E11	la mentira, ser mentira	Lüge; gelogen sein	*ant.* la verdad • Dice que tuvo una buena nota, pero es mentira.
	raro/-a	seltsam, merkwürdig	*L* rarus *E/F* rare *sin.* extraño • ¡Qué raro!
E12	la atención	Achtung; Aufmerksamkeit	*E/F* attention • ¡Atención, esto es importante!
	el/la locutor/-a	Moderator/-in, (Radio-, Nachrichten-) Sprecher/-in	El locutor leyó las noticias.

Paso 2 Y a ti, ¿qué te gusta hacer?

T1	el coro	Chor	Canto en el coro de mi colegio.
	el comentario	Kommentar	*E* commentary *F* commentaire *FAM.* comentar • Sus comentarios son muy críticos.
	la razón, tener razón	Grund, Recht; Recht haben	*L* ratio *F* raison • Tienes razón, me he equivocado.
	lógico/-a	logisch, selbstverständlich	*E* logical *F* logique • Su hipótesis no es lógica.
	la reina	Königin	*L* regina *FAM.* el rey, el reino • La reina vive en el palacio.
	en serio	(jetzt mal) ehrlich, ernsthaft	*FAM.* serio • No te creo, ¿lo dices en serio?
	el / la presumido/-a, presumido/-a	Angeber/-in; eingebildet	Se cree genial, pero es un presumido.
E1	contestar	antworten, beantworten	¿Por qué no contestas mi pregunta?
E2	la actitud	Haltung, Einstellung	No me gustó su actitud después de perder el partido.
E3	convencer	überzeugen	*L* convincere *E* to convince *F* convaincre • Me convenció, voy a participar en el torneo.
E4	la ventaja	Vorteil	*E* advantage *F* avantage • Aprender un idioma extranjero tiene muchas ventajas.
	la desventaja	Nachteil	*E* disadvantage *F* désavantage *ant.* la ventaja • El piso tenía muchas desventajas, por eso lo vendimos.
T2	conectarse a Internet, estar conectado/-a	ins Internet gehen, verbunden sein	Me conecto a Internet para chatear con mis amigos.
E5	los medios	Medien	¿Cuál de estos medios prefieres: la tele o la radio?
	el resultado	Ergebnis	*E* result *F* résultat • ¿Conoces el resultado de las elecciones?
	adicto/-a	süchtig, abhängig	*E* addicted • Clara es adicta al café, bebe cinco tazas al día.
	el objetivo	Ziel, Zweck, Absicht	El objetivo de mi grupo es ayudar a familias que viven en la miseria.
E6	mandar	schicken, absenden	*L* mandare • Cuando viajo mando postales.
	la factura	Rechnung	Pagué la factura de la electricidad.
	dormirse (-ue-)	einschlafen	*L* dormire *F* dormir *FAM.* dormir • Pocas veces me duermo antes de las 10:30.

	el chocolate	Schokolade	Me encanta el chocolate.
T3	mientras + *indicativo*; mientras + *subjuntivo*	während; solange	Mientras como caramelos, estoy contento. Mientras tenga caramelos estoy contento.
	divertido/-a	lustig, unterhaltsam	*FAM.* divertirse
E12	complicado/-a	kompliziert	*sin.* difícil *ant.* fácil • Este ejercicio no es complicado.

Paso 3 Mis héroes

	el héroe / la heroína	Held/-in	*E* hero *F* héros • Al final de la película la heroína muere.
T1	la sociedad	Gesellschaft	*L* societas *E* society *F* société *FAM.* social • ¿Es posible una sociedad más solidaria?
	el modelo	Modell, Vorbild	Tenéis que hacerlo como el modelo.
	la solución	Lösung	*E/F* solution • Creo que tengo la solución para tu problema.
	sin embargo	trotzdem, dennoch	Sin embargo te quiere.
	irreal	unwirklich, unecht	*ant.* real • Es todo tan extraño, parece irreal.
	el hueso, de carne y hueso	Knochen; aus Fleisch und Blut	El perro de la foto, ¿es de carne y hueso?
	la cualidad	Eigenschaft, Fähigkeit	*E* quality *F* qualité • Por sus cualidades es una madre modelo.
	a cambio	im Gegenzug	*FAM.* cambiar • ¿Qué me das a cambio de mi ayuda?
	reírse (-i-), reírse de alguien	lachen; jdn. auslachen	*L* ridere *F* rire *FAM.* la sonrisa • Parece tonta, se ríe de todo sin motivo.
	los demás	die anderen, die übrigen	¿Dónde están los demás?
	volar (-ue-)	fliegen	Mañana vuelo a Argentina.
E4	¡que aproveche! *loc.*	Guten Appetit!	
	¡que te mejores! *loc.*	Gute Besserung!	*FAM.* mejorar
E5	deber, no deber	müssen, sollen; nicht dürfen	*L* debere *F* devoir • No debes decir mentiras.
	las palomitas	Popcorn	Siempre comemos palomitas en el cine.
E7	sentarse (-ie-)	sich (hin)setzen	*FAM.* estar sentado • Estoy cansada ... si me siento me dormiré.
T2	el cambio	Wechsel, Wandel	*FAM.* cambiar
	la discriminación	Diskriminierung	Hay que hacer algo contra la discriminación.

E15	discriminar	diskriminieren	*FAM.* la discriminación
	para que + *subjuntivo*	damit	*FAM.* para • Te llamaré esta noche para que podamos quedar el viernes.
	la necesidad	Bedürfnis, Notwendigkeit	*FAM.* necesitar • Siento la necesidad de contarte todo.
E16	sin que + *subjuntivo*	ohne dass	*FAM.* sin • No pasa un día sin que piense en ella.
	respetar	respektieren	Hay que respetar las opiniones de los demás.
	a fin de + *inf.*, a fin de que + *subjuntivo*	um zu, damit	*sin.* para • Mis padres hacen todo lo que pueden a fin de que yo esté contento.
E19	en caso de + *inf.*, en caso de que + *subjuntivo*	falls	*sin.* si • En caso de que no puedas venir, llámame.

Paso 4 Olvido el mundo leyendo

T	el relato	Kurzgeschichte, Erzählung	¡Qué pasada es este relato!
	inquietante	beunruhigend, unheimlich	*F* inquiétant • Las noticias sobre el medio ambiente son inquietantes.
	perdonar(le algo a alguien)	jdm. verzeihen, jdn. entschuldigen	*F* pardonner *FAM.* perdón • Aunque me duele lo que hiciste, te perdono.
	el / la autor/-a	Autor/-in	*L* auctor *E* author *F* auteur • El autor del relato es un médico famoso.
E1	el / la narrador/-a	Erzähler/-in	*L/E* narrator *F* narrateur • Luis es un narrador genial.
	gemelo/-a	(eineiige/-r) Zwillings-	Tengo una hermana gemela.
E3	el / la protagonista	Hauptfigur, Hauptdarsteller/-in	El protagonista del cuento es un rey loco.
	tratar de	handeln von	El relato trata de la migración de una familia.
	inesperado/-a	unerwartet	*F* inespéré *FAM.* esperar • La muerte del héroe fue inesperada.
	misterioso/-a	mysteriös, geheimnisvoll	*E* mysterious *F* mystérieux • En su diario escribe palabras misteriosas.
	el argumento	Handlung; Argument	¿Cuál es el argumento de la película?
	el comienzo, al comienzo	Anfang, Beginn; anfangs	Al comienzo no nos llevábamos bien.
	comenzar (-ie-)	anfangen, beginnen	*E* to commence *F* commencer • Mañana comienzo con el trabajo.
E4	impresionar	beeindrucken	*E* to impress *F* impressionner *FAM.* impresionante • ¡Qué bien! Me has impresionado.

E5 la novela	Roman	*E* novel • ¿Cuál es tu novela favorita?

Expresiones para hablar sobre un texto literario / Ausdrücke um über einen literarischen Text zu sprechen:

– um einen Text zu beschreiben:

El tema del cuento es ...	Das Thema der Geschichte ist ...
La novela trata de ...	Der Roman handelt von ...
El argumento es ...	Die Handlung ist ...
el / la autor/-a	der / die Autor/-in
el / la narrador/-a	der / die Erzähler/-in
los personajes	die Figuren
el / la protagonista	der / die Protagonist/-in
El comienzo / final es ...	Der Anfang / Das Ende ist ...
El texto comienza / termina con ...	Der Text beginnt / endet mit ...

– um deine persönliche Wertung abzugeben:

Me gustó mucho / bastante.	Es hat mir sehr gut / ziemlich gut gefallen.
No me gustó mucho / nada.	Es hat mir nicht besonders / gar nicht gefallen.
Me encantó.	Ich war begeistert.
Me pareció genial / fantástico / interesante.	Ich fand es super / fantastisch / interessant.
Me pareció horrible / aburrido / un rollo.	Ich fand es schrecklich / langweilig.

Etapa 7 *El viaje de fin de curso*

el fin	Ende, Ziel	*sin.* el final • ¿Adónde vais en el viaje de fin de curso?
el curso	Klasse, Schuljahr, Kurs	Este verano haré un curso de español en Salamanca.

Paso 1 Buenas noticias

el banco	(Park-)Bank, Geldinstitut	*E* bank *F* banque • Tenemos poco dinero en el banco.
reconocer *irr.*	(wieder-, an-)erkennen	*F* reconnaître *FAM.* conocer • ¿No me reconoces?
la voz	Stimme	*L* vox *E* voice *F* voix *FAM.* en voz alta
a que no	wetten, dass nicht	¿A que no sabes qué me dijo?
no me digas	sag bloß; was du nicht sagst	No me digas que tienes el permiso de residencia. ¡Qué suerte!
un montón	viel, eine Menge	*sin.* mucho • Tengo un montón de ropa para lavar.
incluso	sogar	Ha llovido incluso en el desierto.

	por fin	endlich	*FAM.* el fin • Por fin te encuentro.
	el monumento	Monument, Denkmal	*E/F* monument • Fue útil leer la guía antes de visitar los monumentos.
	el museo	Museum	¿A qué hora abre el museo?
	exagerar	übertreiben	No exageres, la película fue buena, pero tampoco tanto.

Las notas / Die Schulnoten

0-4	suspenso	ungenügend, mangelhaft, durchgefallen	8	notable	gut
5	aprobado	ausreichend	9	sobresaliente	sehr gut
6-7	bien	befriedigend	10	matrícula de honor	ausgezeichnet

E8	llamarle la atención a alguien	jdn. zurechtweisen	El profesor nos llamó la atención porque estábamos charlando.
	dibujar	zeichnen, malen	*FAM.* el dibujo • Ana dibuja las viñetas de la revista escolar.
	dictar	diktieren	*FAM.* el dictado • ¿Me dictas la receta de la tortilla de patatas?
E10	la atracción turística	Sehenswürdigkeit	*FAM.* el turismo • La catedral es una atracción turística.
E12	el/la turista	Tourist/-in	En verano llegan muchos turistas de todo el mundo.
	el total	Gesamtheit	El total de turistas en Barcelona en 2008 fue más de seis millones.

Paso 2 ¡Por fin en Barcelona!

	el paseo	Spaziergang, Spazierweg	*FAM.* dar un paseo • ¿Te gustó el paseo por la costa?
	el interior, en el interior	das Innere; drinnen, innen	*L* intus *F* intérieur • Los pueblos en el interior del país son pobres.
	el ascensor	Aufzug, Fahrstuhl	*F* ascenseur • Subimos a la terraza en ascensor.
	la corona	Krone, *hier:* Spitze	Desde la corona del edificio la vista es maravillosa.
	gótico/-a	gotisch	¿Qué te pareció la iglesia gótica?
	el servicio / los servicios	Toilette, WC	Perdona, ¿dónde están los servicios?
	tardar	dauern, Zeit brauchen	Vuelve rápido, por favor, no tardes tanto.
	exacto/-a	exakt, genau	*E/F* exact • Tu explicación fue muy exacta, ahora sí lo entiendo.

	desaparecer *irr.*	verschwinden	*F* disparaître *FAM.* parecer • El perro que ayer nos siguió hasta casa ha desaparecido.
	el incendio	Brand, Feuer	*L* incendium *F* incendie • Hay que hacer algo para evitar los incendios de bosques.
	tomar fotos	Fotos machen, aufnehmen	¿Tomaste muchas fotos durante la excursión?
E4	el albergue	Pension, (Jugend-)Herberge	*F* auberge • Pasamos la noche en un albergue agradable.
	el reglamento	Regelwerk, (Haus-)Ordnung	El reglamento de la empresa no lo permite.
	la regla	Regel, Norm	*FAM.* el reglamento • Su problema es que no conoce las reglas.
	el/la adulto/-a	Erwachsene/-r	Los adultos prepararon juegos para los niños.

Paso 3 Un catalán famoso en todo el mundo

	el póster	Poster	En mi habitación tengo posters de mi grupo favorito.
	la moda	Mode	Sara va siempre a la moda.
	la forma	Form, Art, Sorte	*L* forma • Me gusta la forma de la ventana.
	el arte	Kunst	*L* ars *E/F* art • ¡Qué extraña es esa pintura! Me pregunto si eso es arte.
	de pequeño/-a	als er/sie ein Kind war	De pequeña le encantaba escuchar relatos.
	así que	daher, deshalb	*sin.* por eso • No vino a verme, así que no pude hablar con él.
	la arquitectura	Architektur	La arquitectura árabe es característica de la ciudad.
	el estilo	Stil	*E/F* style • En el monumento hay una mezcla de estilos.
	el elemento	Element	*E* element • Cada elemento es importante en el todo.
	redondo/-a	rund	¿Qué les parece si construimos una piscina redonda?
	crear	erschaffen	*L* creare *E* to create *F* créer • Es posible crear algo nuevo.
	el azulejo	Fliese	Los azulejos de la cocina son blancos.
	la columna	Säule	*E* column • En el interior de la iglesia hay muchas columnas.
	la fachada	Fassade	Están pintando la fachada del ayuntamiento.

E8	el plano	Plan, Bauplan	*E/F* plan • No sé cómo ir, tengo que mirar el plano del metro.
	el/la guía	Stadtführer/-in	*E/F* guide *FAM.* la guía turística • El guía dice que vayamos a ver el Parque Güell.
	la obra	Werk, Kunstwerk	*L* opus *F* œuvre • La catedral es una maravillosa obra de arquitectura.

Paso 4 ¿Cómo lo dices en catalán?

T1	el estadio	Stadion	¿Has ido al estadio de fútbol?
	el suelo	Boden, Fußboden	Hay pocas sillas, nos sentamos en el suelo.
	el folleto	Prospekt	En el folleto están incluidas las estadísticas actuales sobre migración.
	esto	das hier	*ant.* eso • —¿Qué quieres, esto? —No, prefiero eso, por favor.
T3	según	laut, nach, gemäß	Según el reglamento, eso no está permitido.
	la Constitución	Verfassung	*E/F* constitution • La Constitución Española es de 1978.
	la lengua	Sprache	*L* lingua *E* language *F* langue *sin.* el idioma • ¿Cuántas lenguas extranjeras hablas?
	junto con	zusammen mit	*FAM.* juntos • La vi junto con su nuevo amigo en la discoteca.
	prohibir	verbieten	*L* prohibere *E* to prohibit • La ley prohibe llevar armas.
	en público	in der Öffentlichkeit	*E* in public *F* en public *FAM.* público • Pilar disfruta cantando en público.
	publicar	veröffentlichen	*F* publier *FAM.* público • Quiero publicar el resultado de mis investigaciones.
	el derecho	Recht	*F* droit • Todas las personas tienen derecho a ser libres.
	propio/-a	eigene/-r	*L* proprius *F* propre • Por fin vivimos en casa propia.
	bilingüe	zweisprachig	*FAM.* la lengua • Crecer bilingüe es una gran ventaja.

facultativo

Etapa 8 *Quiero que presentéis ... Galicia*

T1	cerrar (-ie-)	schließen	Cierra la puerta, por favor.
	húmedo/-a	nass, feucht	No puedo ponerme esta camiseta, todavía está húmeda.
	la gaita	Dudelsack	En Escocia y en Galicia tocan la gaita.
	el olor	Geruch	*F* odeur • El olor de esa paella es buenísimo.
	la magia	Magie, Zauber	*FAM.* mágico

el instrumento	Instrument	*E/F* instrument • ¿Tocas un instrumento?
los celtas	Kelten	Antes, los celtas vivían en Galicia.
la bruja	Hexe	Las brujas normalmente son malas.
responsable de	verantwortlich für	*E* responsible • No olvides que eres responsable de tu hermanito.
T2 la romería	Pilgerfahrt, Volksfest	Una romería es una fiesta de origen religioso.
pronunciar	aussprechen	*E* to pronounce *F* prononcer • ¿Cómo pronuncias esto?
la traducción	Übersetzung	*F* traduction *FAM.* traducir • Es una novela maravillosa, pero la traducción no me gusta.

facultativo

Grupo 1 El Camino de Santiago – la Rue de St. Jacques – der Jakobsweg

T la tumba	Grab	*E* tomb *F* tombe • En la catedral de Sevilla podemos ver la tumba de Colón.
el apóstol	Apostel	Santiago era uno de los doce apóstoles.
fundar	gründen	*E* to found *F* fonder • Mi instituto se fundó en 1956.
el peregrino	Pilgerer	*FAM.* la peregrinación
el símbolo	Symbol	*E* symbol *F* symbole • La *vieira* es el símbolo del Camino de Santiago.
el destino	Ziel	El destino de nuestro viaje es La Coruña.
la misa	Messe	En Navidad me gusta ir a misa.
la Edad Media	Mittelalter	*L* aetas *FAM.* la edad
lleno/-a	voll	*L* plenus • La plaza está llena de turistas.
tirar	ziehen; *auch:* werfen	Ya no necesito ese papel, puedes tirarlo a la basura.
la cuerda	Seil, Tau	Tira de la cuerda, por favor.
el espectáculo	Vorführung	¡Qué espectáculo tan gracioso!

facultativo

Grupo 2 Fiestas, ferias y romerías

T la feria	Jahrmarkt, Messe	En la feria de turismo dan mucha información sobre el país.
la hoguera	Lagerfeuer	Acaban de encender la hoguera.
el espíritu	Geist	*L* spiritus *E* spirit *F* esprit
la tinta	Tinte	Prefiero escribir con tinta azul.
doblar	falten	Hay que doblarlo en dos partes.
asado/-a	gegrillt	*FAM.* el asado
único/-a	einzig, einzigartig	*L* unicus *E/F* unique • Mi abuela es genial. Soy su única nieta y me quiere mucho.
el baile	Tanz	*FAM.* bailar • El flamenco es mi baile favorito.
salvaje	wild	*E* savage *F* sauvage • Ojo, en el bosque hay animales salvajes.

encerrar (-ie-)	einschließen	*FAM.* cerrar • ¿Por qué te encierras en tu habitación?
marcar	markieren	*E* to mark *F* marquer • Marqué los adverbios del texto.
el festival	Musikfest	Todos los veranos hay un festival de hip hop en mi ciudad.
el escenario	Bühne, Schauplatz	*E* scene *F* scène • La cantante subió al escenario.
acompañar	begleiten	*FAM.* el compañero • Voy a cantar algo, ¿me acompañas con la guitarra?
la estrella	Stern	Ella es una estrella del cine.
el/la artista	Künstler/-in	*E* artist *F* artiste *FAM.* el arte • El artista publicó una autobiografía.
los fuegos artificiales	Feuerwerk	En la fiesta de Paco hubo incluso fuegos artificiales.
luchar (contra)	kämpfen (gegen)	Hay que luchar contra el paro.
el programa	Programm	Quiero ver la tele, ¿tienes el programa?
el mejillón	Miesmuschel	Me gustan mucho los mariscos, sobre todo los mejillones.
atacar	angreifen	*E* to attack *F* attaquer • Los piratas atacaron el barco.

E la agencia de viajes	Reisebüro	*FAM.* el viaje • Mi prima trabaja en una agencia de viajes.

facultativo

Grupo 3 Galicia, ¿el fin del mundo?

E la pared	Wand	Tengo muchos posters en las paredes de mi habitación.
virtual	virtuell	*E* virtual *F* virtuel
intentar	versuchen	Intento acostarme temprano, pero a veces leo hasta tarde.

facultativo

Grupo 4 Ser joven en Galicia

la industria	Industrie	Hay mucha industria en esta zona.
el jardín zoológico	Zoo	*FAM.* el jardín • A los niños les gusta ir al jardín zoológico.
el monasterio	Kloster	El vino del monasterio es muy famoso.
limpio/-a	sauber	*FAM.* limpiar • ¿Por qué quieres lavar la chaqueta? Está limpia.
la agricultura	Landwirtschaft	Mis tíos trabajan en la agricultura.
alrededor de	um ... herum	Alrededor del pueblo hay bosques.

E	grabar	aufnehmen, aufzeichnen	Grabamos la entrevista.
	el video	Video	¿Vemos un video?

facultativo

Grupo 5 La Galicia mágica

T	la medianoche	Mitternacht	*FAM.* la noche
	la procesión	Prozession, Marsch	La *Santa Compaña* es una procesión de almas.
	el alma *f.*	Seele	*L* anima • el alma y las almas
	cubrir	bedecken, verhüllen	Cubre el cuadro, no quiero que lo vea nadie.
	la cara	Gesicht	Mírame la cara y dímelo otra vez.
	la vela	Kerze	No hay electricidad, tenemos que encender una vela.
	el aire	Luft	*L* aer *E/F* air *FAM.* el aeropuerto
	rezar	beten	Rezo que mi nota no sea tan mala.
	la campana	Glocke	Escucha, tocan las campanas.
	callarse	verstummen	¿Puedes callarte un momento? Estoy hablando por teléfono.
	huír *irr.*	fliehen	*L* fugere *F* fuir • Cuando sonó la campana, mi gato huyó.
	asustado/-a	erschrocken, ängstlich	Está oscuro y estoy asustado.
	aullar	heulen, jaulen	El perro aúlla.
	proteger	schützen	*L* protegere *E* to protect *F* protéger *sin.* cuidar • Había un perro salvaje, pero mi amigo me protegió.
	la escoba	Besen	¿Dónde está la escoba? Voy a limpiar la casa.
E	el cuento de hadas	Märchen	*FAM.* contar • ¿Me cuentas un cuento antes de dormir?
	salvar	retten	*L* salus *F* sauver
	bastar con	ausreichen	*FAM.* bastante • No basta con decirlo, tienes que intentarlo.
	el/la espectador/-a	Zuschauer/-in	*FAM.* el espectáculo
	representar	darstellen	*E* to represent *F* représenter • El color rojo muchas veces representa el amor.

Diccionario
español – alemán

A

a, al hin, zu, nach I
a. C. vor Christus 2 E4
a caballo zu Pferd 1 E1
a cambio im Gegenzug 6.3 T
a fin de (que) um zu, damit 6.3 E16
a la derecha rechts I
a la izquierda links I
a la postre letzten Endes 6.4 T
a la vez zugleich 6.3 T2
a lo largo de entlang 4 E1
a partir de ab, von … an 5.1 E8
a pesar de que obwohl 5.1 E10
a pie zu Fuß I
¿a qué hora? Um wieviel Uhr? I
a que no wetten, dass nicht 7.1 T
a veces manchmal I
a ver mal sehen I
abandonar verlassen 6.4 T
abandonarse sich hingeben 2.3 E7
el abrazo Umarmung 1.2 T2
el abrigo Mantel 7.2 E7
el abril April I
abrir öffnen I
absurdo/-a absurd I
el / la abuelo/-a, los abuelos Großvater/-mutter/-eltern I
aburrido/-a langweilig (mit *ser*), gelangweilt (mit *estar*) I
aburrirse sich langweilen I
acabar enden 2.4 E4
acabar de etw. gerade getan haben I
el accidente Unfall I
la acción Tat, Handlung 3.1 E3
el aceite Öl I
aceptar akzeptieren 1.3 E7
la acera Gehweg 7.2 E7
acercar annähern 7.2 E7
acompañar begleiten 7.2 E7
aconsejar empfehlen, raten 6.1 T
el acontecimiento Ereignis 2.3 E7
acostarse zu Bett gehen I
la actitud Haltung, Einstellung 6.2 E2
la actividad Aktivität I
activo/-a aktiv, lebhaft 4.2 T1
actual aktuell I
el acuario Wassermann *(astrol.)*, Aquarium 5
el acueducto Aquädukt 2
además außerdem I
adicto/-a süchtig, abhängig 6.2 E5
adiós Tschüß! I
adivinar raten, erraten I
¿adónde? Wohin? I
adorable liebenswert 6.4 T
el / la adulto/-a Erwachsene/-r 7.2 E4
el aeropuerto Flughafen 1.4 T
el aerosol Spray 5.1 E10
aferrado/-a a angeklammert an 4.2 E4
la agencia de viajes Reisebüro 8.2 E
el agosto August I
agradable angenehm I
la agricultura Landwirtschaft 5.4 E10
agruparse sich versammeln 7.2 E7
el agua *f.* Wasser I
el agua mineral *f.* Mineralwasser I
ahora jetzt I
ahora mismo genau jetzt, gleich 5.3 T
el ahorro Sparen 1.3 E7
el aire Luft 8.5 T
el aire acondicionado Klimaanlage 1.3 E7
el ajo Knoblauch I
al aire libre draußen, im Freien 5.3 E7
al comienzo anfangs 6.4 E3
al final (de) am Ende I
al lado neben I
al menos wenigstens 1.3 E7
al mismo tiempo gleichzeitig, zeitgleich 3.1 E3
al principio zu Anfang, zuerst 1.4 T
la alacena Speisekammer 2.2 E4
el albaricoque Aprikose 2.2 E4
el albergue Pension, Jugendherberge 7.2 E4
el alcalde Bürgermeister 2.2 E4
la aldea Dorf 2.2 E4
alegre fröhlich 3.3 E1
la alegría Freude 3.3 T
alejarse sich entfernen 7.2 E7
el alemán das Deutsche I
alemán/-ana deutsch I
el / la alemán/-ana Deutsche/-r I
la alfombra Teppich 2.2 E4
algo etwas I
alguien jemand I
algunos/-as einige I
alimentar ernähren 6.3 E14
aliviar lindern, erleichtern 1.3 E7
allí dort, da; dorthin I
el alma *f.* Seele 2.2 E9
la almohada Kissen 2.2 E4
alquilar mieten, vermieten 3.2 T1
alrededor de um … herum 8.4 T
alto/-a groß *(Körpergröße)*, hoch I
alucinante unglaublich, fantastisch 6.1 T
alumbrar erleuchten 4.2 E4
el ama de casa *f.* Hausfrau 3.1 E1
amar lieben 2.3 T
la amargura Kummer 2.2 E9
amarillo/-a, el amarillo gelb, Gelb I
ambientalista Umweltschutz- 5.1 E10
el ambiente Stimmung, Atmosphäre 4.2 T1
la ambulancia Krankenwagen I
el / la amigo/-a Freund/-in I
el amor Liebe 4.2 E4
ancho/-a weit, breit 4.2 T1
el / la andaluz/-a Andalusier/-in 3.2 T1
andaluz/-a andalusisch 3.2 T1
el andar Gehen 4.2 E4
los Andes Anden 4 E1
el anfiteatro Amphitheater 2.1 E4

anhelante sehnsüchtig	7.2 E7
el animal Tier	1.4 E3
el año Jahr	I
anoche gestern Abend	I
ansiado/-a ersehnt	1.3 E7
ante vor	6.4 T
anteayer vorgestern	I
anterior vorherige/-r	5.4 E10
antes (de), ... antes vorher, vor dem/-r ...	I
antes de Cristo vor Christus	2 E4
antiguo/-a antik, sehr alt	I
apagar ausschalten, löschen	5.1 E7
el apellido Nachname	I
apetecerle algo a alguien Lust haben zu	I
el apóstol Apostel	8.1 T
aprender lernen	I
el aprobado Ausreichend *(Note)*	7.1 E2
apuntar notieren, aufschreiben	I
apuntarse a sich einschreiben, anmelden	I
aquel/-lla/-os/-as diese/-r/-s (dort)	I
aquí hier	I
el / la árabe Araber/-in	2 E1
árabe arabisch	2 E1
el árbol Baum	4.2 T2
argentino/-a argentinisch	I
el / la argentino/-a Argentinier/-in	I
el argumento Argument, Handlung	6.4 E3
el aries Widder *(astrol.)*	5
el arma *f.* Waffe	2.4 T
el armario Schrank, Kleiderschrank	I
arquitectónico/-a architektonisch	7.3 E8
la arquitectura Architektur	7.3 T
arrancar *hier:* anspringen *(Motor)*	I
el arroz Reis	I
el arte Kunst	7.3 T
el artículo Artikel	I
el / la artista Künstler/-in	7.3 E8
el asado Grillfleisch	4.3
asado/-a gegrillt	8.2 T
el ascensor Aufzug, Fahrstuhl	7.2 T
así so, auf diese Weise	I
así que daher, deshalb	7.3 T
el asiento Sitz	I
el asiento trasero Rücksitz	I
la asignatura Schulfach	I
el aspecto Aspekt	7.3 E8
el aspecto físico Aussehen	6.2 E11
el astronauta Astronaut	6.4 T
asturiano/-a aus Asturien	3.3 T
asustado/-a erschrocken, ängstlich	8.5 T
atacar angreifen	8.2 T
el atardecer Abenddämmerung	2.2 E9
atemporal zeitlos	8 T2
la atención Achtung, Aufmerksamkeit	6.1 E12
atender *(Anruf)* annehmen	1.3 E7
aterrorizado/-a starr vor Angst	6.4 T
la atracción Anziehung	2.3 E7
la atracción turística Sehenswürdigkeit	7.1 E10
el aula *f.* Klassenraum	7.2 E7
aullar heulen, jaulen	8.5 T
el aumento Zunahme	5.4 E10
aunque obwohl, auch wenn	2.2 E3
el auto Auto	7.2 E7
el autobús Bus	I
el autógrafo Autogramm	6.1 E6
la autopista Autobahn	4.3 E1
el / la autor/-a Autor/-in	6.4 T
la autoridad Autorität, Behörde	3.1 E5
la avenida Allee	4.2 T1
la aventura Abenteuer	4.3 E1
el avión Flugzeug	I
avisar Bescheid sagen	4.3 E6
ayer gestern	I
la ayuda Hilfe, Unterstützung	6.1 T
ayudar a helfen	I
el Ayuntamiento Rathaus, Gemeinde, Stadtverwaltung	5.2 E2
la azafata Stewardess	2.2 E4
el azafrán Safran	I
el azúcar Zucker	2.2 E4
azul, el azul blau, Blau	I
el azulejo Fliese	7.3 T

B

bailar tanzen	4.2 T1
el baile Tanz	8.2 T
bajar sinken; aus-, absteigen; herunterladen *(Internet)*	5.2 E1
bajo/-a klein *(Körpergröße)*, niedrig	I
bajo unter, mit	1.3 E7
bajo cero unter Null	I
el balance Bilanz	5.1 E10
el baloncesto Basketball	I
el banco Parkbank, Geldinstitut	7.1 T
la bandera Fahne, Flagge	3.2 T1
el (cuarto de) baño Bad	I
el bar Café, Kneipe, Bar	I
barato/-a billig	I
el barco Schiff	2.4 E4
la barra Stange, Laib *(Brot)*	I
la barriga Bauch	I
el barrio Stadtteil, Stadtviertel	4.2 E1
bastante genug, ziemlich, ausreichend	I
bastar con ausreichen	8.5 T
la basura Müll, Abfall	5.1 E7
la batalla Schlacht	2.3 E7
beber trinken	I
la bebida Getränk	I
la berenjena Aubergine	2.2 E4
besar küssen	7.2 E7
el beso Kuss	I
la biblioteca Bibliothek, Bücherei	4.3 E1
la bicicleta Fahrrad	I
bien gut	I
el bien Befriedigend *(Note)*	7.1 E2
bienvenido/-a willkommen	4.3 E7
bilingüe zweisprachig	7.4 T3
el billete Fahrkarte	I
la biografía Biographie, Lebensgeschichte	1.3 E13
el / la bisabuelo/-a Urgroßvater/-mutter	3 E2
blanco/-a, el blanco weiß, Weiß	I
el blog Blog, Internettagebuch	1.3 E7
la boca Mund	I
el bocadillo belegtes Brötchen	I

el bolígrafo, el boli Kugelschreiber I
el bolsillo Hosen-, Jackentasche 7.2 E7
el / la bombero/-a Feuerwehrmann/-frau 5.3 E2
bonito/-a schön, hübsch I
el bosque Wald 4.2 T2
las botas Stiefel I
la botella Flasche I
el brazo Arm I
la bruja Hexe 8 T1
buenas noches Guten Abend! Gute Nacht! I
buenas tardes Guten Tag! Guten Abend! I
bueno gut, na dann, na ja I
bueno/-a gut, nett, lieb I
buenos días Guten Morgen! Guten Tag! I
burlar täuschen 3.1 E5
burlón/-ona spöttisch 4.2 E4
buscar suchen I

C

el caballo Pferd 1 E1
la cabeza Kopf I
cada jede/-r/-s I
cada uno/-a jede/-r I
el cadáver Leichnam 6.4 T
caerse fallen, hinfallen I
el café Kaffee I
la cafetería Cafeteria I
la caja Kasse I
calentar erwärmen, erhitzen 4.1 T
callarse verstummen 8.5 T
la calle Straße I
callejero/-a Straßen- 4.2 E1
el calor Wärme, Hitze I
la cama Bett I
el / la camarero/-a Kellner/-in I
cambiar ändern, wechseln, umstellen I
el cambio Wechsel, Wandel 6.3 T2
caminar gehen, laufen, wandern I
el camino Weg I
el Camino de Santiago Jakobsweg 1.1 T
la camisa Hemd I
la camiseta T-Shirt I
la campana Glocke 7.2 E7
el campo Feld, Land 3.2 T1
el cáncer Krebs *(astrol.)* 5
la cancha Sportplatz, Spielfeld I
la canción Lied I
cansado/-a müde I
el / la cantante Sänger/-in I
cantar singen 1.1 E6
la cantidad Menge I
la capacidad Fähigkeit 6.3 T2
la capital Hauptstadt I
el capricornio Steinbock *(astrol.)* 5
la cara Gesicht 8.5 T
la característica Eigenschaft, Merkmal 5 E1
el caramelo Bonbon I
cargante belastend 1.3 E7
la caricia Streicheln 7.2 E7
la carne Fleisch 4.2 T1
el carnicero Fleischer 1.3 E7
caro/-a teuer I
la carrera Rennen, Wettrennen I
la carretera Landstraße, Bundesstraße 4 E1
la carta Brief I
el cartel Plakat, Schild 2.4 E3
la casa Haus I
casado/-a verheiratet 3.1 E6
casarse (con) heiraten 1.2 E6
el casco Helm, Sturzhelm I
casi fast I
el castellano das Kastilische 2.3 T
castellano/-a kastilisch 2.3 T
el catalán das Katalanische I
catalán/-ana katalanisch I
el / la catalán/-ana Katalane/-in I
la catedral Dom, Kathedrale I
católico/-a katholisch 2.3 T
la causa justa guter Zweck 6.1 T
la cebolla Zwiebel I
el cedé, el CD CD I
celebrar feiern I
celeste, el celeste hellblau, Hellblau I
los celtas Kelten 8 T1
cenar zu Abend essen I
el céntimo Cent I
el centro Mitte, Zentrum I
cerca (de) nah, in der Nähe (von) I
cercano/-a nahe gelegen 1.3 E7
el cero Null I
cerrar schließen 6.3 T2
la chaqueta Jacke, Sakko I
charlar plaudern I
chatear chatten I
el / la chico/-a Kind, Junge / Mädchen I
el chocolate Schokolade 6.2 E6
Ciencias de la Naturaleza Naturwissenschaften I
las ciencias naturales Naturwissenschaften 2.2 T1
Ciencias Sociales, Geografía e Historia Sozialwissenschaften, Erdkunde und Geschichte I
el cine Kino I
la ciudad Stadt I
el / la ciudadano/-a (Staats-)Bürger/-in 1.2 E8
clandestino/-a heimlich 3.1 E5
claro, claro/-a na klar; hell I
la clase, las clases Klasse, Unterricht I
el / la cliente Kunde/-in I
el clima Klima I
el coche Wagen, Auto I
la cocina Küche I
cocinar kochen I
el / la cocinero/-a Koch / Köchin 5.3 E2
el codo Ellenbogen I
la cola Schlange 1.3 E7
la colección Sammlung 7.3 E8
el colegio, el cole Schule I
colocar anbringen 6.3 E14
el color Farbe I
la columna Säule 7.3 T
el comedor Esszimmer I
comentar kommentieren 6.1 E13
el comentario Kommentar 6.2 T1
comenzar anfangen, beginnen 6.4 E3
comer essen I
comer a besos abküssen 6.4 T
el / la comerciante Geschäftsmann/-frau, Händler/-in 3.1 E1
la comida Essen I
el comienzo Anfang, Beginn 6.4 E3

como wie, so wie — I
¿cómo? Wie? — I
¿cómo estás? Wie geht es dir? — I
el / la compañero/-a Mitschüler/-in, Kamerad/-in — I
compartir teilen — 6.3 T2
la competición Wettkampf, Wettbewerb — I
complicado/-a kompliziert — 6.2 E12
la compra (Ein-)Kauf — I
comprar kaufen — I
comprender verstehen — 1.3 E7
la comprensión Verständnis — 6.3 T2
comunicarse con sich in Verbindung setzen mit — 1.3 E7
la comunidad autónoma autonome Region — I
con mit — I
el concierto Konzert — I
concluir folgern — 1.3 E7
la condena Strafe — 3.1 E5
condenar verurteilen — 2.2 E9
la condición Zustand, Bedingung — 3.2 T1
conducir (selbst) fahren, lenken — I
conectarse a Internet ins Internet gehen — 6.2 T2
la confusión Verwirrung — 3.3 T
conmigo mit mir — I
conocer kennen, kennenlernen — I
conquistar erobern — 2.1 T1
el consejo Rat, Ratschlag — 6.1 E7
la Constitución Verfassung — 7.4 T3
la construcción Bauwesen — 5.4 E10
construir erbauen, errichten — 1.1 E9
contactar Kontakt aufnehmen — 5.1 E10
el contacto Kontakt, Berührung — 7.2 E7
contar erzählen — I
contemporáneo/-a zeitgenössisch — 2.4 E4
contento/-a froh, zufrieden — I
contestar (be-)antworten — 6.2 E1
contigo mit dir — I
el continente Kontinent — 2.3 E5
contra gegen — 2.4 E4
convencer überzeugen — 6.2 E3
el corazón Herz — 3.1 E5
el coro Chor — 6.2 T1
la corona Krone, Spitze — 7.2 T
el coronel Oberst — 2.4 E4
correcto/-a richtig, wahr — I
correr rennen, laufen — I
corresponder zustehen — 3.3 T
la corriente migratoria Einwandererstrom — 3.3 T
la corte Königshof — 2.3 E7
corto/-a kurz — I
la cosa Ding, Sache — I
cosmopolita weltoffen — 4.2 E1
la costa Küste — I
costar kosten — I
la costumbre Gewohnheit, Brauch — 1.2 T2
crear erschaffen — 7.3 T
crecer wachsen, aufwachsen — 1.2 E8
creer que glauben, dass — I
el / la cristiano/-a Christ/-in — 2.2 T1
cristiano/-a christlich — 2.2 T1
crítico/-a kritisch — 6.1 T
el cruasán Croissant, Hörnchen — 4.2 T2
cruzar überqueren — I
el cuaderno Heft — I
la cuadra *in Arg.:* 100 Meter — 4.2 E10
el cuadro Gemälde, Bild — 2.4 E5
¿cuál/-es? Welche/-r/-s? — I
la cualidad Eigenschaft, Fähigkeit — 6.3 T
cualquiera jeder, wer auch immer — 1.3 E7
cuando wenn *(temp.)* — I
¿cuándo? Wann? — I
¿cuánto/-a/-os/-as? Wie viel/-e? — I
¿cuánto es? Wieviel kostet es? — I
el cuarto Viertel *(vom Ganzen)* — 5.2 E1
el cuarto de baño Bad — I
cubrir bedecken, verhüllen — 8.5 T
el cuento de hadas Märchen — 8.5 T
la cuerda Seil, Tau — 8.1 T
el cuerpo Körper — I
la cueva Höhle — 4.2 T2
cuidar aufpassen auf, hüten — I
el culo Hintern — I
la cultura Kultur — 2 E4
cultural kulturell — 1.1 E9
el cumpleaños Geburtstag — I
la curiosidad Neugierde — 3.1 E1
el curso Klasse, Schuljahr, Kurs — 7

D

d. C. nach Christus — 2 E4
el dado Würfel — I
dar geben — I
dar un paseo spazieren gehen — 4.2 E1
dar una orden befehlen — I
darse cuenta de (que) etw. bemerken, feststellen — 4.1 E6
los datos Angaben — I
de, del von, aus — I
de ... a ... (horas) von ... bis ... — I
de acuerdo einverstanden, abgemacht — 4.1 T
de carne y hueso aus Fleisch und Blut — 6.3 T
¿de dónde? Woher? — I
de entrecasa häuslich — 6.3 E14
de manera que also, so dass — 1.3 E7
de nada bitte sehr, keine Ursache — I
de pequeño/-a als er / sie ein Kind war — 7.3 T
de pronto plötzlich — I
de repente plötzlich — I
de tal modo so, so sehr — 7.2 E7
de vuelta zurück — I
debajo de unter, unterhalb von — 1.4 T3
deber müssen, sollen — 6.3 E5
los deberes Hausaufgaben — I
debido a wegen — 1.3 E7
la década Jahrzehnt — 1.3 E7
decidido/-a entschieden — 7.2 E7
decidir entscheiden — I
decir sagen — I
declarar aussagen, erklären zu — 5.1 E10
dedicarse a algo sich beschäftigen mit, einen Beruf ausüben — 3.1 T
el dedo Finger, Zeh — I
dejar (zurück-, über-)lassen — 1.3 E11
dejar de aufhören etw. zu tun — I
delante de vor — I

los demás die anderen, die übrigen 6.3 T
demasiado zu, zu viel, zu sehr I
el / la dentista Zahnarzt/ -ärztin 5.3 E2
el / la dependiente/-a Verkäufer/-in I
el deporte Sport I
el / la deportista Sportler/-in I
la depresión Depression 1.3 E7
deprimirse niedergeschlagen sein, deprimiert sein I
la derecha rechte Seite I
el derecho Recht 7.4 T3
derrotar besiegen, schlagen I
desaparecer verschwinden 7.2 T
el desarrollo demográfico Bevölkerungsentwicklung 5.1 T
desayunar frühstücken I
el desayuno Frühstück I
descansar (sich) ausruhen, sich erholen 4.3 E4
desconectar abschalten 1.3 E7
descubrir entdecken, aufdecken 2.3 E2
desde *(mit Ort)* von ... aus I
desde (las ...) von, ab, seit *(... Uhr)* I
el deseo Wunsch 2.3 E7
el desespero Verzweiflung 1.3 E7
el desierto Wüste 4.1 T
el despertador Wecker I
despertar a alguien (auf)wecken I
despertarse aufwachen I
después (de); ... después danach, nach dem/-r ... I
después de Cristo nach Christus 2 E4
desterrar verbannen 6.3 E14
el destino Schicksal, Ziel 2.3 E7
destruir zerstören 4.2 E4
la desventaja Nachteil 6.2 E4
el detalle Detail 7.3 E8
detener verhaften, anhalten 3.1 E6
determinado/-a bestimmte/-r 1.3 E7
determinar bewirken 6.4 T
detrás de hinter I
devolver zurückgeben I
el día Tag I
el dialecto Dialekt, Mundart 2.1 T1
el diario Tagebuch I
diario/-a täglich, alltäglich 1.3 E8
dibujar zeichnen, malen 7.1 E8
el diciembre Dezember I
la dictadura Diktatur 2.4 T
dictar diktieren 7.1 E8
la diferencia Unterschied I
diferenciar unterscheiden 6.3 T2
diferente verschieden I
difícil schwer I
la dificultad Schwierigkeit 1.3 E7
¿dígame? *am Telefon:* Ja, bitte? I
el dígito Zahl, Ziffer 1.3 E7
el dinero Geld I
Dios Gott 7.2 E7
la dirección Adresse I
el director Rektor, Leiter 6.1 E13
la discapacidad Behinderung 6.3 T2
discapacitado/-a behindert 6.3 T2
la discoteca Disko(thek) 1.2 T2
la discriminación Diskriminierung 6.3 T2
discriminar diskriminieren 6.3 E15
la discusión Diskussion, Streit 1.1 E7
discutir diskutieren, debattieren, streiten 5
disfrutar de genießen I
la disposición Verfügung 7.2 E7
la distancia Entfernung, Abstand 1.2 E6
distinto/-a unterschiedlich 6.3 T2
distraerse abgelenkt sein 6.4 T
divertido/-a lustig, unterhaltsam 6.2 T3
divertirse Spaß haben 1.1 T
doblar falten 8.2 T
doble doppelt 1.3 E7
la docena Dutzend I
el / la doctor/-a Arzt / Ärztin I
el documento nacional de identidad (DNI) Personalausweis I
doler schmerzen, weh tun I
el dolor Schmerz 4.2 E4
el domingo Sonntag I
¿dónde? Wo? I
donde wo I
dorado/-a, el dorado golden, die Farbe Gold I
dormir schlafen I
dormirse einschlafen 6.2 E6
el dormitorio Schlafzimmer I
ducharse sich duschen I
la duda Zweifel 6.1 E7
el / la dueño/-a Besitzer/-in, Inhaber/-in I
dulce süß 4.2 E4
durante während I
durar dauern I
duro/-a hart, schwierig 3.2 T1
el DVD DVD I

E

echar de menos vermissen I
el eco Echo 4.2 E4
económico/-a wirtschaftlich 2.3 E3
la edad Alter 1.2 E8
la Edad Media Mittelalter 8.1 T
el edificio Gebäude 1.2 T1
Educación Física Sportunterricht I
Educación para la Ciudadanía y Derechos Humanos Staatsbürgerkunde I
Educación Plástica y Visual Kunstunterricht I
los EE. UU. USA 1.2 T2
el efecto Wirkung 1.3 E7
él / ella / ellos / ellas er / sie / sie *(Pl.)* I
el / la / los / las der, die, das I
la elección Auswahl, Wahl 2.4 T
las elecciones *(politische)* Wahlen 2.4 T
la electricidad Elektrizität 5.1 E7
elegante elegant 4.2 T1
el elemento Element 7.3 T
ello jenes 6.4 T
el e-mail E-Mail I
el / la emigrante Auswanderer/-in 3.3
emigrar auswandern 1.2 E8
emocionado/-a aufgeregt 7.2 E7
emocionante aufregend I
la empanada *gefüllte Teigtasche* 4.3 E7
empezar beginnen I
el / la empleado/-a Angestellte/-r I

la empresa Unternehmen, Betrieb, Firma 6.1 T
empuñar packen 6.3 E14
en in I
en casa zu Hause I
en caso de (que) falls 6.3 E19
en contra dagegen 6.1 E13
en el interior drinnen, innen 7.2 T
en especial besonders, insbesondere I
en general im Allgemeinen I
en público in der Öffentlichkeit 7.4 T3
en punto Punkt, genau *(bei vollen Stunden)* I
en serio mal ehrlich, ernsthaft 6.2 T1
en vez de anstelle von 6.3 T2
encadenar fesseln 4.2 E4
encantarle algo a alguien begeistern, erfreuen, sehr mögen I
el encargo Auftrag 2.4 E4
encender anzünden, anmachen, anlassen I
encerrar einschließen 8.2 T
encima de über I
encontrar finden 1.1 T
encontrarse con treffen, sich treffen mit 1.1 T
el encuentro Treffen 2.3 E7
la encuesta Umfrage, Befragung I
encuestar befragen 5.1 E10
el enero Januar I
enfadarle algo a alguien jdn. verärgern, wütend machen I
enfadarse sich ärgern, böse werden 1.3 E7
el/la enfermero/-a Krankenpfleger/-in 5.3 E2
enfermo/-a krank I
enfrentarse sich feindlich gegenüberstellen 4.2 E4
enfrente (de) gegenüber I
enlazado/-a verschlungen 8 T2
enorme riesig, gewaltig I
la ensalada Salat I
enseñar zeigen, beibringen I
entender verstehen I
entonces dann, damals 2.1 T2
la entrada Eintrittskarte, Eingang 6.1 T
entrar en hereinkommen, eintreten, betreten I
entre zwischen I
entregar überreichen, (ab-)geben I
el/la entrenador/-a Trainer/-in I
entrenarse trainieren I
la entrevista Interview, Befragung 1.2 E6
la época Zeitraum, Epoche 2.1 E1
el equipo Team I
equivocado/-a falsch, verwählt 1.3 E7
equivocarse sich irren 3.3 E2
errante herumirrend 4.2 E4
el error Fehler 6.4 T
es decir das heißt 3.2 T1
el escenario Bühne, Schauplatz 8.2 T
la escoba Besen 8.5 T
escoger auswählen 7.2 E7
escolar Schul-, schulisch 5
escondido/-a versteckt 4.2 E4
el escorpio Skorpion *(astrol.)* 5
escribir schreiben I
escuchar hören, zuhören I
ese/-a/-os/-as diese/-r/-s (da) I
eso das I
la espalda Rücken I
el español das Spanische I
el/la español/-a Spanier/-in I
español/-a spanisch I
espantoso/-a schrecklich 3.3 T
especial speziell, besonders I
la especie Art, Tierart 7.3 E8
el espectáculo Vorführung 8.1 T
el/la espectador/-a Zuschauer/-in 8.5 T
la esperanza Hoffnung 4.2 E4
esperar warten, hoffen I
el espíritu Geist 7.2 E7
la esposa Ehefrau 3.3 T
esquiar Ski fahren I
la esquina Ecke 6.3 E14
estable stabil 3.3 T
la estación Bahnhof, Haltestelle, Jahreszeit I
el estadio Stadion 7.4 T1
la estadística Statistik 5 E2
el estado Zustand, Staat 3.1 E3
los Estados Unidos Vereinigte Staaten von Amerika 1.2 T2
estadounidense US-amerikanisch 1.2 T2
el/la estadounidense US-Amerikaner/-in 1.2 T2
el estanco Tabakwarenladen, Kiosk I
estar sein, sich befinden I
estar bien/mal gesund/krank sein, sich gut/schlecht fühlen I
estar conectado/-a verbunden sein *(Internet)* 6.2 E5
estar despejado/-a wolkenlos sein I
estar en aumento zunehmen 1.3 E7
estar mejor jdm. besser gehen I
estar nublado bewölkt sein I
estar sentado/-a sitzen I
estar unido/-a verbunden sein 2.1 T1
el este Osten I
este/-a/-os/-as diese/-r I
el estilo Stil 7.3 T
esto das hier 7.4 T1
la estrella Stern 4.2 E4
el estuche Etui, Federmappe I
el/la estudiante Student/-in, Schüler/-in I
estudiar lernen, studieren I
el estudio Studie 5.1 E10
los estudios Studium 1.3 E13
la etapa Etappe, Abschnitt 2.1 T1
el euro Euro I
el euskera das Baskische I
euskera baskisch I
evitar vermeiden 5.1 E10
exacto/-a exakt, genau 7.2 T
exagerar übertreiben 7.1 T
el examen Prüfung, Test I
excepto außer 8 T2
la excursión Ausflug I
existir existieren 2.1 E1
el éxito Erfolg I
la expectación Erwartung 7.2 E7
la experiencia Erlebnis, Erfahrung I

experimentar erfahren 3.3 T
la explicación Erklärung 1.1 E6
explicar erklären I
expresar ausdrücken, formulieren 5.3 E8
extendido/-a ausgestreckt 6.4 T
el extranjero Ausland I
extraño/-a seltsam, merkwürdig, verwunderlich I
extremado/-a extrem, äußerst I

F

la fachada Fassade 7.3 T
fácil leicht I
la factura Rechnung 6.2 E6
la falda Rock I
falso/-a falsch I
faltar fehlen I
la familia Familie I
familiar familiär, vertraut, Familien- 3 E1
famoso/-a berühmt I
el fantasma Gespenst 3.1 E5
la farmacia Apotheke 1.3 E7
el fármaco Medikament 1.3 E7
el favor Gefallen 5
favorito/-a Lieblings- I
el febrero Februar I
febril fiebrig 4.2 E4
la fecha Datum I
felicitar a alguien jdm. gratulieren I
feo/-a hässlich I
la feria Jahrmarkt, Messe 8.2 T
el festival Musikfest 8.2 T
la fiebre Fieber I
la fiesta Fest I
la figura Figur, Gestalt 2.2 E9
la fila Reihe 7.2 E7
el fin Ende, Ziel 7
el fin de semana Wochenende I
el final Ende I
la flor Blume I
la flota Flotte 2.3 E7
flotar treiben 6.4 T
fluir fließen 3.3 T
el folleto Prospekt 7.4 T1
la forma Form, Art, Sorte 7.3 T
formar bilden 6.3 T2
el foro Forum, Internetforum 2.1 E4
la fortuna Vermögen 4.2 E4
la fotografía, la foto Foto I
el/la fotógrafo/-a Fotograf/-in 5.3 E2
fracturarse algo sich etw. brechen *(Knochen)* I
el francés das Französische I
francés /-esa französisch I
el/la francés/-esa Franzose/Französin I
frente a gegenüber 5.1 E10
fresco/-a frisch I
frío/-a kalt I
el frío Kälte I
la frontera Grenze 2.1 T1
la frustración Enttäuschung 8 T2
la fruta Obst, Frucht I
los fuegos artificiales Feuerwerk 8.2 T
fuerte stark, laut I
el fuerte Festung 7.3 E8
funcionar funktionieren 1.3 E7
la fundación Stiftung 7.3 E8
fundar gründen 8.1 T
el fútbol Fußball I
el/la futbolista Fußballspieler/-in I
el futuro Zukunft 3.1

G

la gaita Dudelsack 8 T1
el gallego das Galicische I
gallego/-a galicisch I
ganar siegen, gewinnen, (Geld) verdienen 2.4 T
el garaje Garage I
la garganta Kehle, Hals I
el/la gato/-a Kater/Katze I
gemelo/-a (eineiiger) Zwillings- 6.4 E1
el géminis Zwilling *(astrol.)* 5
la generación Generation 1.3 E7
general allgemein, gewöhnlich I
genial genial, toll, super 1.1 T
la gente Leute I
el gimnasio Fitnessstudio, Turnhalle I
girar abbiegen I
el/la gitano/-a der/die Sinti, Roma 3.2 T1
gitano/-a Sinti-, Roma- 3.2 T1
el gobierno Regierung 2.4 E4
el golpe Schlag 6.4 T
gordo/-a, gordito/-a dick, Dickerchen I
gótico/-a gotisch 7.2 T
grabar aufnehmen, aufzeichnen 8.4 E
gracias danke I
gracias a dank I
gracioso/-a witzig I
el grado Grad *(Celsius)* I
el gráfico Grafik, Schaubild 5.2 T
el gramo Gramm I
grande groß I
gratis kostenlos, gratis I
grave schwerwiegend I
el grifo Wasserhahn 5.1 E10
la gripe Grippe I
gris, el gris grau, Grau I
el grito Schrei 2.4 E4
el grupo Gruppe, Band I
guapo/-a hübsch, gutaussehend I
guardar verwahren 4.2 E4
guay toll, prima 1.2 E5
la guerra Krieg 2.4 T
la guerra civil Bürgerkrieg 2.4 T
el/la guía Stadtführer/-in 7.3 E8
la guía turística Reiseführer *(Buch)* 1.1 E1
guiar leiten 1.3 E7
la guirnalda Girlande 6.3 E14
la guitarra Gitarre I
gustarle algo a alguien jdm. gefallen I
el gusto Geschmack I

H

haber hielo glatt sein I
haber niebla neblig sein I
haber tormenta gewittern I
la habitación Zimmer I
el/la habitante Einwohner/-in I
hablar sprechen I
hablar por teléfono telefonieren I
hace vor I
hacer machen I
hacer buen/mal tiempo gutes/schlechtes Wetter sein, haben I
hacer calor heiß sein I

hacer fresco kühl sein I
hacer frío kalt sein I
hacer la compra einkaufen gehen I
hacer la maleta den Koffer packen I
hacer sol sonnig sein I
hacer un asado grillen 4.3
hacer (un) picnic picknicken 1 E1
hacer viento windig sein I
hacia zu ... hin, gen, nach 3.3 E1
el hambre Hunger I
hasta bis I
hasta sogar 5.1 E10
hasta ahora bis jetzt, Bis gleich! I
hasta luego Bis bald! I
hasta mañana Bis morgen! I
hay es gibt I
hay que man muss I
el hecho Ereignis, Tatsache 2.4 E9
el / la heredero/-a Erbe/-in 2.3 E7
el / la hermano/-a, los hermanos Bruder / Schwester, Geschwister I
hermoso/-a wunderschön, toll I
el héroe / la heroína Held/-in 6.3
el hielo (Glatt-)Eis I
el / la hijo/-a, los hijos Sohn, Tochter, (leibliche) Kinder I
el hip hop Hip Hop 6.1
la hipótesis Vermutung, Hypothese 5.3 E8
la historia Geschichte I
histórico/-a historisch, geschichtlich 2.3 E7
la hoguera Lagerfeuer 8.2 T
hola hallo I
el hombre Mann 2.2 T1
hondo/-a tief 4.2 E4
la hora Stunde, Uhrzeit I
el horario Stundenplan I
el horario de verano Sommerzeit I
el horóscopo Horoskop 5
horrible schrecklich, furchtbar I
el hospital Krankenhaus I
el hostal Hostel, Pension 1.4 T
el hotel Hotel I
hoy heute I
el hueso Knochen 6.3 T
el huevo Ei I
huir fliehen 3.3 T
húmedo/-a nass, feucht 8 T1
humilde bescheiden 4.2 E4

I

la ida Hinweg, Hinfahrt 3.3
la idea Idee I
ideal ideal I
el idealismo Idealismus 5.3 T
el idioma Sprache I
el ídolo Idol I
la iglesia Kirche 1.1 E9
igual gleich, egal 3.3 E3
igualar gleich machen 7.2 E7
ilegal illegal 1.4 E2
la ilusión Vorfreude, Erwartung 4.2 E4
imaginar(se) sich etw. vorstellen 1.4 T
impaciente ungeduldig 7.2 E7
importante wichtig I
importarle algo a alguien etw. für jdn. wichtig sein, jdm. etw. ausmachen I
impresionante beeindruckend 1.2 E5
impresionar beeindrucken 6.4 E4
inamovible unverrückbar 8 T2
el incendio Brand, Feuer 7.2 T
incluido/-a inklusive, inbegriffen 5.2 E2
incluso sogar 7.1 T
increíble unglaublich I
la India, las Indias Indien; *hier:* Amerika 2.3 T
la indiferencia Gleichgültigkeit 4.2 E4
indígena Indio- I
la industria Industrie 5.4 E10
inesperado/-a unerwartet 6.4 E3
la inestabilidad Instabilität 1.3 E7
el / la infante/-a Infant/-in 2.3 E7
la información Information I
el informe Bericht I
el inglés das Englische I
inglés/-esa englisch I
el / la inglés/-esa Engländer/-in I
ingresar eintreten 4.1 E8
iniciar beginnen 7.2 E7
inmediato/-a sofortig, umgehend I
la inmigración Einwanderung 1.4 E2
el / la inmigrante Einwanderer/-in I
inmigrar einwandern 3.1 E4
inolvidable unvergesslich I
inquietante beunruhigend, unheimlich 6.4 T
la Inquisición Inquisition 2.3 T
las instalaciones olímpicas olympische Anlagen 7.3 E8
el instituto *hier:* Gymnasium I
el instrumento Instrument 8 T1
insultar beschimpfen 1.3 E7
la integración Integration 6.3 T2
inteligente intelligent I
intenso/-a intensiv I
intentar versuchen 8.3 E
intercambiar austauschen 7.1 E12
el intercambio Austausch 1.1 E9
interesante interessant I
interesarle algo a alguien jdn. interessieren I
interesarse por sich für etw. interessieren 3.3 E2
el interior das Innere 7.2 T
internacional international 4.3 E7
interno/-a intern, Binnen- 3.2
interpretar interpretieren, darstellen *(Schauspieler)* 5.2 T
el / la intérprete Dolmetscher/-in I
inventar erfinden 6.3 E14
la investigación Recherche, Forschung I
el invierno Winter I
invitar einladen I
ir a gehen, fahren nach I
ir de compras einen Einkaufsbummel machen I
ir en bicicleta Fahrrad fahren I
irle algo a alguien bien jdm. gut stehen / passen I
irreal unwirklich, unecht 6.3 T
irse weg-/fortgehen I
la isla Insel I
la izquierda linke Seite I

J

el jarabe Hustensaft 2.2 E4
el jardín Garten I
el jardín zoológico Zoo 8.4 T
el / la jefe/-a Chef/-in, Vorgesetze/-r 4.3 E4
el jersey Pullover I
la jirafa Giraffe 2.2 E4
¡jolín! ach herrje! na sowas! I
el / la joven, joven Jugendliche/-r, jung I
el / la judío/-a Jude / Jüdin 2
judío/-a jüdisch 2
el juego Spiel I
el juego de roles Rollenspiel I
el jueves Donnerstag I
jugar spielen I
el julio Juli I
el junio Juni I
junto con zusammen mit 7.4 T3
juntos/-as zusammen I

K

el kilo Kilo I

L

el lado Seite I
ladrar bellen I
el lago See 4 E1
el lápiz Bleistift I
largo/-a lang I
latín lateinisch 2.1 T1
el latín das Lateinische 2.1 T1
el / la latino/-a Lateinamerikaner/-in 1.2 T2
latino/-a lateinamerikanisch 1.2 T2
latir pochen 7.2 E7
lavar(se) (sich) waschen I
la leche Milch I
el lecho Flussbett 7.3 E8
leer lesen I
legal legal, gesetzmäßig 3.1 E4
lejano/-a entfernt 3.3 T
lejos (de) fern, weit weg (von) 1.2 T2
la lengua Sprache 7.4 T3
Lengua Castellana y Literatura Spanische Sprache und Literatur I
lento/-a langsam I
el leo Löwe *(astrol.)* 5
la lesión Verletzung I
la letra Buchstabe, Handschrift, Liedtext 2 E3
el levantamiento Aufstand, Rebellion 2.4 T
levantar (hoch)heben I
levantarse aufstehen I
la ley Gesetz 3.2 T1
la libertad Freiheit 2.2 E3
la libra Waage *(astrol.)* 5
libre frei I
el libro Buch I
el lienzo Leinwand 2.4 E4
limitar con grenzen an 1.4 E2
el límite Grenze 6.3 E14
el limón Zitrone 2.2 E4
limpiar putzen I
limpio/-a sauber 8.4 T
la línea Linie, Zeile 2.1 T1
el lío Durcheinander I
el líquido Flüssigkeit 6.4 T
la literatura Literatur 2.2 T1
el litro Liter I
la llamada telefónica Anruf, Telefongespräch I
llamar a rufen, anrufen I
llamarle la atención a alguien jdn. zurechtweisen 7.1 E8
llamarse heißen I
la llave Schlüssel I
llegar ankommen I
llenar ausfüllen 7.3 E7
lleno/-a voll 7.2 E7
llevar bringen, ausführen, tragen, anhaben *(Kleidung)* I
llevar por delante an-/umfahren 6.4 T
llevarse bien sich gut verstehen 1.1 E1
llevarse un (buen) susto sich (sehr) erschrecken I
llorar weinen 2.2 E9
llover regnen I
la lluvia Regen I
lo siento es tut mir leid I
loco/-a verrückt 2.1 T2
el / la locutor/-a Moderator/-in, Sprecher/-in 6.1 E12
lógico/-a logisch, selbstverständlich 6.2 T1
lograr erreichen 1.3 E7
luchar kämpfen 8.2 T
luego anschließend 7.2 E7
el lugar Ort I
la luna Mond 2.2 E9
el lunes Montag I
la luz Licht 5.1 E7

M

la madre Mutter I
maduro/-a reif I
maestro/-a Meister- 7.3 E8
la magia Magie 6.3 E14
mágico/-a magisch, zauberhaft 4.1
mal, malo/-a schlecht I
la mala pata Pech, Unglück I
la mala suerte Pech, Unglück I
la maleta Koffer I
la mamá Mama, Mutti I
la mañana Morgen I
mañana morgen I
mañanero/-a morgendlich 7.2 E7
manchado/-a gefleckt 7.2 E7
mandar schicken, absenden 6.2 E6
la manera Art, Weise 5.3 T
la mano Hand I
la manzana Apfel I
el mapa Stadtplan, Landkarte I
maquillarse sich schminken I
el mar, el Mar Mediterráneo Meer, Mittelmeer I
maravilloso/-a wunderbar, wundervoll I
marcar markieren 4.2 E4
marchar weggehen 7.2 E7
marchito/-a welk 4.2 E4
el marido Ehemann 5.2 E3
los mariscos Meeresfrüchte I
marrón, el marrón braun, Braun I
el martes Dienstag I
el marzo März I
más mehr, in höherem Grade I
matar töten 2.3 T
el mate Matetee 4.3 E7
Matemáticas Mathematik I
la matrícula de honor Ausgezeichnet *(Note)* 7.1 E2
el matrimonio Ehe 2.3 E7
el mayo Mai I
mayor älter I

la mayoría Mehrheit	5.2 T	
el / la mecánico/-a Mechaniker/-in	4.1 T	
mediano/-a mittelmäßig	5.1 E10	
la medianoche Mitternacht	8.5 T	
el medicamento Medikament	1.3 E7	
la medicina Medizin	1.2 E8	
el / la médico/-a Arzt / Ärztin	3.1 E1	
la medida Maßnahme	1.3 E7	
medio/-a ein/-e halbe/-s/-r	I	
el medio ambiente Umwelt	5.1	
el medio de transporte Fortbewegungsmittel	I	
los medios Medien	6.2 E5	
medir messen	2.4 E4	
la mejilla Wange	7.2 E7	
el mejillón Miesmuschel	8.2 T	
mejor besser	I	
mejorar verbessern, sich bessern	1.3 E9	
el melocotón Pfirsich	I	
menor jünger, jüngster	I	
menos weniger	I	
menos cuarto Viertel vor	I	
el mensaje Nachricht, Textnachricht, SMS	6.1 E8	
la mentira Lüge	6.1 E11	
el mercadillo Flohmarkt	I	
el mercado Markt	I	
el mes Monat	I	
la mesa Tisch	I	
meterse stecken, sich befinden	5.4 T	
el metro Meter, U-Bahn	I	
mezclar (ver-)mischen	I	
mi mein/-e	I	
el miedo Angst, Furcht	2.4 E4	
mientras während, solange	6.2 T3	
el miércoles Mittwoch	I	
la migración Migration	3.2	
mil Tausend	I	
militar militärisch	2.4 T	
los militares Militärangehörige	2.4 T	
el millón Million	I	
la minifalda Minirock	I	
el ministerio Ministerium	5.4 E10	
el minuto Minute	I	
mío/-a meine/-r	1.4 T3	
la mirada Blick	4.2 E4	
mirar schauen, anschauen	I	
la misa Messe	6.4 T	
la miseria Elend, Armut	3.2 T1	
mismo/-a, lo mismo gleich, identisch, der-/die-/dasselbe	I	
misterioso/-a mysteriös, geheimnisvoll	6.4 E3	
la mitad Hälfte	5.2 E1	
la mochila Rucksack, Schultasche	I	
la moda Mode	7.3 T	
el modelo Modell, Vorbild	6.3 T	
moderno/-a modern	I	
molar mogollón total toll sein *(ugs.)*	6.1 T	
molestarle algo a alguien jdn. stören	I	
el momento Moment	4.1 T	
el monasterio Kloster	8.4 T	
la moneda Währung, Münze	1.3 E7	
el / la mono/-a Affe / Äffin	1.4 E2	
la montaña Berg	I	
montar a caballo reiten	1 E1	
montarse aufsteigen, aufsitzen	I	
el montón Menge	7.1 T	
el monumento Monument, Denkmal	7.1 T	
morder beißen	I	
moreno/-a dunkelhaarig, dunkelhäutig	I	
morir sterben	3.1 T	
el / la moro/-a Maure/-in	2.3 E3	
el mosaico Mosaik	7.3 E8	
mostrar zeigen, anzeigen	I	
el motivo Motiv, Grund	1.1 E9	
la motocicleta, la moto Motorrad, Motorroller	I	
el motor Motor	I	
el móvil Handy, Mobiltelefon	6.1 E8	
el movimiento Bewegung	5.1 E10	
el mp3, el reproductor de mp3 Mp3-Spieler	I	
mucho viel, sehr	I	
mucho/-a/-os/-as viel/-e	I	
la muerte Tod	2.4 T	
la mujer Frau	2.1 E7	
el / la mulato/-a Mulatte/-in	1.3 E5	
mundial Welt-	5.1 T	
el mundo Welt	I	
la muralla Stadtmauer	2.2 E9	
el muro Mauer	7.3 E8	
el museo Museum	7.1 T	
la música Musik	I	
el / la musulmán/-ana Moslem / Muslima	2.2 T1	
musulmán/-ana muslimisch	2.2 T1	
muy sehr	I	

N

nacer geboren werden	I
nacional national, National-	4.3 E7
la nacionalidad Staatsangehörigkeit	4.1 E1
nada nichts	I
nadar schwimmen	I
nadie niemand	I
la naranja die Apfelsine	I
el naranja, naranja Orange *(Farbe)*, orangefarben	I
la nariz Nase	I
el / la narrador/-a Erzähler/-in	6.4 E1
natural natürlich	I
la naturaleza Natur	5.2 E6
navegar *(im Internet)* surfen	I
necesario/-a nötig, notwendig	I
la necesidad Bedürfnis, Notwendigkeit	6.3 E15
necesitar brauchen	I
negativo/-a negativ	I
negro/-a, el negro schwarz, Schwarz	I
nervioso/-a nervös	I
neutral neutral, unparteiisch	2.4 T
nevar schneien	I
la nevera Kühlschrank	I
ni ... ni ... weder ... noch ...	2.1 T1
la niebla Nebel	I
el / la nieto/-a Enkel/-in	I
la nieve Schnee	I
ningún/-uno/-una kein/-e/-r/-s	I
el / la niño/-a (kleines) Kind, Junge / Mädchen	I
no nein, nicht	I
no deber nicht dürfen	6.3 E5
no fue nada das war doch gar nichts, nicht der Rede wert	4.1 T
no me digas sag bloß; was du nicht sagst	7.1 T
no pasa nada Das macht doch nichts, kein Problem	I

no sé ich weiß es nicht I
la nobleza Adel 2.3 E7
la noche Nacht I
nombrar (be-)nennen 4.2 E4
el nombre Name, Vorname I
normal normal I
normalmente normalerweise, meistens I
el norte Norden I
nosotros wir I
la nota Schulnote, Zensur 5
la nota de prensa Pressemitteilung 5.4 E10
el notable Gut *(Note)* 7.1 E2
notar bemerken 1.3 E7
la noticia Nachricht, Meldung I
la novela Roman 6.4 E5
el noviembre November I
el/la novio/-a (feste/-r) Freund/-in I
la nube Wolke 7.2 E7
nublado/-a wolkig I
nuestro/-a unser/-e/-r 1.4 T3
nuevo/-a neu I
el número Zahl I
nunca nie I

O

o/u oder I
el objetivo Ziel, Zweck, Absicht 6.2 E5
la obligación Verpflichtung 2.3 E7
la obra Werk, Kunstwerk 7.3 E8
el océano, el Océano Atlántico Ozean, Atlantischer Ozean I
el octubre Oktober I
ocurrírsele algo a alguien jdm. etw. einfallen 7.2 E7
el oeste Westen I
oficial offiziell I
la oficina Büro I
ofrecer anbieten 4.2 T1
oiga hören Sie (mal), entschuldigen Sie I
oír hören 2.2 E9
el ojo Auge I
la ola Welle I
el olivo Olivenbaum I
el olor Geruch 8 T1
olvidar vergessen I
el olvido Vergessen 4.2 E4
el ómnibus Bus 1.3 E7
la opinión Meinung I
la oportunidad Gelegenheit, Chance 3.1 T
optimista optimistisch I
el/la optimista Optimist/-in I
la orden Befehl I
el ordenador Computer I
ordenar aufräumen, ordnen 1.1 E3
la oreja Ohr I
organizar organisieren 2.4 T
el orgullo Stolz 7.2 E7
el origen Herkunft, Ursprung 2.2 E4
original originell 7.3 E8
la oscuridad Dunkelheit 2.2 E9
oscuro/-a dunkel I
el otoño Herbst I
otro/-a/-os/-as ein/-e andere/-r, andere I
oye hör mal, hör zu I

P

padecer leiden an 6.3 T2
el padre, los padres Vater, Eltern I
la paella Paella *(Reispfanne)* I
pagar bezahlen I
el país Land I
el paisaje Landschaft I
la palabra Wort I
la palabra clave Schlüsselwort, -begriff 1.4 E2
el palacio Schloss 2.2 T1
pálido/-a blass 4.2 E4
las palomitas Popcorn 6.3 E5
el pan Brot I
la panadería Bäckerei I
el/la panadero/-a Bäcker/-in 5.3 E2
los pantalones Hose I
el papá Papa, Vati I
el papel Papier I
la papelería Schreibwarengeschäft I
el paquete Paket, Packung I
para für, um zu I
para que damit 6.3 E15
parado/-a arbeitslos 5.3 T
parado/-a stehend 7.2 E7
el/la parado/-a Arbeitslose/-r 5.3 T
parecer scheinen I
parecerle algo a alguien jdm. etw. erscheinen; glauben I
parecido/-a ähnlich 3.3 T
la pared Wand 8.3 E
el paro Arbeitslosigkeit 5.1 T
el parpadeo Blinzeln 4.2 E4
el parque Park I
el parque de atracciones Vergnügungspark 7.3 E8
el parque nacional Nationalpark 4 E1
la parte Teil I
participar teilnehmen 5.2 T
el partido Spiel, Match I
el partido (político) (politische) Partei 2.4 T
partir weggehen 3.3 T
la pasada Hit, Wahnsinn *(ugs.)* 6.1 T
el pasado Vergangenheit 1.1 T
pasado/-a vergangen/-e/-r/-s I
el pasaporte Pass, Reisepass 3.3 E1
pasar verbringen; geschehen, los sein; vergehen I
pasar de largo weitergehen 7.2 E7
pasar por vorbeikommen, vorbeigehen an 4 E1
pasear spazieren gehen 2.2 E9
el paseo Spaziergang, Spazierweg 7.2 T
el paso Schritt 6.3 T2
la pastilla Tablette I
la patata Kartoffel I
la patera *Holzboot, mit dem illegale Einwanderer aus Afrika nach Europa übersetzen* 1.4 E2
la pausa Pause I
pedir bitten, bestellen 1.1 T
peinar(se) (sich) kämmen I
la película Film I
el peligro Gefahr 5.1 T
peligroso/-a gefährlich I
el pelo Fell, Haar I
la pelota Ball 6.3 T2
la pena Kummer 3.1 E5

la Península Ibérica Iberische Halbinsel 2 E4
pensar en denken an I
peor schlechter, schlimmer I
pequeño/-a klein I
perder verlieren I
perdón Verzeihung I
perdonarle algo a alguien jdm. verzeihen, jdn. entschuldigen 6.4 T
la peregrinación Pilgerung 1.1 E9
el peregrino Pilgerer 8.1 T
perfeccionista perfektionistisch I
el/la perfeccionista Perfektionist/-in I
perfecto/-a perfekt, tadellos I
el periódico Zeitung I
el/la periodista Journalist/-in 1.2 E6
el permiso de residencia Aufenthaltsgenehmigung 3.1 E1
permitir erlauben I
pero aber I
el/la perro/-a Hund/Hündin I
perseguir verfolgen 2.3 T
la persona Person I
personal persönlich I
la personalidad Persönlichkeit 4.2 T1
el personaje Figur, Persönlichkeit 2.3 E7
perverso/-a verdorben 8 T2
pesar wiegen I
la pescadería Fischladen I
el pescado Fisch I
pesimista pessimistisch 5.2 E6
el/la pesimista Pessimist/-in 5.2 E6
el pie Fuß I
la piedra Stein I
la piel Haut 6.3 T2
la pierna Bein I
picante scharf, pikant, würzig 4.3 E3
la píldora Pille 1.3 E7
la pimienta Pfeffer 4.3 E3
pintar malen, anstreichen 4.3 E7
el/la pintor/-a Maler/-in 5.3 E2
pintoresco/-a malerisch, idyllisch 4.2 E1
la pintura Malerei, Bild, Gemälde, Farbe 4.2 T2

la piscina Schwimmbad/-becken, Pool I
el piscis Fische *(astrol.)* 5
el piso Wohnung I
la pista de esquí Skipiste I
la pizarra Tafel 7.2 E7
la pizza Pizza I
el plan Plan, Vorhaben I
el plano Plan, Bauplan 7.3 E8
la planta Pflanze 5.1 E6
plantar (an-)pflanzen 5.1 E7
el plátano Banane I
platear versilbern 4.2 E4
el plato Teller, Gericht *(Essen)* I
la playa Strand I
la plaza, la Plaza Mayor Platz, Hauptplatz I
pleno/-a völlig, mitten in 2.4 E4
la población Bevölkerung 1.3 E5
poblado/-a de bevölkert von 4.2 E4
pobre arm, arm dran I
la pobreza Armut 3.3 T
poco, poco/-a/-os/-as, un poco wenig/-e, kaum, ein bisschen I
poder können I
el poder Macht 2.2 T1
el poema Gedicht I
el/la poeta Dichter/-in 8 T2
el/la policía Polizist/-in 3.1 E6
la policía Polizei 3.1 E6
el polideportivo Sportzentrum I
la política Politik 2.1 E7
politico/-a politisch 1.2 E6
el pollo Hähnchen I
la ponencia Referat, Vortrag 1.4 T
poner legen, stellen I
poner la mesa den Tisch decken 6.3 E14
ponerse algo sich etw. anziehen I
por für, je, durch, wegen I
el ... por ciento ... Prozent 5.2 E1
por ejemplo zum Beispiel I
por eso deshalb I
por favor bitte I
por fin endlich 7.1 T
por la mañana morgens I
por la noche nachts, abends I

por la tarde nachmittags I
por lo menos wenigstens, immerhin 1.3 E11
por lo que respecta a was ... betrifft 5.4 E10
por otra parte andererseits 6.3 T2
por otro lado andererseits 2.3 E3
¿por qué? Warum? I
por suerte zum Glück I
por supuesto selbstverständlich 2.3 T
porque weil I
poseer besitzen 6.3 T2
la posibilidad Möglichkeit 5.3 T
posible möglich I
positivo/-a positiv 5.1 E10
la postal Postkarte I
el póster Poster 7.3 T
el postre Dessert, Nachspeise I
practicar (aus-)üben, *(Sport)* treiben I
preferir bevorzugen, lieber mögen I
la pregunta Frage I
preguntar fragen I
el premio Preis I
la preocupación Sorge 5.1 E10
preocuparse (por) sich Sorgen machen (um) I
preparar vorbereiten I
la presencia Anwesenheit I
presentar vorstellen, präsentieren 5.1 T
presumido/-a eingebildet 6.2 T1
el/la presumido/-a Angeber/-in 6.2 T1
prevenir vorbeugen I
la previsión Vorhersage I
previsto/-a vorhergesehen 1.3 E7
la primavera Frühling I
primero zuerst, erstens I
el/la primo/-a Cousin/-e I
el/la primogénito/-a Erstgeborene/-r 6.4 T
el principio Anfang, Beginn 1.4 T
la prisa Eile 7.2 E7
privado/-a privat I
probable wahrscheinlich 6.1 E6
el probador Umkleidekabine I
probarse algo etw. anprobieren I

el problema Problem I
la procesión Prozession, Marsch 8.5 T
el producto Produkt 1.3 E7
la profesión Beruf 3.1 E3
el/la profesor/-a, el/la profe Lehrer/-in I
el programa Programm 7.1 E12
prohibir verbieten 7.4 T3
prometer versprechen 3.3 T
pronto bald 5
la propina Trinkgeld 5.3 E7
propio/-a eigene/-r 7.4 T3
proponer vorschlagen 1.3 E7
próspero/-a vermögend 3.3 T
el/la protagonista Hauptfigur, Hauptdarsteller/-in 6.4 E3
proteger schützen 8.5 T
la provincia Provinz 2.1 T1
la provisionalidad Vorläufigkeit 1.3 E7
provocar hervorrufen 1.3 E7
próximo/-a nächste/-r, folgende/-r I
el proyecto Projekt I
psíquico/-a psychisch 1.3 E7
publicar veröffentlichen 7.4 T3
público/-a öffentlich I
el puchero Eintopf 6.3 E14
el pueblo Volk, Stamm; Dorf 2 E4
el puente Brücke 1.1 E9
la puerta Tür I
el puerto Hafen I
pues also, na ja I
el puesto Arbeitsplatz, Listenplatz, Stand I
el pupitre Pult 7.2 E7

Q

que der, die, das I
¿qué? Was? Was für? *(mit Substantiv)* I
¡qué ...! Was für ein/-e...! I
que aproveche Guten Appetit! 6.3 E4
¿qué hora es? Wie spät ist es? I
¿qué pasa? Was ist los? I
qué pasada Wie großartig! 6.1 T
qué rollo Wie langweilig! 3.1 T
qué rollo de + *sust.* Was für ein/-e langweilige/-r... 3.1 T
¿qué tal? Wie geht's? I
que te mejores Gute Besserung! 6.3 E4
¿qué te/os pongo? Was kann ich dir/euch bringen? I
quedar con alguien sich verabreden I
quedarse bleiben I
querer lieben, wollen I
querido/-a Liebe/-r ... *(Brief)*, geliebt I
el queso Käse I
el quiebra ley Gesetzesbrecher 3.1 E5
¿quién/-es? Wer? *(Sg./Pl.)* I
el quiosco Kiosk 2.2 E4
quizás vielleicht I

R

la radio Radio I
rápido/-a schnell I
raro/-a seltsam, merkwürdig 6.1 E11
el rascacielos Wolkenkratzer, Hochhaus 4.2 E1
el rato Weile I
la raya Linie, Rochen 3.1 E5
la raza Rasse, Tierart I
la razón Grund, Recht 6.2 T1
real wirklich, tatsächlich I
la realidad Wirklichkeit 1.3 E7
realizar durchführen 5.1 E10
la receta Rezept I
recibir bekommen, erhalten I
reciente neu erschienen 5.1 E10
recoger abholen 5.2 E3
recomendar empfehlen 6.1 T
reconocer (wieder-, an-) erkennen 7.1 T
la reconquista Wieder-, Zurückeroberung 2.2 T1
recordar sich erinnern an 1
recorrer durchqueren, bereisen, zurücklegen *(Strecke)* 4.1 T
el recreo (Schul-)Pause I
el recuerdo Erinnerung 4.2 E4
redondo/-a rund 7.3 T
referido/-a a bezogen auf 2.4 E4
el reflejo Widerschein 4.2 E4
el regalo Geschenk I
la región Region, Gebiet I
registrar verzeichnen 5.4 E10
la regla Regel, Norm 7.2 E4
el reglamento Regelwerk, (Haus-)Ordnung 7.2 E4
regular mittelmäßig, durchschnittlich I
la reina Königin 6.2 T1
el reino Reich, Königreich 2.2 T1
reírse lachen 6.3 T
reírse de alguien jdn. auslachen 6.3 T
la relación Beziehung, Verhältnis 4.1 E1
relajar entspannen 1.3 E7
el relato Kurzgeschichte, Erzählung 6.4 T
Religión Católica Katholischer Religionsunterricht I
religioso/-a religiös 1.1 E9
el remedio Medikament, (Heil-)Mittel I
reparar reparieren 4.1 E6
el repaso Wiederholung, Überprüfung 1.1 E8
repetir wiederholen 2 E3
representar repräsentieren, darstellen 6.1 E13
el reproductor de mp3, el mp3 Mp3-Spieler I
la República Republik 2.4 E4
los republicanos *Befürworter der Republik* 2.4 T
la reserva Reservat I
residir en liegen, leben in 3.3 T
respetar respektieren 6.3 E16
responder antworten 2.4 E4
responsable de verantwortlich für 8 T1
la respuesta Antwort I
el restaurante Restaurant I
el resto Rest, das Übrige 1.1 E4
el resultado Ergebnis 6.2 E5
el resumen Zusammenfassung 6.1 E1
revelar aufdecken 5.1 E10
la revista Zeitschrift 6.1 T
la revolución Revolution 1.2 T2
el rey König I
rezar beten 8.5 T
rico/-a reich, wohlhabend; lecker 3.3 E2
el rincón Ecke, Winkel 2.2 E4
el río Fluss 4 E1
el ritmo Rhythmus I

el ritual Ritual 8 T2
la rodilla Knie I
rojo/-a, el rojo rot, Rot I
el/la romano/-a Römer/-in 2
romano/-a römisch 2
la romería Pilgerfahrt, Volksfest 8 T2
romper zerbrechen 6.3 E14
la ropa Kleidung I
rosa, el rosa rosa, Rosa I
el rosal Rosenstock 6.3 E14
rubio/-a blond I
el ruido Lärm I
la ruina Ruine 4.3 E7
rumbo a zu, nach 3.3 T
la ruta Route, Weg 1.1 E9

S

el sábado Samstag I
saber können, wissen I
el/la sabio/-a Gelehrte/-r 2.2 E3
sabio/-a weise 2.2 E3
sacar herausholen, wegnehmen, entfernen 2.3 T
sacar a alguien del error jdn. aufklären 6.4 T
el sagitario Schütze *(astrol.)* 5
la sal Salz I
la salchicha Würstchen I
salir herauskommen, ausgehen, abfahren, erscheinen *(Artikel)* I
el salón Wohnzimmer I
la salsa Soße, Dip 4.3 E3
saltar springen I
salvaje wild 8.2 T
salvar retten 8.5 T
sano/-a gesund I
la sardana *katalanischer Volkstanz* 7.3 E8
seco/-a trocken 7.3 E8
el sector Bereich 5.4 E10
la sed Durst 4.1 T
seguir folgen, befolgen, weitergehen 2.4 T
seguir + *gerundio* etw. immer noch tun 1.3 T
seguir todo recto geradeaus gehen/fahren I
según laut, nach, gemäß 7.4 T3
seguro/-a sicher I
el sello Briefmarke, Stempel I
la semana Woche I
el/la señor/-a Herr, Frau I
la sensación Gefühl 1.3 E7
sentarse sich (hin-)setzen 6.3 E7
el sentimiento Gefühl 2.3 E7
sentir, sentirse fühlen, sich fühlen I
separar trennen 5.1 E7
el septiembre September I
ser sein I
ser de kommen aus I
ser mentira gelogen sein 6.1 E11
serio/-a ernst I
el servicio/los servicios Toilette, WC 7.2 T
los servicios Dienstleistungen 5.4 E10
servir nützen; auftischen 1.3 E7
sí ja I
si falls, ob I
la sidra Apfelwein I
siempre immer I
la sien Schläfe 4.2 E4
el siglo Jahrhundert 1.1 E9
significar bedeuten 4.3 E4
el signo (Stern-)Zeichen, Symbol 5 E1
siguiente folgende/-r, nächste/-r I
la sílaba Silbe I
el silencio Stille 8 T2
la silla Stuhl I
el sillón Sessel I
el símbolo Symbol 8.1 T
similar ähnlich 3.3 T
simpático/-a nett I
simple einfach I
sin ohne I
sin embargo trotzdem, dennoch 6.3 T
sin que ohne dass 6.3 E16
la sinfonía Symphonie 6.3 E14
sino sondern I
el sitio Ort, Platz 6.4 T
la situación Situation I
situado/-a gelegen 7.3 E8
sobre über I
sobre todo vor allem 1.2 T2
el sobresaliente Sehr gut *(Note)* 7.1 E2
social sozial, gesellschaftlich 5.1 T
la sociedad Gesellschaft 6.3 T
el sol Sonne I
la soledad Einsamkeit 6.3 E14
solidario/-a solidarisch 6.1
solitario/-a einsam 6.3 E14
solo/-a allein, einsam I
sólo nur I
la solución Lösung 6.3 T
la sombra Schatten 2.2 E9
sonar klingeln, läuten 5.2 E3
soñar con träumen von 3.3 E2
el sonido Ton, Geräusch I
sonreír lächeln 6.3 E14
la sonrisa Lächeln I
la sopa Suppe I
el soplo Hauch 4.2 E4
sortear verlosen, auslosen 6.1 T
el stress Stress 1.3 E7
su sein/-e, ihr/-e, Ihr/-e I
suave sanft 7.2 E7
subir steigen 4.3 E4
subir a ein-, aufsteigen, heraufklettern 4.3 E4
el suelo Boden, Fußboden 7.4 T1
suelto/-a frei herumlaufend 4.3 E6
el sueño Traum, Schlaf 3.3 T
¡suerte! Viel Glück! 6.2 E11
la suerte Glück I
sufrir leiden, erleiden, erdulden 3.2 T1
la suma Summe 6.3 T2
sumar addieren I
la superficie Oberfläche, Fläche 1.4 E2
el supermercado, el súper Supermarkt I
el sur Süden I
el suspenso Ungenügend, Mangelhaft *(Note)* 7.1 E2
suyo/-a seine/-r, ihre/-r 1.4 T3

T

la tableta Pille 1.3 E7
la talla (Konfektions-)Größe I
el taller Werkstatt 4.1 E6
también auch I
tampoco auch nicht I
tan, tan ... como so; genau so, ebenso (wie) I
tanto/-a/-os/-as so viel/-e I
las tapas Häppchen, Tapas I
tardar dauern, Zeit brauchen 7.2 T
tarde spät I
la tarde Nachmittag I

el tauro Stier *(astrol.)* 5
el taxi Taxi 7.2 E7
la taza Tasse 4.1 E12
el té Tee I
el teatro Theater I
Tecnología Technik I
la tecnología Technologie I
el teléfono Telefon I
la televisión, la tele Fernsehen I
el televisor Fernseher I
el tema Thema I
la temperatura Temperatur I
temporalmente vorübergehend 2.4 E4
temprano/-a früh I
tener haben, besitzen I
tener ... años ... Jahre alt sein I
tener calor einem heiß sein I
tener frío frieren I
tener ganas de Lust haben zu I
tener que müssen I
tener razón Recht haben 6.2 T1
tener suerte Glück haben I
el tenis Tennis I
el / la tenista Tennisspieler/-in I
tentador/-a verlockend 7.2 E7
el tercio Drittel 4.2 T1
terminar aufhören, beenden I
la terraza (Dach-)Terrasse I
el test Test I
el testigo Zeuge 2.4 E4
el tiempo Zeit, Wetter I
la tienda Geschäft, Laden I
la tierra Erde 1.2 E7
tímido/-a schüchtern I
la tinaja *hier:* Glas 6.3 E14
la tinta Tinte 8.2 T
el / la tío/-a Onkel / Tante I
típico/-a typisch I
tirar ziehen, werfen 8.1 T
tirar un dado würfeln I
el título Titel, Überschrift 1.2 E6
la tiza Kreide 7.2 E7
el tobillo Knöchel I
tocar *(Instrument)* spielen, berühren, anfassen I
todavía noch I
todo alles I
todo el / toda la / todos/-as los / las der / die / das ganze, alle, jede/-r I
tomar nehmen, essen, trinken I
tomar fotos Fotos machen, aufnehmen 7.2 T
el tomate Tomate I
el tono Ton 1.3 E7
tonto/-a dumm I
torcerse algo sich etwas verstauchen I
la tormenta Gewitter I
el torneo Turnier, Wettkampf I
la tortilla Kartoffelomelette I
la tos Husten I
la tostada Toast(-brot) I
el total Gesamtheit 7.1 E12
trabajar arbeiten I
el trabajo Arbeit I
traducir übersetzen 2.2 E3
el / la traductor/-a Übersetzer/-in 2.2 E3
traer (hierher) bringen I
tranquilo/-a ruhig I
transportarse *hier:* sich fortbewegen 1.3 E7
trasladar verlegen 2.4 E4
tratar versuchen 1.3 E7
tratar de handeln von 6.4 E3
el tren Zug I
el tribunal Tribunal 2.3 T
triste traurig 1.3 T
la tristeza Traurigkeit 3.3 T
tropezar stolpern I
tú du I
tu dein/-e I
la tumba Grab 8.1 T
el túnel Tunnel 2.1 E5
el turismo Tourismus 1.4 E2
el / la turista Tourist/-in 7.1 E12
tuyo/-a deine/-r 1.4 T3

U

último/-a letzte/-r/-s I
un/-a ein/-e I
un montón viel, eine Menge 7.1 T
un poco ein bisschen I
único/-a einzig, einzigartig 8.2 T
el uniforme (Schul-) Uniform I
unir verbinden 2.1 T1
universal Welt- 2.4 E4
la universidad Universität I
usar verwenden, gebrauchen I
el uso Gebrauch 5.1 E10
usted Sie, Ihnen I
ustedes Sie I
útil nützlich I

V

la vaca Kuh, Rind 4.2 T2
las vacaciones Urlaub, Ferien I
vago/-a faul I
vale okay, einverstanden I
el valenciano das Valencianische I
valenciano/-a valencianisch I
valerse sich behaupten 7.2 E7
los vaqueros Jeans I
vasco/-a baskisch 2.3 E3
el váter Toilette, Klosett I
el / la vecino/-a Nachbar/-in, Anwohner/-in I
la vela Kerze 8.5 T
vender verkaufen 3.1 E1
venir kommen I
la ventaja Vorteil 6.2 E4
la ventana Fenster I
ver sehen, treffen I
el verano Sommer I
la verdad, ¿verdad? die Wahrheit; nicht wahr? I
verde, el verde grün, Grün I
la verdura Gemüse I
la vergüenza Scham 7.2 E7
el vestido Kleid I
vestirse sich anziehen I
la vez Mal I
viajar a reisen I
el viaje Reise I
el / la viajero/-a Reisende/-r 4.2 E4
la víctima Opfer 6.1 E13
la vida Leben I
el video Video 8.4 E
el videojuego Videospiel, PC-Spiel I
viejo/-a alt I
el viento Wind I
el viernes Freitag I
el vinagre Essig 4.3 E3

la viñeta Einzelbild eines Comics 5.1 E5
el vino Wein I
violeta, el violeta violett, Violett I
el virgo Jungfrau *(astrol.)* 5
virtual Online-, virtuell 5.1 E10
la visa Visum 1.3 T
viscoso/-a zähflüssig 6.4 T
la visita Besuch, Besucher/-in 1.3 T
visitar a besuchen I
la vista Aussicht, Ausblick 1.4 E2
vivir wohnen, leben I
volar fliegen 6.3 T
el voleibol Volleyball I
volver zurückkehren, umkehren I
volver a + *infinitivo* etw. wieder tun 1.1 E9
vosotros ihr I
la voz Stimme 7.1 T
la vuelta Rückkehr I
vuestro/-a euer, eure/-r 1.4 T3

W

el windsurf (Wind-)Surfen I

Y

y / e und I
y cuarto Viertel nach *(Uhrzeit)* I
y media halb *(Uhrzeit)* I
ya, ya no schon, nicht mehr I
el yudo Judo I

Z

la zanahoria Karotte 2.2 E4
las zapatillas Turnschuhe, Sportschuhe I
el zapato Schuh 2.2 E4
la zona Zone, Gebiet I
el zoquete Dummkopf 2.2 E4
el zumo Saft I

Diccionario *alemán – español*

A

ab a partir de 5.1 E8
abbiegen girar I
abends por la noche I
Abenteuer la aventura 4.3 E1
aber pero I
abfahren salir I
Abfall la basura 5.1 E7
abgeben entregar I
abgemacht de acuerdo 4.1 T
abhängig adicto/-a 6.2 E5
abholen recoger 5.2 E3
Abschnitt la etapa 2.1 T1
absenden mandar 6.2 E6
Absicht el objetivo 6.2 E5
Abstand la distancia 1.2 E6
absteigen bajar 5.2 E1
absurd absurdo/-a I
ach herrje! ¡jolín! I
Achtung! ¡atención! 6.1 E12
addieren sumar I
Adresse la dirección I
Affe / Äffin el / la mono/-a 1.4 E2
ähnlich parecido/-a 3.3 T
aktiv activo/-a 4.2 T1
Aktivität la actividad I
aktuell actual I
alle todos/-as los / las I
Allee la avenida 4.2 T1
allein solo/-a I
alles todo I
allgemein general I
alltäglich diario/-a 1.3 E8
als er / sie ein Kind war de pequeño/-a 7.3 T
also pues I
alt viejo/-a I
Alter la edad 1.2 E8
älter mayor I
am Ende al final (de) I
Amphitheater el anfiteatro 2.1 E4
anbieten ofrecer 4.2 T1
Andalusier/-in el / la andaluz/-a 3.2 T1
andalusisch andaluz/-a 3.2 T1
Anden los Andes 4 E1
die anderen los demás 6.3 T
ein anderer / eine andere, andere otro/-a/-os/-as I
andererseits por otro lado 2.3 E3
ändern cambiar I
anerkennen reconocer 7.1 T
Anfang el principio 1.4 T
Anfang el comienzo 6.4 E3
anfangen comenzar 6.4 E3
anfangs al comienzo 6.4 E3
anfassen tocar I
Angaben los datos I
Angeber/-in el / la presumido/-a 6.2 T1
angenehm agradable I
Angestellte/-r el / la empleado/-a I
Angst el miedo 2.4 E4
anhaben *(Kleidung)* llevar I
anhalten detener 3.1 E6

ankommen llegar I
anlassen *(Motor)* encender I
anmachen encender I
anmelden, sich apuntarse a I
anprobieren probarse algo I
Anruf la llamada telefónica I
anrufen llamar a I
anschauen mirar I
anspringen *(Motor)* arrancar I
anstreichen pintar 4.3 E7
antik antiguo/-a I
Antwort la respuesta I
antworten contestar 6.2 E1
Anwesenheit la presencia I
Anwohner/-in el / la vecino/-a I
anzeigen mostrar I
anziehen *(Kleidung)* ponerse (algo) I
anziehen, sich vestirse I
anzünden encender I
Apfel la manzana I
Apfelsine la naranja I
Apfelwein la sidra I
Apotheke la farmacia 1.3 E7
April el abril I
Aquädukt el acueducto 2
Araber/-in el / la árabe 2 E1
arabisch árabe 2 E1
Arbeit el trabajo I
arbeiten trabajar I
arbeitslos parado/-a 5.3 T
Arbeitslose/-r el / la parado/-a 5.3 T
Arbeitslosigkeit el paro 5.1 T
Arbeitsplatz el puesto I
Architektur la arquitectura 7.3 T
Argentinier/-in el / la argentino/-a I
argentinisch argentino/-a I
ärgern, sich enfadarse 1.1 E6
Argument el argumento 6.4 E3
Arm el brazo I
arm, arm dran pobre I
Armut la miseria 3.2 T1
Art la forma 7.3 T
Art und Weise la manera 5.3 T
Artikel el artículo I
Arzt / Ärztin el / la doctor/-a I
Arzt / Ärztin el / la médico/-a 3.1 E1
Atlantischer Ozean el Océano Atlántico I
Atmosphäre el ambiente 4.2 T1
auch también I
auch nicht tampoco I
auch wenn aunque 2.2 E3
auf diese Weise así I
aufdecken descubrir 2.3 E2
aufeinanderfolgend consecutivo/-a I
Aufenthaltsgenehmigung el permiso de residencia 3.1 E1
aufhören terminar I
aufhören etw. zu tun dejar de I
Aufmerksamkeit la atención 6.1 E12
aufpassen auf cuidar I
aufräumen ordenar 1.1 E3
aufregend emocionante I
aufschreiben apuntar I
aufsitzen montarse I
Aufstand el levantamiento 2.4 T
aufstehen levantarse I
aufsteigen montarse I
aufsteigen subir a 4.3 E4
aufwachen despertarse I
aufwachsen crecer 1.2 E8
aufwecken despertar a alguien I
Aufzug el ascensor 7.2 T
Auge el ojo I
Augenblick el momento 4.1 T
August el agosto I
aus de, del I
aus Fleisch und Blut de carne y hueso 6.3 T
Ausblick la vista 1.4 E2
ausdrücken expresar 5.3 E8
Ausflug la excursión I
ausgehen salir I
Ausgezeichnet *(Note)* la matrícula de honor 7.1 E2
auslachen reírse de alguien 6.3 T
Ausland el extranjero I
ausreichend bastante I
Ausreichend *(Note)* el aprobado 7.1 E2
ausrichten organizar 2.4 T
ausruhen descansar 4.3 E4
ausschalten apagar 5.1 E7
außerdem además I
Aussicht la vista 1.4 E2
aussteigen bajar 5.2 E1
Austausch el intercambio 1.1 E9
ausüben practicar I
Auswahl la elección 2.4 T
Auswanderer/-in el / la emigrante 3.3
auswandern emigrar 1.2 E8
Auto el coche I
Autobahn la autopista 4.3 E1
Autogramm el autógrafo 6.1 E6
autonome Region la comunidad autónoma I
Autor/-in el / la autor/-a 6.4 T

B

Bäcker/-in el / la panadero/-a 5.3 E2
Bäckerei la panadería I
Bad el (cuarto de) baño I
Bahnhof la estación I
bald pronto 5
Banane el plátano I
Band (die) el grupo I
Bank el banco 7.1 T
Bar el bar I
Basketball el baloncesto I
baskisch euskera I
baskisch vasco/-a 2.3 E3
Bauch la barriga I
Baum el árbol 4.2 T2
Bauplan el plano 7.3 E8
beantworten contestar 6.2 E1
bedeuten significar 4.3 E4
Bedingung la condición 3.2 T1
Bedürfnis la necesidad 6.3 E15
beeindrucken impresionar 6.4 E4
beeindruckend impresionante 1.2 E5
beenden terminar I
Befehl la orden I
befehlen dar una orden I
befolgen seguir 2.4 T
Befragung la entrevista 1.2 E6
Befriedigend *(Note)* el bien 7.1 E2
Befürworter der Republik los republicanos 2.4 T
begeistern encantarle algo a alguien I
Beginn el principio 1.4 T
Beginn el comienzo 6.4 E3
beginnen empezar I
beginnen comenzar 6.4 E3
beibringen enseñar I

Bein la pierna I
beißen morder I
bekommen recibir I
belegtes Brötchen el bocadillo I
bellen ladrar I
bemerken darse cuenta de (que) 4.1 E6
bereisen recorrer 4.1 T
Berg la montaña I
Bericht el informe I
Beruf la profesión 3.1 E3
Beruf ausüben dedicarse a + *inf.* 3.1 T
berühmt famoso/-a I
berühren tocar I
beschäftigen mit, sich dedicarse a + *inf.* 3.1 T
besiegen derrotar I
besitzen tener I
Besitzer/-in el / la dueño/-a I
besonders (en) especial I
besonders sobre todo 1.2 T2
besser mejor I
bessern, sich mejorar 1.3 E9
bestellen pedir 1.1 T
Besuch la visita 1.3 T
besuchen visitar a I
Besucher/-in la visita 1.3 T
betreten entrar en I
Betrieb la empresa 6.1 T
Bett la cama I
beunruhigend inquietante 6.4 T
Bevölkerung la población 1.3 E5
Bevölkerungsentwicklung el desarrollo demográfico 5.1 T
bevorzugen preferir I
bewölkt sein estar nublado I
bezahlen pagar I
Beziehung la relación 4.1 E1
Bibliothek la biblioteca 4.3 E1
Bild el cuadro 2.4 E5
billig barato/-a I
Binnen- interno/-a 3.2
Biographie la biografía 1.3 E13
bis hasta I
Bis bald! hasta luego I
Bis gleich! hasta ahora I
bis jetzt hasta ahora I
Bis morgen! hasta mañana I
bitte por favor I
bitte sehr de nada I
bitten pedir 1.1 T
blau azul I
bleiben quedarse I
Bleistift el lápiz I
Blog el blog 1.3 E7
blond rubio/-a I
Blume la flor I
Boden el suelo 7.4 T1
Bonbon el caramelo I
böse werden enfadarse 1.1 E6
Brand el incendio 7.2 T
Brauch la costumbre 1.2 T2
brauchen necesitar I
braun marrón I
brechen *(Knochen)* fracturarse algo I
breit ancho/-a 4.2 T1
Brief la carta I
Briefmarke el sello I
bringen llevar I
bringen traer I
Brot el pan I
Brücke el puente 1.1 E9
Bruder el hermano I
Buch el libro I
Bücherei la biblioteca 4.3 E1
Buchstabe la letra 2 E3
Bundesstraße la carretera 4 E1
Bürger/-in el / la ciudadano/-a 1.2 E8
Bürgerkrieg la guerra civil 2.4 T
Büro la oficina I
Bus el autobús I

C

Café el bar I
Cafeteria la cafetería I
Cent el céntimo I
Chance la oportunidad 3.1 T
chatten chatear I
Chef/-in el / la jefe/-a 4.3 E4
Chor el coro 6.2 T1
Christ/-in el / la cristiano/-a 2.2 T1
christlich cristiano/-a 2.2 T1
Computer el ordenador I
Cousin/-e el / la primo/-a I
Croissant el cruasán 4.2 T2

D

da allí I
daher así que 7.3 T
damals entonces 2.1 T2
damit a fin de (que) 6.3 E16
damit para que 6.3 E15
damit möchte ich sagen, dass es decir 3.2 T1
danach después (de) I
dank gracias a I
danke gracias I
dann entonces 2.1 T2
darstellen *(als Schauspieler)* interpretar 5.2 T
das eso, que I
das heißt es decir 3.2 T1
das hier esto 7.4 T1
Das macht doch nichts no pasa nada I
das war doch gar nichts no fue nada 4.1 T
Datum la fecha I
dauern durar I
dauern tardar 7.2 T
deine/-r tuyo/-a 1.4 T3
denken an pensar en I
Denkmal el monumento 7.1 T
dennoch sin embargo 6.3 T
deprimiert sein deprimirse I
der / die / das *(Relativpronomen)* que I
der / die / das el / la / los / las I
der-/die-/dasselbe lo mismo I
deshalb así que 7.3 T
deshalb por eso I
Dessert el postre I
deuten interpretar 5.2 T
deutsch alemán/-ana I
Deutsche/-r el / la alemán/-ana I
Dezember el diciembre I
Dialekt el dialecto 2.1 T1
dick gordo/-a I
Dienstag el martes I
diese/-r este/-a/-os/-as I
diese/-r/-s (da) ese/-a/-os/-as I
diese/-r/-s (dort) aquel/-lla/-os/-as I
Diktatur la dictadura 2.4 T
diktieren dictar 7.1 E8
Ding la cosa I
Diskothek la discoteca 1.2 T2
diskriminieren discriminar 6.3 E15
Diskriminierung la discriminación 6.3 T2
diskutieren discutir 5
Dolmetscher/-in el / la intérprete I

Dom la catedral I
Donnerstag el jueves I
Dorf el pueblo I
dort, dorthin allí I
draußen al aire libre 5.3 E7
drinnen en el interior 7.2 T
Drittel el tercio 4.2 T1
du tú I
dumm tonto/-a I
dunkel oscuro/-a I
dunkelhaarig, dunkelhäutig moreno/-a I
durch por I
Durcheinander el lío I
durchqueren recorrer 4.1 T
durchschnittlich regular I
Durst la sed 4.1 T
duschen ducharse I
Dutzend la docena I
DVD el DVD I

E

ebenso (wie) tan ... como I
Educación Plástica y Visual Kunstunterricht I
egal igual 3.3 E3
Ehemann el marido 5.2 E3
Ei el huevo I
eigene/-r propio/-a 7.4 T3
Eigenschaft la característica 5 E1
Eigenschaft la cualidad 6.3 T
ein/eine un/-a I
ein bisschen un poco I
den Eindruck haben parecerle algo a alguien I
einfach simple I
eingebildet presumido/-a 6.2 T1
einige algunos/-as I
Einkauf la compra I
einkaufen gehen hacer la compra I
Einkaufsbummel machen ir de compras I
einladen invitar I
einsam solo/-a I
einschlafen dormirse 6.2 E6
einschreiben, sich apuntarse a I
einsteigen subir a 4.3 E4
Einstellung la actitud 6.2 E2
eintreten entrar en I
Eintrittskarte la entrada 6.1 T
einverstanden ¡vale! I
einverstanden de acuerdo 4.1 T
Einwanderer/-in el/la inmigrante I
einwandern inmigrar 3.1 E4
Einwanderung la inmigración 1.4 E2
Einwohner/-in el/la habitante I
elegant elegante 4.2 T1
Elektrizität la electricidad 5.1 E7
Element el elemento 7.3 T
Elend la miseria 3.2 T1
Ellenbogen el codo I
Eltern los padres I
E-Mail el e-mail I
Emblem la viñeta 5.1 E5
empfehlen aconsejar, recomendar 6.1 T
Ende el final I
Ende el fin 7
endlich por fin 7.1 T
Engländer/-in el/la inglés/-esa I
englisch inglés/-esa I
Enkel/-in el/la nieto/-a I
entdecken descubrir 2.3 E2
entfernen sacar 2.3 T
Entfernung la distancia 1.2 E6
entlang a lo largo de 4 E1
entscheiden decidir I
entschuldigen perdonarle algo a alguien 6.4 T
entschuldigen Sie oiga I
Epoche la época 2.1 E1
er/sie/sie *(Plural)* él/ella/ellos/ellas I
erbauen construir 1.1 E9
Erde la tierra 1.2 E7
erdulden sufrir 3.2 T1
Ereignis el hecho 2.4 E9
Erfahrung la experiencia I
Erfolg el éxito I
erfreuen encantarle algo a alguien I
Ergebnis el resultado 6.2 E5
erhalten recibir I
erhitzen calentar 4.1 T
erholen, sich descansar 4.3 E4
erinnern an, sich recordar I
erkennen reconocer 7.1 T
erklären explicar I
Erklärung la explicación 1.1 E6
erlauben permitir I
Erlebnis la experiencia I
erleiden sufrir 3.2 T1
ernst serio/-a I
ernsthaft en serio 6.2 T1
erobern conquistar 2.1 T1
erraten adivinar I
errichten construir 1.1 E9
erschaffen crear 7.3 T
erscheinen *(Artikel)* salir I
erscheinen (jdm. etw.) parecerle algo a alguien I
erschrecken, sich llevarse un buen susto I
erstens primero I
Erwachsene/-r el/la adulto/-a 7.2 E4
erwärmen calentar 4.1 T
erzählen contar I
Erzähler/-in el/la narrador/-a 6.4 E1
Erzählung el relato 6.4 T
es gibt hay I
es tut mir leid lo siento I
essen comer, tomar I
Essen la comida I
Essig el vinagre 4.3 E3
Esszimmer el comedor I
Etappe la etapa 2.1 T1
Etui el estuche I
etwas algo I
euer, eure/-r vuestro/-a 1.4 T3
Euro el euro I
exakt exacto/-a 7.2 T
existieren existir 2.1 E1
extremado/-a extrem, äußerst I

F

Fähigkeit la cualidad 6.3 T
Fahne la bandera 3.2 T1
fahren nach ir a I
Fahrkarte el billete I
Fahrrad la bicicleta I
Fahrrad fahren ir en bicicleta I
Fahrstuhl el ascensor 7.2 T
fallen caerse I
falls en caso de (que) 6.3 E19
falls si I
falsch equivocado/-a 1.3 E7
falsch falso/-a I
familiär familiar 3 E1
Familie la familia I
Familien- familiar 3 E1

fantastisch alucinante 6.1 T
Farbe el color I
Farbe la pintura 4.2 T2
Fassade la fachada 7.3 T
fast casi I
faul vago/-a I
Februar el febrero I
Federmappe el estuche I
fehlen faltar I
feiern celebrar I
Feld el campo 3.2 T1
Fell el pelo I
Fenster la ventana I
Ferien las vacaciones I
fern (von) lejos (de) 1.2 T2
Fernsehen la televisión, la tele I
Fernseher el televisor I
Fest la fiesta I
feste/-r Freund/-in el/la novio/-a I
feststellen darse cuenta de (que) 4.1 E6
Feuer el incendio 7.2 T
Feuerwehrmann/-frau el/la bombero/-a 5.3 E2
Fieber la fiebre I
Figur el personaje 2.3 E7
Film la película I
finden encontrar 1.1 T
Finger el dedo I
Firma la empresa 6.1 T
Fisch el pescado I
Fischladen la pescadería I
Fitnessstudio el gimnasio I
Fläche la superficie 1.4 E2
Flasche la botella I
Fleisch la carne 4.2 T1
fliegen volar 6.3 T
Fliese el azulejo 7.3 T
Flohmarkt el mercadillo I
Flughafen el aeropuerto 1.4 T
Flugzeug el avión I
Fluss el río 4 E1
folgen seguir 2.4 T
folgende/-r próximo/-a I
folgende/-r siguiente I
Form la forma 7.3 T
formulieren expresar 5.3 E8
Forschung la investigación I
Fortbewegungsmittel el medio de transporte I
Forum el foro 2.1 E4
Foto la fotografía, la foto I
Fotograf/-in el/la fotógrafo/-a 5.3 E2
fotografieren tomar fotos 7.2 T
Frage la pregunta I
fragen preguntar I
Franzose/Französin el/la francés/-esa I
französisch francés/-esa I
Frau la mujer 2.1 E7
Frau la señora I
frei libre I
Freiheit la libertad 2.2 E3
Freitag el viernes I
Freund/-in el/la amigo/-a I
frieren tener frío I
frisch fresco/-a I
froh contento/-a I
fröhlich alegre 3.3 E1
Frucht la fruta I
früh temprano/-a I
früher antes I
Frühling la primavera I
Frühstück el desayuno I
frühstücken desayunar I
fühlen, sich fühlen sentir(se) I
für para, por I
Furcht el miedo 2.4 E4
furchtbar horrible I
Fuß el pie I
Fußball el fútbol I
Fußballspieler/-in el/la futbolista I
Fußboden el suelo 7.4 T1

G

galicisch gallego/-a I
ganz, der/die/das ganze todo el/toda la I
Garage el garaje I
Garten el jardín I
Gebäude el edificio 1.2 T1
geben dar I
Gebiet la región, la zona I
geboren werden nacer I
gebrauchen usar I
Geburtstag el cumpleaños I
Gedicht el poema I
Gefahr el peligro 5.1 T
gefährlich peligroso/-a I
Gefallen el favor 5
gefallen gustar(le algo a alguien) I
gegenüber enfrente (de) I
geheimnisvoll misterioso/-a 6.4 E3
gehen caminar, ir a I
gelangweilt sein estar aburrido/-a I
gelb amarillo/-a I
Geld el dinero I
Geldinstitut el banco 7.1 T
Gelegenheit la oportunidad 3.1 T
Gelehrte/-r el/la sabio/-a 2.2 E3
geliebt querido/-a I
gelogen sein ser mentira 6.1 E11
Gemälde el cuadro 2.4 E5
Gemälde la pintura 4.2 T2
gemäß según 7.4 T3
Gemeinde el Ayuntamiento 5.2 E2
gemeinsam juntos/-as I
Gemüse la verdura I
gen hacia 3.3 E1
genau exacto/-a 7.2 T
genau jetzt ahora mismo 5.3 T
genau so tan ... como I
Generation la generación 1.3 E7
genial genial 1.1 T
genießen disfrutar de I
genug bastante I
gerade getan haben acabar de hacer algo I
geradeaus gehen/fahren seguir todo recto I
Geräusch el sonido I
Gericht *(Essen)* el plato I
Gesamtheit el total 7.1 E12
Geschäft la tienda I
Geschäftsmann/-frau el/la comerciante 3.1 E1
geschehen pasar I
Geschenk el regalo I
Geschichte la historia I
geschichtlich histórico/-a 2.3 E7
Geschmack el gusto I
Geschwister los hermanos I
Gesellschaft la sociedad 6.3 T
gesellschaftlich social 5.1 T
Gesetz la ley 3.2 T1
gesetzmäßig legal 3.1 E4
gestern ayer I
gestern Abend anoche I
gesund sano/-a I
gesund sein estar bien I
Getränk la bebida I

gewaltig enorme I
gewinnen ganar 2.4 T
Gewitter la tormenta I
gewittern haber tormenta I
Gewohnheit la costumbre 1.2 T2
gewöhnlich general I
Gitarre la guitarra I
glatt sein haber hielo I
Glatteis el hielo I
glauben, dass creer que I
gleich ahora mismo 5.3 T
gleich igual 3.3 E3
gleich mismo/-a I
gleichzeitig al mismo tiempo 3.1 E3
Glück la suerte I
Glück haben tener suerte I
golden dorado/-a I
gotisch gótico/-a 7.2 T
Grad (Celsius) el grado I
Grafik el gráfico 5.2 T
Gramm el gramo I
gratis gratis I
gratulieren felicitar a alguien I
grau gris I
Grenze la frontera 2.1 T1
grenzen an limitar con 1.4 E2
grillen hacer un asado 4.3
Grillfleisch el asado 4.3
Grippe la gripe I
groß grande I
groß *(Körpergröße)* alto/-a I
Großeltern los abuelos I
Großmutter la abuela I
Großvater el abuelo I
grün verde I
Grund el motivo 1.1 E9
Grund la razón 6.2 T1
Gruppe el grupo I
gut bien, bueno/-a I
Gut *(Note)* el notable 7.1 E2
gut miteinander auskommen llevarse bien 1.1 E1
gut stehen, passen (jdm. etw.) irle algo a alguien bien I
gut verstehen, sich llevarse bien 1.1 E1
gutaussehend guapo/-a I
Gute Besserung! que te mejores 6.3 E4
Gute Nacht! buenas noches I
Guten Abend! buenas noches, buenas tardes I
Guten Appetit! que aproveche 6.3 E4
Guten Morgen! buenos días I
Guten Tag! buenas tardes, buenos días I
guter Zweck la causa justa 6.1 T
gutes / schlechtes Wetter sein, haben hacer buen / mal tiempo I
Gymnasium el instituto I

H

Haar el pelo I
haben tener I
Hafen el puerto I
Hähnchen el pollo I
halb *(Uhrzeit)* y media I
halbe/-s/-r medio/-a I
Hälfte la mitad 5.2 E1
hallo hola I
Hals la garganta I
Haltestelle la estación I
Haltung la actitud 6.2 E2
Hand la mano I
handeln von tratar de 6.4 E3
Händler/-in el / la comerciante 3.1 E1
Handlung la acción 3.1 E3
Handlung el argumento 6.4 E3
Handschrift la letra 2 E3
Handy el móvil 6.1 E8
Häppchen las tapas I
hart duro/-a 3.2 T1
hässlich feo/-a I
Hauptdarsteller/-in el / la protagonista 6.4 E3
Hauptfigur el / la protagonista 6.4 E3
Hauptplatz la Plaza Mayor I
Hauptstadt la capital I
Haus la casa I
Hausaufgaben los deberes I
Hausfrau el ama de casa 3.1 E1
Hausordnung el reglamento 7.2 E4
Heft el cuaderno I
Heilmittel el remedio I
heimlich clandestino/-a 3.1 E5
heiraten casarse (con) 1.2 E6
heiß sein hacer calor I
heißen llamarse I
Held/-in el héroe / la heroína 6.3
helfen ayudar a I
hell claro/-a I
hellblau celeste I
Helm el casco I
Hemd la camisa I
heraufklettern subir a 4.3 E4
herausholen sacar 2.3 T
herauskommen salir I
Herberge el albergue 7.2 E4
Herbst el otoño I
hereinkommen entrar en I
Herkunft el origen 2.2 E4
Herr el señor I
herunterladen *(Internet)* bajar 5.2 E1
heute hoy I
hier aquí I
Hilfe la ayuda 6.1 T
Hinfahrt la ida 3.3
hinfallen caerse I
hinsetzen, sich sentarse 6.3 E7
hinter detrás de I
Hintern el culo I
Hinweg la ida 3.3
Hip Hop el hip hop 6.1
historisch histórico/-a 2.3 E7
Hit *(ugs.)* la pasada 6.1 T
Hitze el calor I
hoch alto/-a I
Hochhaus el rascacielos 4.2 E1
hochheben levantar I
Höhle la cueva 4.2 T2
hör mal, hör zu oye I
hören escuchar I
hören Sie (mal) oiga I
Horoskop el horóscopo 5
Hose los pantalones I
Hostel el hostal 1.4 T
Hotel el hotel I
hübsch bonito/-a, guapo/-a I
Hund / Hündin el / la perro/-a I
Hunger el hambre I
Husten la tos I
hüten cuidar I
Hypothese la hipótesis 5.3 E8

I

Iberische Halbinsel la Península Ibérica 2 E4
ideal ideal I
Idealismus el idealismo 5.3 T
Idee la idea I
identisch mismo/-a I
Idol el ídolo I
idyllisch pintoresco/-a 4.2 E1
Ihnen *(höfliche Anrede)* usted I
ihr vosotros I
ihre/-r suyo/-a 1.4 T3
illegal ilegal 1.4 E2
im Allgemeinen en general I
im Freien al aire libre 5.3 E7
im Gegenzug a cambio 6.3 T
immer siempre I
immer noch tun seguir + *gerundio* 1.3 T
immerhin por lo menos 1.3 E11
in en I
in der Öffentlichkeit en público 7.4 T3
in diesem Moment ahora mismo 5.3 T
in höherem Grade más I
inbegriffen incluido/-a 5.2 E2
Indien las Indias 2.3 T
Indio- indígena I
Information la información I
Inhaber/-in el / la dueño/-a I
inklusive incluido/-a 5.2 E2
innen en el interior 7.2 T
Inneres el interior 7.2 T
Inquisition la Inquisición 2.3 T
ins Internet gehen conectarse a Internet 6.2 T2
insbesondere en especial I
Insel la isla I
intelligent inteligente I
intensiv intenso/-a I
interessieren interesar(le algo a alguien) I
interessieren, sich für etw. interesarse por 3.3 E2
intern interno/-a 3.2
international internacional 4.3 E7
Internetforum el foro 2.1 E4
interpretieren interpretar 5.2 T
Interview la entrevista 1.2 E6
irren, sich equivocarse 3.3 E2
irrtümlich equivocado/-a 1.3 E7

J

ja sí I
Ja, bitte? *(am Telefon)* ¿dígame? I
Jacke la chaqueta I
Jahr el año I
Jahre alt sein tener ... años I
Jahreszeit la estación I
Jahrhundert el siglo 1.1 E9
Jakobsweg el Camino de Santiago 1.1 T
Januar el enero I
je por I
Jeans los vaqueros I
jede/-r cada uno/-a, todos/-as los / las I
jede/-r/-s cada I
jemand alguien I
jetzt ahora I
jetzt mal ehrlich en serio 6.2 T1
Journalist/-in el / la periodista 1.2 E6
Jude / Jüdin el / la judío/-a 2
jüdisch judío/-a 2
Judo el yudo I
Jugendherberge el albergue 7.2 E4
Jugendliche/-r el / la joven I
Juli el julio I
jung joven I
Junge el chico, el niño I
jünger, jüngster menor I
Juni el junio I

K

Kaffee el café I
kalt frío/-a I
kalt sein hacer frío I
Kälte el frío I
kämmen, sich peinar(se) I
Kartoffel la patata I
Kartoffelomelette la tortilla I
Käse el queso I
Kasse la caja I
kastilisch castellano/-a 2.3 T
Katalane/-in el / la catalán/-ana I
katalanisch catalán/-ana I
Kater el gato I
Kathedrale la catedral I
katholisch católico/-a 2.3 T
Katholischer Religionsunterricht Religión Católica I
Katze la gata I
kaufen comprar I
kaum poco I
Kehle la garganta I
kein Problem no pasa nada I
kein/-e/-r/-s ningún/-uno/-una I
keine Ursache de nada I
Kellner/-in el / la camarero/-a I
kennen, kennenlernen conocer I
Kilo el kilo I
Kind el / la chico/-a, el / la niño/-a I
Kino el cine I
Kiosk el estanco I
Kirche la iglesia 1.1 E9
Klasse la clase I
Klasse el curso 7
Kleid el vestido I
Kleiderschrank el armario I
Kleidung la ropa I
klein pequeño/-a, *(Körpergröße)* bajo/-a I
Klima el clima I
klingeln sonar 5.2 E3
Klosett el váter I
Kneipe el bar I
Knie la rodilla I
Knoblauch el ajo I
Knöchel el tobillo I
Knochen el hueso 6.3 T
Koch / Köchin el / la cocinero/-a 5.3 E2
kochen cocinar I
Koffer la maleta I
Koffer packen hacer la maleta I
kommen venir I
kommen / stammen aus ser de I
Kommentar el comentario 6.2 T1
kompliziert complicado/-a 6.2 E12
Konfektionsgröße la talla I
König el rey I
Königin la reina 6.2 T1
Königreich el reino 2.2 T1
können poder, saber I
Kontinent el continente 2.3 E5
Konzert el concierto I
Kopf la cabeza I

Körper el cuerpo I
kosmopolitisch cosmopolita 4.2 E1
kosten costar I
kostenlos gratis I
krank enfermo/-a I
Krankenhaus el hospital I
Krankenpfleger/-in el / la enfermero/-a 5.3 E2
Krankenwagen la ambulancia I
Krieg la guerra 2.4 T
kritisch crítico/-a 6.1 T
Krone la corona 7.2 T
Küche la cocina I
Kugelschreiber el bolígrafo, el boli I
Kuh la vaca 4.2 T2
kühl sein hacer fresco I
Kühlschrank la nevera I
Kultur la cultura 2 E4
kulturell cultural 1.1 E9
Kunde/-in el / la cliente I
Kunst el arte 7.3 T
Kunstwerk la obra (de arte) 7.3 E8
Kurs el curso 7
kurz corto/-a I
Kurzgeschichte el relato 6.4 T
Kuss el beso I
Küste la costa I

L

Lächeln la sonrisa I
lachen reírse 6.3 T
Laden la tienda I
Laib *(Brot)* la barra I
Land el país I
Landkarte el mapa I
Landschaft el paisaje I
Landstraße la carretera 4 E1
lang largo/-a I
langsam lento/-a I
langweilen, sich aburrirse I
langweilig (sein) (ser) aburrido/-a I
Lärm el ruido I
lassen dejar 1.3 E11
Lateinamerikaner/-in el / la latino/-a 1.2 T2
lateinamerikanisch latino/-a 1.2 T2
lateinisch latín 2.1 T1
das Lateinische el latín 2.1 T1
laufen caminar, correr I
laut fuerte I
laut según 7.4 T3
läuten sonar 5.2 E3
Leben la vida I
leben vivir I
Lebensgeschichte la biografía 1.3 E13
lebhaft activo/-a 4.2 T1
lecker rico/-a 3.3 E2
legal legal 3.1 E4
legen poner I
Lehrer/-in el / la profesor/-a, el / la profe I
leibliche Kinder los hijos I
leicht fácil I
leiden sufrir 3.2 T1
lenken conducir I
lernen aprender, estudiar I
lesen leer I
letzte/-r/-s último/-a I
Leute la gente I
Licht la luz 5.1 E7
lieb bueno/-a I
Liebe/-r ... *(Brief)* querido/-a I
lieben amar 2.3 T
lieben querer I
lieber mögen preferir I
Lieblings- favorito/-a I
Liedtext la letra 2 E3
Linie la línea 2.1 T1
linke Seite la izquierda I
links a la izquierda I
Liter el litro I
Literatur la literatura 2.2 T1
logisch lógico/-a 6.2 T1
löschen apagar 5.1 E7
Lösung la solución 6.3 T
Lüge la mentira 6.1 E11
Lust haben zu apetecerle algo a alguien, tener ganas de I
lustig divertido/-a 6.2 T3

M

machen hacer I
Macht el poder 2.2 T1
Mädchen la chica, la niña I
magisch mágico/-a 4.1
Mai el mayo I
Mal la vez I
mal sehen a ver I
malen dibujar 7.1 E8
malen pintar 4.3 E7
Maler/-in el / la pintor/-a 5.3 E2
Malerei la pintura 4.2 T2
malerisch pintoresco/-a 4.2 E1
Mama la mamá I
man muss hay que I
manchmal a veces I
Mangelhaft *(Note)* el suspenso 7.1 E2
Mann el hombre 2.2 T1
Markt el mercado I
März el marzo I
Match el partido I
Matetee el mate 4.3 E7
Mathematik Matemáticas I
Maure/-in el / la moro/-a 2.3 E3
Mechaniker/-in el / la mecánico/-a 4.1 T
Medien los medios 6.2 E5
Medikament el remedio I
Medizin la medicina 1.2 E8
Meer el mar I
Meeresfrüchte los mariscos I
mehr más I
Mehrheit la mayoría 5.2 T
meine/-r mío/-a 1.4 T3
Meinung la opinión I
meistens normalmente I
Meldung la noticia I
Menge el montón 7.1 T
Menge la cantidad I
Merkmal la característica 5 E1
merkwürdig extraño/-a I
merkwürdig raro/-a 6.1 E11
Meter el metro I
mieten alquilar 3.2 T1
Migration la migración 3.2
Milch la leche I
Militärangehörige los militares 2.4 T
militärisch militar 2.4 T
Mineralwasser el agua mineral *f.* I
Minirock la minifalda I
Minute el minuto I
mit con I
mit dir contigo I
mit mir conmigo I
Mitte el centro I
mittelmäßig regular I
Mittelmeer el Mar Mediterráneo I
Mittwoch el miércoles I

Mobiltelefon el móvil 6.1 E8
Mode la moda 7.3 T
Modell el modelo 6.3 T
Moderator/-in el / la locutor/-a 6.1 E12
modern moderno/-a I
möglich posible I
Möglichkeit la posibilidad 5.3 T
Moment el momento 4.1 T
Monat el mes I
Montag el lunes I
Monument el monumento 7.1 T
morgen mañana I
Morgen la mañana I
morgens por la mañana I
Moslem / Muslima el / la musulmán/-ana 2.2 T1
Motiv el motivo 1.1 E9
Motor el motor I
Motorrad/-roller la moto, la motocicleta I
Mp3-Spieler el mp3, el reproductor de mp3 I
müde cansado/-a I
Mulatte/-in el / la mulato/-a 1.3 E5
Müll la basura 5.1 E7
Mund la boca I
Museum el museo 7.1 T
Musik la música I
muslimisch musulmán/-ana 2.2 T1
müssen deber 6.3 E5
müssen tener que I
Mutter la madre, la mamá I
mysteriös misterioso/-a 6.4 E3

N

na dann bueno I
na ja bueno, pues I
nach a, al I
nach hacia 3.3 E1
nach según 7.4 T3
nach Christus d. C., después de Cristo 2 E4
Nachbar/-in el / la vecino/-a I
Nachmittag la tarde I
nachmittags por la tarde I
Nachname el apellido I
Nachricht el mensaje 6.1 E8
Nachricht la noticia I
Nachspeise el postre I
nächste/-r próximo/-a, siguiente I
Nacht la noche I
nachts por la noche I
Nachteil la desventaja 6.2 E4
nah, in der Nähe (von) cerca (de) I
Name el nombre I
Nase la nariz I
national nacional 4.3 E7
Nationalität la nacionalidad 4.1 E1
Nationalpark el parque nacional 4 E1
Natur la naturaleza 5.2 E6
natürlich natural I
Naturwissenschaften Ciencias de la Naturaleza I
Naturwissenschaften las ciencias naturales 2.2 T1
Nebel la niebla I
neben al lado de I
neblig sein haber niebla I
negativ negativo/-a I
nehmen tomar I
nein no I
nervös nervioso/-a I
nett bueno/-a, simpático/-a I
neu nuevo/-a I
Neugierde la curiosidad 3.1 E1
neutral neutral 2.4 T
nicht no I
nicht der Rede wert no fue nada 4.1 T
nicht dürfen no deber 6.3 E5
nicht mehr ya no I
nicht wahr? ¿verdad? I
nichts nada I
nie nunca I
niedergeschlagen sein deprimirse I
niedrig bajo/-a I
niemand nadie I
noch todavía I
Norden el norte I
nördlich von al norte de I
Norm la regla 7.2 E4
normal normal I
normalerweise normalmente I
notieren apuntar I
nötig, notwendig necesario/-a I
Notwendigkeit la necesidad 6.3 E15
November el noviembre I
nur sólo I
nützlich útil I

O

ob si I
Oberfläche la superficie 1.4 E2
Obst la fruta I
obwohl aunque 2.2 E3
oder o / u I
öffentlich público/-a I
offiziell oficial I
öffnen abrir I
ohne sin I
ohne dass sin que 6.3 E16
Ohr la oreja I
okay vale I
Oktober el octubre I
Öl el aceite I
Olivenbaum el olivo I
Onkel el tío I
Optimist/-in el / la optimista I
optimistisch optimista I
Orange la naranja I
orangefarben naranja I
ordnen ordenar 1.1 E3
organisieren organizar 2.4 T
Ort el lugar I
Osten el este I
Ozean el océano I

P

Packung el paquete I
Paella *(Reispfanne)* la paella I
Paket el paquete I
Papa el papá I
Papier el papel I
Park el parque I
Partei el partido (político) 2.4 T
Pass el pasaporte 3.3 E1
Pause la pausa I
PC-Spiel el videojuego I
Pech la mala pata, la mala suerte I
Pension el albergue 7.2 E4
Pension el hostal 1.4 T
perfekt perfecto/-a I
Perfektionist/-in el / la perfeccionista I
perfektionistisch perfeccionista I
Person la persona I
Personalausweis el documento nacional de identidad (DNI) I
persönlich personal I

Persönlichkeit la personalidad 4.2 T1
Pessimist/-in el / la pesimista 5.2 E6
pessimistisch pesimista 5.2 E6
Pfeffer la pimienta 4.3 E3
Pferd el caballo 1 E1
Pfirsich el melocotón I
Pflanze la planta 5.1 E6
pflanzen plantar 5.1 E7
picknicken hacer (un) picnic 1 E1
pikant picante 4.3 E3
Pilgerung la peregrinación 1.1 E9
Pizza la pizza I
Plakat el cartel 2.4 E3
Plan el plan I
Plan el plano 7.3 E8
Platz el puesto, la plaza I
plaudern charlar I
plötzlich de pronto, de repente I
Politik la política 2.1 E7
politisch politico/-a 1.2 E6
Polizei la policía 3.1 E6
Polizist/-in el / la policía 3.1 E6
Pool la piscina I
Popcorn las palomitas 6.3 E5
Poster el póster 7.3 T
Postkarte la postal I
präsentieren presentar 5.1 T
prima guay 1.2 E5
Preis el premio I
privat privado/-a I
Problem el problema I
Projekt el proyecto I
Prospekt el folleto 7.4 T1
Provinz la provincia 2.1 T1
Prozent el … por ciento 5.2 E1
Prüfung el examen I
psychisch psíquico/-a 1.3 E7
Pullover el jersey I
Punkt, genau *(bei vollen Stunden)* en punto I
putzen limpiar I

R

Radio la radio I
Rasse la raza I
raten aconsejar 6.1 T
raten adivinar I
Rathaus el Ayuntamiento 5.2 E2
Ratschlag el consejo 6.1 E7
Rebellion el levantamiento 2.4 T
Recherche la investigación I
Rechnung la factura 6.2 E6
Recht el derecho 7.4 T3
Recht la razón 6.2 T1
Recht haben tener razón 6.2 T1
rechte Seite la derecha I
rechts a la derecha I
Referat la ponencia 1.4 T
Regel la regla 7.2 E4
Regelwerk el reglamento 7.2 E4
Regen la lluvia I
Region la región I
regnen llover I
Reich el reino 2.2 T1
reich rico/-a 3.3 E2
reif maduro/-a I
Reis el arroz I
Reise el viaje I
Reiseführer *(Buch)* la guía turística 1.1 E1
reisen viajar a I
Reisepass el pasaporte 3.3 E1
reiten montar a caballo 1 E1
religiös religioso/-a 1.1 E9
rennen correr I
Rennen la carrera I
reparieren reparar 4.1 E6
Reservat la reserva I
respektieren respetar 6.3 E16
Rest el resto 1.1 E4
Restaurant el restaurante I
Revolution la revolución 1.2 T2
Rezept la receta I
Rhythmus el ritmo I
richtig correcto/-a I
riesig enorme I
Rind la vaca 4.2 T2
Rock la falda I
Rollenspiel el juego de roles I
Roma el / la gitano/-a 3.2 T1
Roma- gitano/-a 3.2 T1
Roman la novela 6.4 E5
Römer/-in el / la romano/-a 2
römisch romano/-a 2
rosa rosa I
rot rojo/-a I
Route la ruta 1.1 E9
Rücken la espalda I
Rückkehr la vuelta I
Rucksack la mochila I
Rücksitz el asiento trasero I
rufen llamar a I
ruhig tranquilo/-a I
Ruine la ruina 4.3 E7
rund redondo/-a 7.3 T

S

Sache la cosa I
Safran el azafrán I
Saft el zumo I
sag bloß no me digas 7.1 T
sagen decir I
Sakko la chaqueta I
Salat la ensalada I
Salz la sal I
Samstag el sábado I
Sänger/-in el / la cantante I
Säule la columna 7.3 T
scharf picante 4.3 E3
schau mal mira I
Schaubild el gráfico 5.2 T
schauen mirar I
schauen wir mal a ver I
scheinen parecer I
schicken mandar 6.2 E6
Schiff el barco 2.4 E4
Schild el cartel 2.4 E3
schlafen dormir I
Schlafzimmer el dormitorio I
schlecht mal, malo/-a I
schlechter, schlimmer peor I
Schloss el palacio 2.2 T1
Schlüssel la llave I
Schlüsselbegriff la palabra clave 1.4 E2
schmerzen doler I
schminken, sich maquillarse I
Schnee la nieve I
schneien nevar I
schnell rápido/-a I
schön bonito/-a I
schon ya I
Schrank el armario I
schrecklich horrible I
schreiben escribir I
Schreibwarengeschäft la papelería I
schüchtern tímido/-a I
Schule el colegio, el cole I
Schüler/-in el / la estudiante I
Schulfach la asignatura I
schulisch escolar 5

Schuljahr el curso	7
Schulnote la nota	5
Schulpause el recreo	I
Schultasche la mochila	I
Schuluniform el uniforme	I
schwarz negro/-a	I
schwer difícil	I
Schwester la hermana	I
schwierig duro/-a	3.2 T1
Schwimmbad/-becken la piscina	I
schwimmen nadar	I
schwitzen tener calor	I
See el lago	4 E1
sehen ver	I
Sehenswürdigkeit la atracción turística	7.1 E10
sehr mucho, muy	I
sehr alt antiguo/-a	I
Sehr gut *(Note)* el sobresaliente	7.1 E2
sehr mögen encantarle algo a alguien	I
sein ser, estar	I
seine/-r suyo/-a	1.4 T3
seit *(... Uhr)* desde (las ...)	I
Seite el lado	I
selbstverständlich lógico/-a	6.2 T1
selbstverständlich por supuesto	2.3 T
seltsam extraño/-a	I
seltsam raro/-a	6.1 E11
September el septiembre	I
Sessel el sillón	I
sicher seguro/-a	I
Sie *(höfliche Anrede)* usted, ustedes	I
siegen ganar	2.4 T
Silbe la sílaba	I
singen cantar	1.1 E6
sinken bajar	5.2 E1
Sinti el/la gitano/-a	3.2 T1
Sinti- gitano/-a	3.2 T1
Situation la situación	I
Sitz el asiento	I
sitzen estar sentado/-a	I
Ski fahren esquiar	I
Skipiste la pista de esquí	I
SMS el mensaje	6.1 E8
so *(Art und Weise)* así, *(Grad)* tan	I
so viel/-e tanto/-a/-os/-as	I
so wie como	I
sofortig inmediato/-a	I
sogar incluso	7.1 T
Sohn el hijo	I
solange mientras	6.2 T3
solidarisch solidario/-a	6.1
sollen deber	6.3 E5
Sommer el verano	I
Sommerzeit el horario de verano	I
sondern sino	I
Sonne el sol	I
sonnig sein hacer sol	I
Sonntag el domingo	I
Sorgen machen (um) preocuparse (por)	I
Sorte la forma	7.3 T
Soße la salsa	4.3 E3
sozial social	5.1 T
Sozialwissenschaften, Erdkunde und Geschichte Ciencias Sociales, Geografía e Historia	I
Spanier/-in el/la español/-a	I
spanisch español/-a	I
Spanische Sprache und Literatur Lengua Castellana y Literatura	I
Spaß haben divertirse	1.1 T
spät tarde	I
später después	I
spazieren gehen dar un paseo	4.2 E1
Spaziergang el paseo	7.2 T
Spazierweg el paseo	7.2 T
speziell especial	I
Spiel el juego, el partido	I
spielen jugar, *(Instrument)* tocar	I
Sport el deporte	I
Sportler/-in el/la deportista	I
Sportplatz la cancha	I
Sportschuhe las zapatillas	I
Sportunterricht Educación Física	I
Sportzentrum el polideportivo	I
Sprache el idioma	I
Sprache la lengua	7.4 T3
sprechen hablar	I
Sprecher/-in el/la locutor/-a	6.1 E12
springen saltar	I
Staat el Estado	3.1 E3
Staatsangehörigkeit la nacionalidad	4.1 E1
Staatsbürger/-in el/la ciudadano/-a	1.2 E8
Staatsbürgerkunde Educación para la Ciudadanía y Derechos Humanos	I
Stadion el estadio	7.4 T1
Stadt la ciudad	I
Stadtführer/-in el/la guía	7.3 E8
Stadtplan el mapa	I
Stadtteil el barrio	4.2 E1
Stadtverwaltung el Ayuntamiento	5.2 E2
Stange la barra	I
stark fuerte	I
Statistik la estadística	5 E2
steigen subir	4.3 E4
Stein la piedra	I
stellen poner	I
Stempel el sello	I
sterben morir	3.1 T
Sternzeichen el signo	5 E1
Stiefel las botas	I
Stil el estilo	7.3 T
Stimme la voz	7.1 T
Stimmung el ambiente	4.2 T1
stolpern tropezar	I
stören (jdn. etw.) molestar(le algo a alguien)	I
Strand la playa	I
Straße la calle	I
Straßen- callejero/-a	4.2 E1
streiten discutir	5
Student/-in el/la estudiante	I
studieren estudiar	I
Studium los estudios	1.3 E13
Stuhl la silla	I
Stunde la hora	I
Stundenplan el horario	I
Sturzhelm el casco	I
suchen buscar	I
süchtig adicto/-a	6.2 E5
Süden el sur	I
super genial	1.1 T
Supermarkt el supermercado, el súper	I
Suppe la sopa	I
surfen *(im Internet)* navegar	I
Symbol el signo	5 E1

T

Tabakwarenladen el estanco I
Tablette la pastilla I
tadellos perfecto/-a I
Tag el día I
Tagebuch el diario I
täglich diario/-a 1.3 E8
Tante la tía I
tanzen bailar 4.2 T1
Tapas las tapas I
Tasse la taza 4.1 E12
Tat la acción 3.1 E3
Tatsache el hecho 2.4 E9
tatsächlich real I
Team el equipo I
Technik Tecnología I
Technologie la tecnología I
Tee el té I
Teil la parte I
teilnehmen participar 5.2 T
Telefon el teléfono I
Telefongespräch la llamada telefónica I
telefonieren hablar por teléfono I
Teller el plato I
Temperatur la temperatura I
Tennis el tenis I
Tennisspieler/-in el / la tenista I
Terrasse la terraza I
Test el examen, el test I
teuer caro/-a I
Textnachricht el mensaje 6.1 E8
Theater el teatro I
Thema el tema I
Tier el animal 1.4 E3
Tierart la raza I
Tisch la mesa I
Titel el título 1.2 E6
Toastbrot la tostada I
Tochter la hija I
Tod la muerte 2.4 T
Toilette el servicio / los servicios 7.2 T
Toilette el váter I
toll genial 1.1 T
toll guay 1.2 E5
toll hermoso/-a I
Tomate el tomate I
Ton el sonido I
total toll sein *(ugs.)* molar mogollón 6.1 T
töten matar 2.3 T
Tourismus el turismo 1.4 E2
Tourist/-in el / la turista 7.1 E12
tragen llevar I
Trainer/-in el / la entrenador/-a I
trainieren entrenarse I
träumen von soñar con 3.3 E2
traurig triste 1.3 T
treffen encontrarse con 1.1 T
trennen separar 5.1 E7
Tribunal el tribunal 2.3 T
trinken beber, tomar I
Trinkgeld la propina 5.3 E7
trotzdem sin embargo 6.3 T
Tschüß! ¡adiós! I
T-Shirt la camiseta I
Tunnel el túnel 2.1 E5
Tür la puerta I
Turnhalle el gimnasio I
Turnier el torneo I
Turnschuhe las zapatillas I
typisch típico/-a I

U

U-Bahn el metro I
üben practicar I
über encima de, sobre I
überlassen dejar 1.3 E11
Überprüfung el repaso 1.1 E8
überqueren cruzar I
überreichen entregar I
Überschrift el título 1.2 E6
übersetzen traducir 2.2 E3
Übersetzer/-in el / la traductor/-a 2.2 E3
übertreiben exagerar 7.1 T
überzeugen convencer 6.2 E3
die übrigen los demás 6.3 T
Übriges el resto 1.1 E4
Uhrzeit la hora I
Um wieviel Uhr? ¿a qué hora? I
um zu para I
um zu a fin de (que) 6.3 E16
Umarmung el abrazo 1.2 T2
Umfrage la encuesta I
umgehend inmediato/-a I
umkehren volver I
Umkleidekabine el probador I
umstellen cambiar I
Umwelt el medio ambiente 5.1
und y / e I
unecht irreal 6.3 T
unerwartet inesperado/-a 6.4 E3
Unfall el accidente I
Ungenügend *(Note)* el suspenso 7.1 E2
ungesetzlich ilegal 1.4 E2
unglaublich alucinante 6.1 T
unglaublich increíble I
Unglück la mala pata, la mala suerte I
unheimlich inquietante 6.4 T
Universität la universidad I
unparteiisch neutral 2.4 T
unsere/-r nuestro/-a 1.4 T3
unter debajo de 1.4 T3
unter Null bajo cero I
unterhalb von debajo de 1.4 T3
unterhaltsam divertido/-a 6.2 T3
Unternehmen la empresa 6.1 T
Unterricht las clases I
Unterschied la diferencia I
Unterstützung la ayuda 6.1 T
unvergesslich inolvidable I
unwirklich irreal 6.3 T
Urgroßvater/-mutter el / la bisabuelo/-a 3 E2
Urlaub las vacaciones I
Ursprung el origen 2.2 E4
USA los EE. UU. 1.2 T2
US-Amerikaner/-in el / la estadounidense 1.2 T2
US-amerikanisch estadounidense 1.2 T2

V

valencianisch valenciano/-a I
Vater el padre, el papá I
verabreden, sich quedar con alguien I
verärgern (jdn. etw.) enfadar(le algo a alguien) I
verbessern mejorar 1.3 E9
verbieten prohibir 7.4 T3
verbinden unir 2.1 T1
verbringen pasar I
verbunden sein estar unido/-a 2.1 T1
verbunden sein *(Internet)* estar conectado/-a 6.2 T2
verdienen *(Geld)* ganar 2.4 T

Vereinigte Staaten von Amerika los Estados Unidos 1.2 T2
Verfassung la Constitución 7.4 T3
verfolgen perseguir 2.3 T
vergangen/-e/-r/-s pasado/-a I
Vergangenheit el pasado 1.1 T
vergehen pasar I
vergessen olvidar I
verhaften detener 3.1 E6
Verhältnis la relación 4.1 E1
verheiratet casado/-a 3.1 E6
verkaufen vender 3.1 E1
Verkäufer/-in el/la dependiente/-a I
Verletzung la lesión I
verlieren perder I
verlosen sortear 6.1 T
vermieten alquilar 3.2 T1
vermischen mezclar I
vermissen echar de menos I
Vermutung la hipótesis 5.3 E8
veröffentlichen publicar 7.4 T3
verrückt loco/-a 2.1 T2
verschieden diferente I
verschwinden desaparecer 7.2 T
verstauchen *(Gelenk)* torcerse algo I
verstehen entender I
vertraut familiar 3 E1
verwählt equivocado/-a 1.3 E7
verwenden usar I
verwunderlich extraño/-a I
verzeihen perdonarle algo a alguien 6.4 T
Verzeihung perdón I
Videospiel el videojuego I
viel mucho I
viel un montón 7.1 T
viel/-e mucho/-a/-os/-as I
vielleicht quizás I
Viertel *(vom Ganzen)* el cuarto 5.2 E1
Viertel nach *(Uhrzeit)* y cuarto I
Viertel vor *(Uhrzeit)* menos cuarto I
violett violeta I
Visum la visa 1.3 T
Volk el pueblo 2 E4
Volleyball el voleibol I
von de, del I
von ... aus *(Ort)* desde I
von ... bis ... *(Uhr)* de ... a ... (horas) I
von ... an a partir de 5.1 E8
vor *(örtlich)* delante de, *(zeitlich)* hace I
vor allem sobre todo 1.2 T2
vor Christus a.C., antes de Cristo 2 E4
vorbeigehen an pasar por 4 E1
vorbeikommen pasar por 4 E1
vorbereiten preparar I
vorbeugen prevenir I
Vorbild el modelo 6.3 T
Vorgesetze/-r el/la jefe/-a 4.3 E4
vorgestern anteayer I
Vorhaben el plan I
vorher antes (de) I
Vorhersage la previsión I
Vorkommnis el hecho 2.4 E9
Vorname el nombre I
vorschlagen proponer 1.3 E7
vorstellen presentar 5.1 T
vorstellen, sich etw. imaginar(se) 1.4 T
Vorteil la ventaja 6.2 E4
Vortrag la ponencia 1.4 T

W

wachsen crecer 1.2 E8
Waffe el arma *f.* 2.4 T
Wagen el coche I
Wahl la elección 2.4 T
Wahlen *(politisch)* las elecciones 2.4 T
Wahnsinn *(ugs.)* la pasada 6.1 T
wahr correcto/-a I
während durante I
während mientras 6.2 T3
Wahrheit la verdad I
wahrscheinlich probable 6.1 E6
Wald el bosque 4.2 T2
Wandel el cambio 6.3 T2
wandern caminar I
Wann? ¿cuándo? I
Wärme el calor I
warten esperar a I
Warum? ¿por qué? I
was du nicht sagst no me digas 7.1 T
Was für ein/-e langweilige/-r ...! ¡qué rollo de + *sust.*! 3.1 T
Was für ein/-e...! ¡qué ...! I
Was ist los? ¿qué pasa? I
Was kann ich dir/euch bringen? ¿qué te/os pongo? I
Was? Was für? *(mit Substantiv)* ¿qué? I
waschen, sich lavar(se) I
Wasser el agua *f.* I
WC el servicio/los servicios 7.2 T
Wechsel el cambio 6.3 T2
wechseln cambiar I
Wecker el despertador I
weder ... noch ... ni ... ni ... 2.1 T1
Weg el camino I
Weg la ruta 1.1 E9
weg-/fortgehen irse I
wegen por I
wegnehmen sacar 2.3 T
weh tun doler I
weil porque I
Weile el rato I
Wein el vino I
weise sabio/-a 2.2 E3
weiß blanco/-a I
weit ancho/-a 4.2 T1
weit weg (von) lejos (de) 1.2 T2
weitergehen seguir 2.4 T
Welche/-r/-s? ¿cuál/-es? I
Welle la ola I
Welt el mundo I
Welt- mundial 5.1 T
weltoffen cosmopolita 4.2 E1
wenig/-e poco/-a/-os/-as I
weniger menos I
wenigstens por lo menos 1.3 E11
wenn *(temp.)* cuando I
Wer? ¿quién/-es? I
Werk la obra 7.3 E8
Werkstatt el taller 4.1 E6
Westen el oeste I
westlich von al oeste de I
Wettbewerb la competición I
wetten, dass nicht a que no 7.1 T
Wetter el tiempo I
Wettkampf el torneo, la competición I
Wettrennen la carrera I
wichtig importante I
wichtig sein (für jdn.) importar(le algo a alguien) I

wie como I
Wie geht's? ¿qué tal?, ¿cómo estás? I
Wie großartig! ¡qué pasada! 6.1 T
Wie heißt du? ¿cómo te llamas? I
Wie langweilig! ¡qué rollo! 3.1 T
Wie spät ist es? ¿qué hora es? I
Wie viel macht das? ¿cuánto es? I
Wie viel/-e? ¿cuánto/-a/-os/-as? I
Wie? ¿cómo? I
wieder erkennen reconocer 7.1 T
wieder tun volver a + *inf.* 1.1 E9
wiederholen repetir 2 E3
Wiederholung el repaso 1.1 E8
wiegen pesar I
Wieviel kostet es? ¿cuánto es? I
willkommen bienvenido/-a 4.3 E7
Wind el viento I
windig sein hacer viento I
windsurfen hacer windsurf I
Winter el invierno I
wir nosotros I
wirklich real I
wirtschaftlich económico/-a 2.3 E3
wissen saber I
witzig gracioso/-a I
wo donde I
Wo? ¿dónde? I
Woche la semana I
Wochenende el fin de semana I
Woher? ¿de dónde? I
Wohin? ¿adónde? I
wohnen vivir I
Wohnung el piso I
Wohnzimmer el salón I
Wolkenkratzer el rascacielos 4.2 E1
wolkenlos sein estar despejado/-a I
wolkig nublado/-a I
wollen querer I
Wort la palabra I
wunderbar, wundervoll maravilloso/-a I
wunderschön hermoso/-a I
Würfel el dado I
würfeln tirar un dado I
Würstchen la salchicha I
würzig picante 4.3 E3
Wüste el desierto 4.1 T
wütend machen (jdn. etw.) enfadar(le algo a alguien) I

Z

Zahl el número I
Zahnarzt/-ärztin el/la dentista 5.3 E2
zauberhaft mágico/-a 4.1
Zeh el dedo del pie I
Zeichen el signo 5 E1
zeichnen dibujar 7.1 E8
zeigen enseñar, mostrar I
Zeile la línea 2.1 T1
Zeit el tiempo I
Zeit brauchen tardar 7.2 T
zeitgleich al mismo tiempo 3.1 E3
Zeitraum la época 2.1 E1
Zeitschrift la revista 6.1 T
Zeitung el periódico I
Zensur la nota 5
Zentrum el centro I
Zeuge el testigo 2.4 E4
Ziel el objetivo 6.2 E5
Ziel el fin 7
ziemlich bastante I
Zimmer la habitación I
Zone la zona I
zu a, al I
zu … hin hacia 3.3 E1
zu Abend essen cenar I
zu Anfang al principio 1.4 T
zu Bett gehen acostarse I
zu Fuß a pie I
zu Hause en casa I
zu Pferd a caballo 1 E1
zu, zu sehr, zu viel demasiado I
zuerst al principio 1.4 T
zuerst primero I
zufrieden contento/-a I
Zug el tren I
zuhören escuchar I
Zukunft el futuro 3.1
zum Beispiel por ejemplo I
zum Glück por suerte I
zurechtweisen llamarle la atención a alguien 7.1 E8
zurück de vuelta I
Zurückeroberung la reconquista 2.2 T1
zurückgeben devolver I
zurückkehren volver I
zurücklassen dejar 1.3 E11
zurücklegen *(Strecke)* recorrer 4.1 T
zusammen juntos/-as I
zusammen mit junto con 7.4 T3
Zustand el estado 3.1 E3
Zustand la condición 3.2 T1
Zweck el objetivo 6.2 E5
Zweifel la duda 6.1 E7
zweisprachig bilingüe 7.4 T3
Zwiebel la cebolla I
Zwillings- gemelo/-a 6.4 E1
zwischen entre I

Bildnachweis:

© acidburnblue / PIXELIO: 86; © Adolfo / PIXELIO: 9; Agencia EFE, Madrid: 53; © Alfred Krawietz / PIXELIO: 129; AKG, Berlin: 46; AKG / Album Miguel Raurich, Berlin: 33; Bildagentur Schapowaldow / Gabriele Croppi / SIME, Hamburg: 92; © Bernd Boscolo / PIXELIO: 86; Bernd Blume, Mockrehma: 92; © Blumenia / PIXELIO: 86; © Dieter Schütz / PIXELIO: 22; DPA picture alliance / Abaca 60252, Frankfurt a. M.: 92; DPA picture alliance / EFE / Alejandro Ernesto, Frankfurt a. M.: 21; DPA picture alliance / EFE / Cezaro de Luca, Frankfurt a. M.: 78; DPA picture alliance / EFE / Juanjo Martín, Frankfurt a. M.: 101; DPA picture alliance / EPA EFE / J.ragel, Frankfurt a. M.: 25, 51; DPA picture alliance / Eventpress Radke, Frankfurt a. M.: 105; DPA picture alliance / Lou Avers, Frankfurt a. M.: 92; DPA picture alliance / Marijan Murat, Frankfurt a. M.: 100; DPA picture alliance / ZB / Patrick Pleul, Frankfurt a. M.: 92; Mónica Duncker, San Antonio de Areco: 94; España. Ministerio de Cultura. Archivo General de la Administración, Fonda Junta Delegada de Defensa de Madrid, caja F/04043, fotografía 53602: 47; Familia Cuevas Alcañiz, Albacete: 48; Ulrika Finnberg / NordicPhotos, Berlin: 86; flickr / alterna2: 102; flickr / subiela: 148; fotolia / Abe Mossop: 86; fotolia / Bildpix.de: 92; fotolia / contrastwerkstatt: 101; fotolia / Orlando Florin Rosu: 84; Fundación Logroño Turismo, www.logroturismo.org: 14; Adrià García, Barcelona: 124; Juan Pablo Garnero, El Trébol: 9; Bianca Geike, Sevilla: 146, 147; Michaela Silvia Hoffmann, Bamberg: 8 (2), 9, 30, 49, 58, 61, 66, 75, 79 (2), 122 (2), 123, 129 (2), 130, 135, 139, 141; ideen.manufaktur, Dortmund: 23, 56, 62, 64, 72, 76, 88 (2), 96, 98, 112, 137, 143, 154; iStockphoto / Andrea Venanti: 60; iStockphoto / Brainsi: 78; iStockphoto / chuckmoser: 92; iStockphoto / DNY59: 102; iStockphoto / Elenathewise: 86; iStockphoto / groveb: 100; iStockphoto / Hidesy: 31; iStockphoto / Jabas: 86; iStockphoto / JavierGil1000: 38; iStockphoto / John Archer: 127; iStockphoto / klick: 109, 110; iStockphoto / Luxian: 146; iStockphoto / matthewleesdixon: 122; iStockphoto / sd619: 46 (2), 49 (2), 53 (4), 62; iStockphoto / subjug: 120; iStockphoto / tjhunt: 43, 82, 106 (5); iStockphoto / zorani: 100; © José González Bellón / PIXELIO: 9; Kartographie Huber, München: 25; © kelit / PIXELIO: 22; Axel Kiberl, http://locosxlapuna.blogspot.com: 60, 65 (6); © Kunstzirkus / PIXELIO: 92; Mauritius Images / Photononstop, Mittenwald: 30; © Michael Weidemann / PIXELIO: 79; © Oliver Haja / PIXELIO: 8; panoramio / Claudia V: 16 (2); panoramio / gonzo31518: 16; J. Pereira, www.jpereira.net: 152; © Rainer Sturm / PIXELIO: 9; © Robelio / PIXELIO: 60; Michael Schmitz, Cedar Rapids: 20; Maria Sebald, Bamberg: 82 (12); © Succession Picasso / VG Bild-Kunst, Bonn 2011: 46; © ThoSt / PIXELIO: 30; © Torsten Rempt / PIXELIO: 86; Ullstein / Imagno, Berlin: 48; Vario images, Bonn: 78, 101; Verlagsarchiv: 30, 44, 61, 68, 78, 136, 142; wikimedia / AdiJapan: 54; wikimedia / Alberto Pérez: 149; wikimedia / Canaan: 123; wikimedia / Claudiu Stanescu: 48; wikimedia / Dario Álvarez: 146; wikimedia / David Liff: 136; wikimedia / DMY: 30; wikimedia / Giorgio Monteforti: 25 (2); wikimedia / Grela: 146; wikimedia / Harrieta171: 151; wikimedia / kai670: 154; wikimedia / Lameiro: 156; wikimedia / Luis García: 37; wikimedia / Luis Miguel Bugallo Sánchez: 48, 146, 147, 150; wikimedia / Marc Averette: 16; wikimedia / Mariano: 70; wikimedia / Michael Bryan: 25; wikimedia / Miguillen: 54; wikimedia / Neva Micheva: 147; wikimedia / Riandi: 16; wikimedia / Tabletpc2: 129; wikimedia / Tato Grasso: 123; wikimedia / Tokyo Tanenhaus: 60; wikimedia / UKWiki: 25; wikimedia / Winky: 61; wikimedia / Yearofthedragon: 129

OCÉANO ATLÁNTICO
OCÉANO PACÍFICO
Mar de los Sargazos
Golfo de México
Mar Caribe
Grandes Llanuras
Montañas Rocosas
ESTADOS UNIDOS
Montes Apalaches
Sierra Madre Occidental
Sierra Madre Oriental
Sierra Madre del Sur
Baja California
Golfo de California
MÉXICO
CIUDAD DE MÉXICO
Bahamas
Grandes Antillas
Pequeñas Antillas
CUBA
LA HABANA
SANTO DOMINGO
Port-au-Prince
Kingston
San Juan
Puerto Rico
GUATEMALA
Tegucigalpa
HONDURAS
NICARAGUA
Managua
COSTA RICA
San José
PANAMÁ
Panamá
Canal de Panamá
COLOMBIA
BOGOTÁ
VENEZUELA
CARACAS
Macizo de las Guayanas
GUYANA
Georgetown
SURINAM
Paramaribo
Guayana Francesa
Cayenne
ECUADOR
QUITO
GUAYAQUIL
Islas Galápagos
Islas Bermunda (R.U.)
TRINIDAD Y TOBAGO
Port of Spain
MANAUS
BELÉM
FORTALEZA
VANCOUVER
SEATTLE
PORTLAND
SAN FRANCISCO
LOS ANGELES
SAN DIEGO
SALT LAKE CITY
DENVER
PHOENIX
DALLAS
HOUSTON
SAN ANTONIO
NEW ORLEANS
MIAMI
ATLANTA
CHICAGO
DETROIT
MINNEAPOLIS
KANSAS CITY
ST. LOUIS
TORONTO
MONTREAL
Québec
BOSTON
NUEVA YORK
FILADELFIA
BALTIMORE
WASHINGTON
MONTERREY
1 Antigua y Barbuda
2 Bahamas
3 Barbados
4 Belice
5 Dominica
6 República Dominicana
7 Grenada
8 Guatemala
9 Haiti
10 Jamaica
11 Sant Christopher Nevis
12 Santa Lucia
13 San Vicente y Las Granadas
14 El Salvador